天山腳下的孜味

從烤全羊、手抓飯、大盤雞到饢坑肉，來一趟新疆饗食宴！

王族——著

吐魯番

天賜新疆，盛產葡萄，幾乎每戶人家的房前屋外，田間地頭都有葡萄樹。至於成片的葡萄園，亦是處處遍布。新疆有五百多種葡萄，尤以吐魯番為多，如葡萄王子、葡萄公主、無核白、馬奶子、喀什哈爾、玫瑰香、百家乾等。

阿勒泰

新疆的羊肉多產於阿勒泰、伊犁和塔城等地，肉質和成色都差不多，但因為做法不同，做出的菜也截然不同。不止在新疆，但凡習慣吃羊肉的地方，所有做菜的方法都適合羊肉，最常見的燒、烤、炒、燜、燉等，用羊肉都能做出很受歡迎的菜。

和田

是新疆最遙遠的地方。
外人初到和田，便聽到一個嚇人的說法：和田人民很辛苦，一天要吃二兩土，白天不夠晚上補。乾旱、赤野和風沙，幾乎是和田的代名詞。

阿克蘇

因冰糖心久負盛名，尤以溫宿縣的為最佳，所以最好的冰糖心，出在尚未傳出名聲的溫宿。溫宿處於阿克蘇境內的南天山下，日夜溫差大，光照充足，冰川雪水豐沛， 沙性土質層豐富，極利於植物成長，亦有利於水果糖分的提升。

烏魯木齊

曾聽說烏魯木齊出過一位叫馬文義的「黃麵大王」，他祖輩以製作涼麵為生，積累有不少豐富的經驗。據吃過馬師傅涼麵的老人講，他拉的麵面均勻，細而不斷，下鍋後注意火候，吃起來軟硬適度，有嚼頭，實在是一種享受。

新疆美食地圖

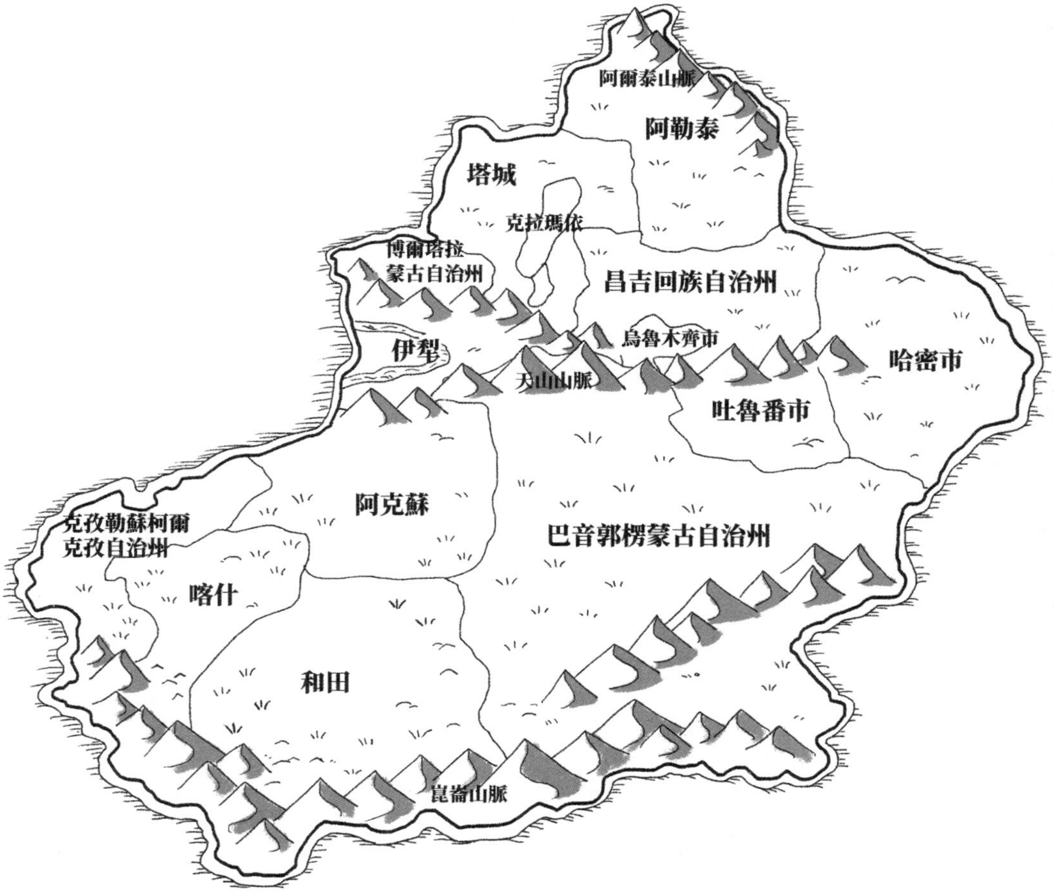

火把肉烤熟
人把路走好

果子落下
離樹不遠

好食材在眼裡 好味道在嘴裡

菜比肉好 瘦比胖好

一碗飯讓眼睛看飽
也讓肚子更餓

好營養在肉裡
好手藝在鄉裡

酒讓人醉 茶讓人醒

只要沿途有氈房 走一年也餓不著

序：模仿者的生活

知味停車，聞香下馬。

古人對於美食，喜歡用諺語給予定論。諺語是最短的文學形式，往往能抓住事物最顯著的特點，精准地說出其要義。單就有關新疆美食的諺語而言，可圈可點者不勝枚舉。譬如「馬是男兒的翅膀，飯是人類的營養」、「迷路時星星跟月亮一樣亮，饑餓時麵條跟酥油一樣香」、「即便活到中午，也要準備晚餐」……人享用食物，欣喜之餘便要感慨一番，其言辭因為受地域影響，形成了帶有當地人民文化與生活特點的諺語，並對人起到引領或暗示的作用，人亦會因此而產生相應的文化心理反應。其中，與食物有關的內容更是如此。

我在新疆近三十年，一直受到美食的暗示、影響和引領，讓我先是成為一個飲食方面的模仿者，後又養成了頑固的味覺習慣。新疆的美食背後多有奇事，人們品嚐美食時，瞭解這些故事或歷史，一定會被感動，亦會受到啟發。

我當兵到新疆的第一個月，跟一位老兵去葉城縣辦事時，聞到一股烤羊肉的味道。先前在老家不吃羊肉的我，呼吸便有些不適。偏偏老兵中午請我吃的是烤羊肉串和拌麵。我舉著烤羊肉串的釺子，一塊一塊，很勉強地咬著吃，可以說是很不得要領。後來吃拌麵時，我又把拌菜——辣子炒羊肉當成了下飯菜，一口麵一口菜地吃。老兵用陝西話「教訓」我，你娃命中註定到了新疆，不會吃新疆飯也要模仿吃，不然咋在新疆待下去？他說的「模仿」二字，從此成了我深入新疆生活的開始。一週後，我從部隊翻牆出去，在一家飯館學著老兵的樣子，把拌菜拌進拉條子，第一次像個地道的新疆人一樣，吃了一份拌麵。

另一事。有一年在阿勒泰的白哈巴，我跟一牧民去了牧場。那天他說，咱們今天只帶三把東西，就把中午飯解決了。到了牧場我才知道，他說的三把東西，是一把刀子，一把鹽和一把火柴，皆可放在口袋裡攜帶。到了野外，他宰了一隻小羊，在溪水中洗淨後切塊，然後生火開始烤。羊肉烤好後，我們二人在牧場上邊吃邊聊。他說，羊有四條腿走動，人有這三把東西，到了哪裡都不會挨餓。吃完後我想，他製作食物的整個過程，雖只是對古老生存方式的模仿，卻產生了令遊牧文化彰明較著的效果，這是多麼的奇妙啊！

還有一事。南疆的農民勞動到中午，將饢和葡萄帶到水渠邊，將饢扔向上游，然後開始洗葡萄。等把葡萄洗乾淨後，被泡軟的饢已漂到面前，他們便葡萄就饢吃了起來。因食物而生出的智慧，讓我覺得很有意思。等到後來有了機會，我便模仿他們這樣吃了一次，覺得自己是在接近一種從容不迫的生活。

更有食物創造奇蹟，讓這塊土地變得頗具神性。人們對庫車的小白杏歷來有「一顆一口蜜」的讚譽。每年，當庫車小白杏成熟後，人們一定要等到其中一顆自行落下，將其吃掉後才能正式開始採摘。那顆第一個落下的小白杏的核會被人們留下來。據說，那樣的杏核種出的杏樹，會結出更甜的果實。而且，庫車人認為，小白杏有獨特的治療怪病的功效。有一年，一個人突然啞聲，說不出話，久治不好，非常痛苦。一天，院中杏樹落下第一顆小白杏，一老者讓他吃下後，他居然復又開口說話了。那是一次無意識的模仿，但結果卻頗為美妙，讓人覺得猶如神在布道。

僅僅這幾個例子，不足以道盡人們的模仿行為。而模仿的目的，是找到生存之道。遊牧文化孕育出美食的同時，亦影響著人們沿習了諸多古老的生存方式。這麼多年以來，我經由對吃法的模仿，到適應了新疆的美食，當地的食物，用當地的做法，從燒烤、燉煮到爆炒等等，無一不做，無一不吃。別處的美食，雖然人人都會吃，但未必人人都會做，唯獨新疆美食是例外，但凡會吃者，經過模仿後便必然會做，且以男性為多，我在新疆見到烤羊肉串的都是男人。

美食蘊含文化，亦蘊含力量。人被養育和改變，其言辭、語氣、觀念和行為，都會體現出鮮明的新疆特色。譬如在草原，但凡說喝個茶，一定是指奶茶。如果說吃個肉，一定是指羊肉。吃新疆食物時間長了，人的長相也會發生模仿般的變化。有一朋友在新疆生活了五十年，長相變得很像少數民族。有人向他打聽事時，用的是哈薩克語。他向對方解釋，自己不是哈薩克族，對方疑惑半天，不敢相信。

有很多新疆食物，至今仍保持著就地取材，就地製作的古老方法。譬如羅布人從塔里木河中打出魚後，在岸邊生火烤熟便吃，並認為那樣做出來的魚味道最好。這是對古老生存方式的模仿。再譬如烤全羊，在草原和牧場上有之，在大城市的宴會廳也可見到。烤全羊始終不變，唯一變化的是，可以出現在很多種場合。這是對別人的生活方式的模仿。可見，生活中的模仿無處不在，已經成為人們的習慣。而這種習慣，常常能夠在平靜中蘊含著激情。

哈薩克族有一句諺語：天天騎的馬不亂跑，頓頓吃的飯不會忘。一塊土地遼遠寬廣，對食物的模仿讓人或飽口福，或飽眼福。民以食為天，幸福與歡樂皆來自食物，並且滋生出智慧。而一方天地的饋贈、尊重和回報，歷來都層出不窮，甚至應接不暇。

火把肉烤熟
人把路走好

烤羊肉串

新疆有一句諺語：一個人的家鄉，在他的鍋裡。還有一句：趁著牙齒好，你要多吃肉。說的都是羊肉。

新疆人自小吃羊肉，養成難改的味覺習慣，不管走到哪裡，念念不忘的都是羊肉。如果說得再具體一點，新疆人大多數時候說的羊肉，其實指的是烤羊肉串。有一句話說，在新疆，如果把烤羊肉串排第二，便沒有什麼能排第一，可見新疆人是多麼喜歡烤羊肉串。

烤羊肉串經常被簡稱為烤肉，而烤肉在古代則被稱為「炙肉」。《孟子》中說的「膾炙」，即指烤出的羊肉串好吃，並演變出成語「膾炙人口」。當時，但凡提及這個成語，便指的是吃烤肉。漢代畫磚石中，西王母和東王公就餐，侍者在一旁舉著炙熟的肉串，隨時準備遞給他們享用。

羊肉在每一個地方都有，新疆的烤羊肉串之所以好吃，好就好在羊肉與眾不同。新疆的羊有兩類，一類羊吃的多是沙漠、戈壁和鹽鹼地長出的草，其肉瘦而少肥膩，吃起來味道濃郁，有嚼勁。另一類羊多吃草原和牧場的草，喝的是雪水，所以肉質鮮嫩，味道鮮香，用來做烤羊肉串最好。

有人說，在新疆吃羊肉，乃至於吃烤羊肉串，聞不到羶味。其實，但凡是羊肉必然會有羶味，只是新疆人烤羊肉串時，把蛋清和皮芽子（洋蔥）拌在一起，將羊肉先醃一番，然後再烤，便沒有了羶味。新疆人去除羊肉的羶味，還用孜然和辣椒面。此二者的味道濃烈，撒入羊肉中，然後或烤或炒，羶味便被壓了下去。也有人往羊肉裡滴幾滴白酒，去羶味的效果也很明顯。

我吃烤羊肉串有一個習慣，到了烤羊肉串的攤位前，向師傅喊上一聲需要多少串，然後站在一邊看他們把羊肉串烤熟的過程。我極為喜歡羊肉被慢慢烤得冒出油，辣椒面由紅變亮，孜然由鮮綠變得脆黃的過程，覺得這個看的過程也是一種享受。人吃東西，吃的就是煙火味，看過這個過程再吃羊肉串，便覺得其脆嫩香辣的滋味美不勝收。

至於吃烤羊肉串，新疆人更是有講究，先手持釺子咬住第一塊羊肉，順釺子擼下來咀嚼。羊肉串上的肉塊一般都不大，大多數人吃第一串，來不及仔細品嚐便已吃完。如果問他味道如何，只能等他再吃幾串才能說出感受。

在新疆，人們把吃烤全羊、手抓羊肉、清燉羊肉、紅燒羊肉和饢坑肉等，都一言概之為吃肉。而烤羊肉串，在新疆人的觀念中，只能算小吃，吃則常吃，但不能當飯吃。外地來了朋友，新疆人樂於用烤羊肉串招待他們，讓他們從烤羊肉串開始適應新疆生活。有一位上海人，之前從不吃烤羊肉串，到新疆嚐過後上了癮，之後天天嘴上掛著一句話：烤羊肉串，蠻好切（吃）。

烤肉攤一般由一個槽子，三個小鐵盒，和一個盆子組成。槽子專用於燒火，三個小鐵盒裡分別裝精鹽、孜然和辣椒面，盆子裡裝著切好的羊肉，或串好待烤的羊肉串。來吃烤羊肉串的人在烤肉攤旁站定，觀察一下羊肉的情況，報上所要串數，攤主伸手抓起羊肉串，啪的一聲放在槽子上，開始烤。他們賣烤羊肉串多年，一把抓下去，不多不少，極為準確。

新疆人大多都會烤羊肉串，食欲上來便買幾公斤羊肉，在院中支起槽子，開始操作。槽子裡，一般燒木柴或煤炭，等燒過旺火不再有火焰升騰，只剩下炭火時，便把羊肉串放上去烤。羊肉串的味道好不好，與所用柴火有很大關係，最好的是紅柳和梭梭柴（長在沙地上的固沙植物），烤出的羊肉串味香色正。不過，現在柴火進城難，人們烤羊肉串時都用煤炭。煤炭不好的一點是煙大，味道濃，必須燒成紅彤彤的炭火，才可用以烤羊肉串。曾見一人手持一大塊鐵皮扇槽子中的煤炭，想讓煤炭儘快燒成炭火。天熱，火大，想必他一定熱得不行。有好奇者湊近去看，卻見他從容自然，臉上不見汗珠，倒是那好奇者在槽子邊只站了一小會兒，便熱得滿頭大汗，趕緊閃到了一邊。

一般情況下，一根釬子上串四到五塊羊肉，肉塊大可串四塊，肉塊小則串五塊。不論一串四塊還是五塊，必然有一塊肥肉。肥瘦搭配，吃起來軟脆相益，口感舒爽。

烤熟羊肉串需兩到三分鐘，剛開始是炙烤加熱，烤到中間便用手捏精鹽、辣椒面和孜然撒到羊肉上，然後左右手各抓四五串，互相輕拍和搓揉，以便讓調料入味。上調料後的羊肉串要掌握好火候，否則會把調料烤焦。

近年來，在墨玉、庫車和烏魯木齊的二道橋等地，出現了烤羊肉串的另一種形式——長的烤羊肉串。這種烤羊肉串的釬子有四五十公分長，肉塊兒也大，立在饢坑裡烘烤，一次可烤出十餘串，味道鮮嫩可口，吃上兩三串就飽了。

最常見的烤肉釬子，有鐵釬子和紅柳釬子兩種。紅柳生長於沙漠，枝條帶有鹽鹼味。人們最早將其用作釺子是為了給烤肉增加鹹味，後來不再缺少食鹽，但紅柳釺子仍被沿用，並謂之「紅柳烤肉」。紅柳釺子比鐵釺子長，串上的羊肉塊也大得多，必須舉起才方便吃。

新疆有一句老話：是好朋友才替他擦釺子。其原因是很多人會忽略一個細節，即烤羊肉串一上來抓起便吃，殊不知釺子在烤的過程中，會積上炭灰和燒烤殘留物，一擼便連肉帶灰一起吃了進去。明白這個道理的人，會先用餐巾紙把釺子前端的髒東西擦去，然後才放心享用。

現在的人吃烤羊肉串，很少知道「烤肉獎金」。一九九〇年代，常見三五好友在街邊烤肉攤坐定，對攤主大聲說，來五十個烤肉，「獎金」也一塊兒上。所謂獎金，說的是吃十串贈送一串。攤主聽到吃烤肉者要五十串，便向負責烤肉的夥計喊上一句：上五十個烤肉，再加五個獎金。

我二十多年前和戰友們在葉城、疏勒等地吃烤羊肉串時，烤肉獎金的習俗還在。那時我們能吃，加之一去便是十多人，往往要點一百串烤肉，老闆先是和我們開玩笑說，你們昨天晚上夢見我們家的羊了吧？今天都找我們家的羊肉來了。我們說沒有夢見他家的羊，只是夢見烤羊肉串了。說話間，烤羊肉串就上來了，並且已悄悄給我們加了十個「獎金」。吃完離去，老闆仍不忘招攬生意：想吃烤羊肉串了再來嘛，沒結過婚的羊娃子在我這裡呢，肉好得很，獎金也有呢！「沒結過婚的羊娃子」一說，是指一歲左右的羊，其肉質鮮嫩，用於做烤羊肉串最好。

以前吃烤羊肉串，要先交錢開票。當時的開票者多為兩類人，一類是老者，收錢寫票時動作從容，表情淡然。另一類是年輕漂亮的姑娘，她可以對你微笑，卻不會為排隊加塞，代人購買，超限多買的人開綠燈。小姑娘剛參加工作，對家長和領導的叮囑牢記於心，如有不老實者，

烤羊腿

別想從她手中拿到一張票。

有一位開票的姑娘長得很漂亮，在那兒工作數月後，便有回頭客頻頻出現。她知道他們吃肉和看她之意皆有，便不動聲色地坐在那兒。有一個小夥子向她表白愛慕之情，遭到拒絕後頗為失落，當晚喝了一瓶伊力特大麯酒，醉得不省人事。

有一陣子，一幫青年經常來吃烤羊肉串，每次都是一百串，吃完總是對那開票的姑娘笑笑，說幾句挑逗的話才肯離去。那個曾向姑娘表白過的小夥子也在他們之中，他有一天對姑娘說，你再這樣開票就會賠死，他們在你這兒開十串的票，然後偷偷在後面加個「0」就變成了一百串。姑娘報了警，派出所的民警當晚就抓了那幫青年。

很快，八十年代過去了，吃烤羊肉串不用再開票，那姑娘沒有了工作，又不幸離婚。到了九十年代，她遇到當年的那個小夥子，二人結婚，一起在夜市上擺攤賣烤羊肉串。九十年代過去後，再也沒有聽到他們的消息。

一個大雪天，我突然想吃烤羊腿。雖然外面的雪下得很大，但念頭一經產生，便像被喚醒的猛獸，再也無法抑制。於是冒著大雪，坐車去解放北路吃馬黑子的烤羊腿。

那幾年經常是那樣，為了吃馬黑子的烤羊腿，來回用三四個小時也不在乎。

坐在車中，想起馬黑子的烤羊腿，心已有所衝動，但又擔心他的店會因為拆遷而消失。下了車，看見熟悉的「烤羊腿」三個字還在店門上方，心裡便踏實了。店前的攤位圍了不少人，看來馬黑子的生意不錯。前幾年他曾對我說過，他的這個小店每天穩穩地淨掙一千元，現在應該比以前掙得更多。

我一九九八年曾在烏魯木齊居住一冬。那時，每天窗外大雪飄飛，我在屋中寫一本書，寫餓了便去馬黑子的店中吃一盤烤羊腿，然後再咯吱咯吱地踏著厚厚的積雪返回。馬黑子的烤羊腿肉質酥爛，味道香醇，色美肉嫩，僅僅一個冬天便成為我固定的去處。

烤羊腿從烤全羊演變而來，但用的肉僅為羊腿肉。把別的部位弄成那麼大的塊，不但烤起來極為不便，吃起來也不過癮。烤羊腿有一個固定方式，即邊烤邊放調味品和配料，使羊肉的外形、顏色、味道達到美觀和醇香，外觀上看上去焦脆，裡面的肉鮮嫩，吃起來酥脆而又不膩。人們吃著如此烤出

的羊腿，常常發出「眼未見其物，香味已撲鼻」的讚歎。

也就在那一年吃烤羊腿時，從馬黑子的講述中知道，烤羊腿與成吉思汗有關。在成吉思汗率領大軍征戰期間，侍從為了讓他在飯後好好休息，便悄悄把烤好的羊腿切塊端上。成吉思汗因忙於戰事，並未把食物的變化放在心上。但由於烤羊腿外焦內脆、肉質酥香、咀嚼起來不膻不膩，因此他吃得很香。侍從發現了，就常給他做烤羊腿吃，從此烤羊腿便成為一道名菜。

如今的馬黑子有兩年多沒有見了，但他認得我，遠遠就在攤位一邊喊我的名字。老朋友見了面自然親熱，他撣去我身上的雪，迎我進店後，先上了一盤烤羊腿，五個烤包子，然後配一盤皮芽子，一碗黑磚茶。

我讓他收走烤包子。我不是十年前的小夥子了，烤羊腿足以吃飽，五個烤包子無論如何是吃不完的。他笑著說你現在的飯量不行了，我苦笑，不是不行了，而是有所遜色。以前一口氣吃十個烤包子，吃拌麵還加麵的情景已一去不返。

一邊吃烤羊腿，一邊與馬黑子聊天，我忍不住內心的糾結，問起他的名字為什麼叫「馬黑子」？在這之前我便注意到，有人在給孩子起名字時很注重接地氣。我老家天水的張家川有一位詩人叫馬醜子，起初我以為是筆名，後來才知道就是本名，叫了數十年沒有改過。我面前的馬黑子亦如此，他爺爺給他起這個名字，遵循的是名賤人貴的思想，這是一種民間文化，亦是一種生存哲學。

我們又聊到他的攤位，據我所知，在烏魯木齊能夠經營這麼長時間的烤羊腿店並不多，而他卻近二十年的時間沒挪窩，原因是什麼呢？他一笑說，原因只有一個，開店的房子是爺爺留下來的，屬於自己的房產，所以才能這麼長時間開下來。但聽說，這一片也要整體拆遷，到時候烤羊腿店就不存在了，你想吃，恐怕只能去別的地方。

這樣的話題讓人沉重，當所謂的時代步伐向前邁進，一些傳統的東西便無可避免地會被改變，這是誰也無法阻止的。好在食物的延續也很堅固，一日三餐誰能不吃呢？在吃飯的同時亦在鞏固飲食文化，吃著吃著就吃到了骨子裡和心裡。而人最不容易被改變的，就是骨子裡和心裡的東西。

我和馬黑子說話的間隙，外面的雪下得更大了，在不覺間，我已將一盤烤羊腿吃完。羊腿是剛剛烤出來的，抓起時，有一股灼燙感傳至手上，似乎是一種儀式。大火烤出的東西，摸一下就讓人激動，這是在新疆才有的體驗，我對此情有獨鍾。

吃完，我與馬黑子告別。他送我時說，就不讓你帶烤羊腿回去了，知道你不吃涼了的東西，說完嘿嘿笑，很為他把我的事情記得如此清楚而得意。我亦一笑，與他握手後離去。走不多遠，忍不住回頭看了一眼馬黑子的店，內心突然欣慰了。就像馬黑子能記住我的飲食習慣一樣，哪怕以後我吃不上他的烤羊腿，但我一直會記住他，還有他的烤羊腿店。

沒料到，我的顧慮很快變成了事實。後來的一天，我又想吃烤羊腿，便一如既往地去找馬黑子。下了車，心裡莫名地一陣惶惑，難道馬黑子的店真的會被拆遷？待走得近了，發現馬黑子的店果然不見了，一輛挖掘機正在轟鳴著推房子。我看著最後一堵牆倒下後，馬黑子的店，馬黑子的烤羊腿，便一下子在我心裡變得模糊了起來。

旁邊有人認得我，感嘆著對我說，你今天來，是又想吃馬黑子的腿了吧？這是新疆人說話的一種習慣，去吃老張家的羊肉，會說成吃老張的肉，去吃老李家的雞爪子，則說成吃老李的爪子。外人不理解這樣的說話方式，但新疆人習以為常，見慣不驚。

我向那人打聽馬黑子的情況，他的臉色陰了下來，說，馬黑子捨不得他的烤羊腿店，攔過幾次後無濟於事，便坐在那兒不走，不料拆遷的牆歪斜倒下，砸傷了他的腿，現在躺在醫院裡。

我想去看看馬黑子，但打聽不到他住在哪家醫院，便無可奈何地返回。走在路上，想起最後一次吃馬黑子的烤羊腿，是在一個大雪天。如今已是初春，馬黑子和他的烤羊腿，還有那場大雪，一起留在了我的記憶中。這樣想著，渾身不由得一顫。

那場雪，真冷啊！

烤全羊

烤全羊，就是將一整隻羊烤熟，供食者享用。

烤全羊的來歷很有趣。有一天，一戶人家院子突然起火，將院中的東西悉數燒盡。主人匆匆趕回，為剩下的一片廢墟目瞪口呆。突然，一陣香味撲鼻而來，那人循著香味找去，發現一隻未逃出的羊被烤得金黃，那香味就是從那隻羊身上散發出的。他忍不住嚐了嚐，發現味道醇香，不由得叫了一聲：烤全羊。那人的院子雖然被燒毀，但偶然得到的烤全羊製作方法卻讓他欣慰，從此便專以製作烤全羊為生。

在新疆，要說一道菜品的色、香、味、形俱全，非烤全羊莫屬。將一整隻羊烤熟後推上來，只要你能看見，都會被烤全羊外在的美所震撼。無論是觀賞、嗅聞還是品嚐，都不會費什麼勁。有一句諺語說得好：眼睛看飽了，肚子卻餓了。想必見到烤全羊的人，看不了幾眼，就會咽口水。用新疆人的話說，既然眼睛和肚子都饞了，那就吃吧，人家費了工夫弄好了烤全羊，不吃對不起人家。

如果還要說最有邊疆風味的菜品，亦是烤全羊。做烤全羊用的羊，不能太大，亦不能太小。太大炙烤起來太費勁，稍有不慎會夾生，浪費一隻羊不說，還有損待客者的臉面。太大的羊還太貴，一頓招待下來，如果吃不完，會讓人心疼。有一次，我打聽一隻烤全羊多少錢，知情者給我算了一筆賬：現如今，一斤羊肉三四十元錢，一般情況下，一隻羊大概有五六十斤肉，算下來僅羊肉就要兩千元左右。這還不算，還有加工、配調料、炙烤等費用，又要兩千元左右。全部費用加起來，往往在四五千元。如果是高檔宴會廳或酒店，則常常在七八千元，有的甚至上萬元。如此價格，便導致烤全羊成為門臉菜品，除了招待貴賓或強調某種儀式，在平常百姓的餐桌上，從來不會出現。

但烤全羊的名氣很大，想必沒吃過的人，也能想像出把一整隻羊烤熟，然後由很多人將其吃掉的情景。有一次見一位同事接電話，電話那頭是他在內地某省份的朋友，提出近期要來新疆，想吃一次烤全羊。同事一聽臉色就變了，一隻烤全羊少說也得七八千元，再加上別的菜和酒，估計少不了一萬元。同事的朋友大概從電話中覺出了什麼，便對同事說，有烤全羊就行，菜可以少點一些。同事接完電話從我身邊走過，我聽見他在嘀咕：菜能值幾個錢，一個菜也就頂烤全羊的一塊肉！

有一年在喀什參加一個活動，見有人在宰羊，問過後得知，晚上要安排大家吃烤全羊。朋友見我不停地問烤全羊的來龍去脈，便說羊剛宰掉，現在過去看看，能看到製作的過程。這正是我所希望的，於是感激地應允了朋友。

我們到了烤全羊的地方，見人們已將羊剝皮，並去掉了四蹄及內臟，用清水把裡裡外外洗乾淨了。不知為何，平時所見的羊是很大的，而此時被剝了皮去了內臟，一下子便顯得小了，如果不是羊肉顯出熟知的親切感，反倒會覺得此時的羊陌生。

人們把拾掇乾淨的羊放在木板上，在一個盆中把麵粉、鹽水、雞蛋、薑黃、胡椒粉和孜然粉等調成糊狀，均勻地抹在羊的全身。烤全羊靠這些調料提味，如果調料的比例不合適，會影響最後的味道。負責配調料的人每抓起一種調料，都小心翼翼撒入盆中，生怕放多或放少。

在羊身上抹調料也是細活，那人不停地來回抹著，似乎並未用力，但手卻不離羊身。看來這個程序要的是不輕不重，也許只有這樣，調料才可浸入羊肉。

等到把羊全身抹得油亮光滑，便拿起一根釘有鐵釘的木棍，從羊頭穿到尾部，幾人合力把羊放進特製的饢坑裡，蓋嚴坑口開始炙烤。朋友說，烤的過程中要不斷地翻動，防止有的地方被烤焦，有的地方烤不熟。

至此已目睹了烤全羊的製作過程，問何時吃，被告知要舉行一個儀式後，才會推上來。感覺烤全羊可能與晚飯無關，大家便進了餐廳，看見桌上的紅柳烤羊肉串和抓飯很誘人，就先吃了。

吃完去了活動現場，說烤全羊還在饢坑中，但周圍有人在唱歌跳舞，便被吸引了過去。人們唱的是一首民歌，跳的是麥西熱甫。看著熱鬧的場面，便覺得吃飯喝酒和唱歌跳舞，是一連串的生活內容，快樂也正在於此。

歌是聽的，舞是看的，但持續的時間長了，便難免走神。我記得在一本書上看到過烤全羊的來歷，說烤全羊起源於蒙古族，《元史》記載，十二世紀的蒙古人「掘地為坎以燎肉」。《朴通事·柳蒸羊》中對烤全羊有更詳細記載：「元代有柳蒸羊，於地作爐三尺，周圍以火燒，令全通赤，用鐵箅盛羊，上用柳子蓋覆土封，以熟為度。」

場中的人仍在唱歌跳舞，四周的人亦受到感染，不斷有人加入跳舞的隊伍。我們不會唱也不會跳，只能閒聊。一位朋友說，烤全羊從元代一直到清代，都是貴族用以招待貴賓的珍饈佳餚。康熙和乾隆年間，一個王府的烤全羊遐邇京城，連一名叫嘎如迪的蒙古族廚師也跟著出了名。

說話的間隙，聽得饢坑邊一陣熱鬧，見有幾人正在忙碌，看來那隻羊已經烤好。果然，羊已經出了饢坑，被擺在餐車上推了過來。有人在羊頭上繫上了紅色頭結，嘴裡含上芹菜，猶如那隻羊在臥著吃草。

場中的人都靜下來，好像剛才唱歌跳舞，是在迎接一隻烤全羊出饢坑。羊被烤得黃裡透油，散出迷人的光澤。我因為離得近，聞到了撲鼻的香味。再看其焦黃脆亮的外殼，頓時垂涎欲滴，食欲大增。

活動主辦方介紹了一番烤全羊，然後給大家做示範，用刀子削下一塊。大家親自動手，挑或肥或瘦處削下來吃。烤全羊的肉更酥軟一些，但味道濃厚，尤其是外面的羊皮，咀嚼起來格外焦脆。我嘗試用脆皮包了一塊羊肉，一嚐果然好。也有人將肉切成塊狀，蘸上胡椒粉，吃得心滿意足。

因為烤全羊供多人食用，每人上去削一塊，不一會兒就只剩下一副骨架。一隻烤全羊能被吃光，是最完美的結局。大多烤全羊都注重形式，出饢坑後舉行完剪綵儀式，便推下去由專人或剁或切成塊狀，然後用盤子端上來供客人食用。那時的羊肉，已沒有了烤全羊的影子，讓人覺得一隻烤全羊，已悄悄變成了普通的肉食。

本以為與烤全羊就那樣相遇，算是吃過並知道了烤全羊，不料當天晚上卻見到了讓人驚愕的一幕。那隻烤全羊被吃完後，剔下的骨頭扔在院子一角，不遠處拴了一隻羊，它在明天或後天將被宰殺，供人們饕餮。但它很平靜，似乎已知曉命運，並認了命。但當人們將那堆骨頭倒在離它不遠處後，它便驚恐咩叫，四蹄將地上的土踢得紛飛。沒有人關心它，它就那樣叫了一夜。

難道它恐懼自己會被做成烤全羊？

烤駱駝

新疆有兩種烤大物，一個是烤全羊，另一個是烤駱駝。羊因為多，且價格相對容易接受，所以在宴會廳招待貴賓，乃至於在野外的農莊吃飯，均可見一頭烤得金黃的全羊被推上來，散發出的香味，讓人垂涎欲滴。

但烤駱駝就不一樣了，人們雖經常聽之聞之，但因為價格太貴，加之駱駝現在已經不多，能見到烤駱駝並有口福品嚐的人亦很少。

烤駱駝和烤全羊是沿襲至今的最古老，亦是讓駱駝和羊保存最完整的炙烤方式，如果追根溯源，這種方式可一直追問到伏羲時期。在遠古時期，人們的食物不足，甚至僅靠樹上的野果充饑，常常饑腸轆轆。後來，他們發現在河流、湖泊和大海中遊動的魚，天空中飛翔的鳥，地上奔跑的獸類等等，都可以捕捉食用。但他們不會漁獵，只能拿著棒子用蠻力捕捉。但笨的方法只能捕到少量的魚或鳥獸，並不能解決生計。後來，伏羲琢磨出了一種方法，他將野麻皮搓成繩，曬乾後編織成網放入水中捕魚，這便是最早的漁網。緊接著，他又將繩子改進得更粗更結實，編成專用於捕鳥捕獸的網。獸肉比野果的熱量高，但是無法去除其膻腥之味，而且還常常讓人鬧肚子生病。於是，伏羲又教人們用火將獸肉烤熟了吃。捕到大獸後便整隻炙烤，讓部落的人們一起食用。烤駱駝和烤全羊這兩道燒烤中的巨無霸，便是從那時沿襲而來的炙烤方式。

伏羲因為有此創舉，被人們稱為「庖犧」，意思是「第一個用火烤熟獸肉的人」。

據說，古時，在西域一帶，烤駱駝在戰場上起到了重要作用。士兵們因為吃不上肉，上了戰場沒有力氣打仗。後來，他們便將負責馱運物資的駱駝宰殺，生起大火通宵炙烤，第二天每人便分得一塊駝肉。之後，條件容許，便用饢坑烤駱駝，遂成為西域的一道美食。

後來聽說了關於烤駱駝的另一趣事。說是在某地，人們在做烤駱駝時，在駱駝肚子裡放一隻羊，在羊肚子裡放一隻雞，在雞肚子裡放一條魚，最後又在魚肚子裡放一個雞蛋，每一種都能被烤熟，而且互相提味。新疆人對此做法大加讚賞，說那樣的烤駱駝，才是真正的硬菜。

我沒吃到烤駱駝前，曾問吃過烤駱駝的人，烤食的駱駝肉味道如何，他們卻不直接回答，只說烤駱駝嘛，只有吃過後才會知道。

有一年，聽說巴楚縣出了一位烤肉王，是烤駱駝家族的第五代傳人，一天能烤出一峰重三百五十公斤的駱駝。他為此要準備上五天，調製出的佐料有雞蛋、皮芽子、孜然、胡椒粉、麵粉、食用鹽等十七種，塗抹在去掉內臟的駱駝身上，然後用起重機把駱駝吊起，慢慢放進專製的饢坑，用掉五噸木材，烤上七八個小時。這件事在那些天已引起關注，所以，烤駱駝一出饢坑，便被遊客以每公斤一百二十元的價格搶購一空。

後來，我在吐魯番見到了烤駱駝。那個饢坑之大，據說為世界第一，先一天晚上已經將一峰駱駝用起重機放了進去。那天有一個文化活動，一番麥西熱甫表演完後，便用起重機將烤熟的駱駝吊了出來。

先前曾聽說，駱駝臨近被宰殺的日子，主人會給它吃一些放了調料的東西，目的是讓調料味道浸入它體內，在炙烤時由內向外散出香味。那天在現場，便不由自主往前面擠，想看看烤駱駝的大、美、香等特點，到底是怎樣的情景。剛擠到前面，就看見一峰金黃誘人的駱駝被吊了出來。它依稀還有駱駝的高大和健壯，但炙烤後的顏色，卻已透出熟食的誘惑。不僅如此，風一吹便飄過來一股香氣，站在我旁邊的兩位女孩忍不住驚歎連連，好像等不及要得到一塊駝肉大快朵頤。聽她們議論，烤駱駝肉益氣血，壯筋骨，潤肌膚，主治惡瘡，尤其駝峰，味甘性溫，具有潤燥、袪風、活血和消腫的功效。年紀輕輕的女孩子，知道這麼多的烤駱駝知識，不由得佩服她們。

很快，每人分到了一塊烤駱駝肉，我又聽見那兩位女孩說，烤駱駝肉一定要趁熱食用，不要怕肥膩，帶一點兒肥的地方僅僅是外表而已，實際上外肥裡瘦，好吃得很。我琢磨她們一定從事與美食有關的工作，不然不會把心思如此細緻地用在烤駱駝身上。

烤駱駝肉很瓷實，一口咬下去發出脆響，嘴裡香氣四溢。我沒有吃過燉駱駝肉和炒駱駝肉，不知其味道如何。但我無師自通地找到了吃烤駱駝肉的方法：順著肉的紋理撕成條狀，不但吃起來方便，而且還吃出了浸入肉中的調料味。於是便很欣喜，駱駝這麼大的傢伙，如果調料味沒有浸入，想必並不好吃。

某一年，在博樂的草原上觀看蒙古族摔跤比賽。在那場比賽中，一位高大剽悍的選手，卻敗給了一位看起來很不起眼的人。賽後，他面露不悅，甚至流露出對對手的憤恨之意，看上去很是不服。旁邊有一人對他說，你輸就輸在昨天晚上沒吃烤駱駝肉，那傢伙——那人用手指了指優勝者說，那傢伙在昨天晚上，一個人吃了夠兩個人吃的烤駱駝肉，能不贏你嗎？那位高大的選手低聲嘟噥出一句，都怪我太窮，吃不起烤駱駝肉。說完，他臉上的不悅，以及雙眸中的憤恨之意，如同潮水一樣消失了。他認命了。一個人認命後，就會變得無奈，亦會麻木。

近年來，因為旅遊業發展，有不少新疆人琢磨駱駝身上的生意。於是，烤駱駝的饢坑越來越大，有了新疆第一，很快又出現了中國第一，不久便又來了世界第一。烤出的駱駝也越來越大，你烤出的駱駝是三百公斤，我便能烤出四百公斤的，不久，五百公斤的也能烤出來，也許有一天，有人會烤出一千公斤的駱駝。

聽到一個人製作烤駱駝的饢坑的故事，心裡便一沉。他認為，只要做出一個大饢坑，就不愁掙不到錢，為此他耗去時日，花去一大筆錢，建出一個在當地堪稱第一的大饢坑。不料，完工的當天晚上，饢坑壁卻破裂，寒風嗚嗚地穿進穿出。有人對他說，駱駝是神物，你建一個大饢坑，等於要殺駱駝，看來你的命不硬，饢坑就破了。

不知此說法有無道理。

又有人說，烤駱駝雖然是供人食用，但畢竟要先殺戮害命，有時候便會發生一些匪夷所思的事情。說來說去，做烤駱駝的人便有了壓力，每做一次都誠惶誠恐，害怕出現意外。

駱駝是不是神物，不好說，但它們在動物中最有性靈一說，早有定論。有一事便是事實。有人正在準備做烤駱駝，一隻駱駝被牽著經過那兒，見自己的同類已皮肉分離，便大聲嘶鳴，把地面踩出沉悶的聲響。

饢

常見新疆人吃饢時，不吃菜，亦不喝湯，卻吃得香，吃得飽。有諺語說：父母給你的是生命，小麥給你的是饢。饢在新疆是主食，人們早上吃饢，中午吃饢，到了晚上還是吃饢。因此便有了關於饢的另一句諺語：寧可一日無菜，絕不可一日無饢。

新疆人把做饢叫「打饢」。叫雖然是那樣叫，但打饢卻並不見激烈的動作。之所以鄭重其事地用一個「打」字，是因為新疆人說話喜歡用精確生動的詞，譬如說生氣，會說肚子脹得很。說一個人笨，會說他的腦子不幹活。新疆人把「做饢」說成「打饢」，是用詞精確又生動的典型例證。

新疆大約有五十餘種饢，常見的有油饢、肉饢、窩窩饢、芝麻饢、片饢、希爾曼饢等。前些年出現了芝麻饢、葡萄乾饢、核桃饢等，近年來又開發出了玫瑰花醬饢、辣皮子饢、蘋果醬饢、黑加侖醬饢、紅棗醬饢等。為了好看，在花樣上做足了文章。新疆人為此總結出一句話：吃饢吃了幾十年，嘴熟悉，牙齒舒服，肚子踏實。

新疆人談論饢，多以大小論之，譬如最大的饢，直徑有四五十釐米，做一個需要兩公斤左右的麵粉。最小的饢，只有常見的茶杯口那麼大。還有一種饢，厚度有近十公分，中間有一個洞，吃之前，順那個洞掰成小塊，吃起來極為方便。

南疆的大多數人家都有饢坑，隔幾日打一次饢供全家食用。巴扎（集市）上有專門賣饢的攤位，離巴扎近的人家，打了饢會端出去賣。在巴扎上賣饢的情形有兩種，一種是用饢坑專門打饢往外賣，打出的饢常常是一大堆。另一種是從家中打好饢後端到巴扎上去賣，其數量大多為一二十個，在巴扎上鋪一個地毯即可待售。

新疆人喜歡吃饢，往往饢一打出就吃，其口感脆香，尤其是麵食剛被烤熟的香味，讓人喜形於色。有一人從饢鋪子買了一個饢往回走，在半路忍不住嚐了又嚐，到家後低頭一看，手裡只剩下少半個。放涼的饢也有脆香之味，但人們還是喜歡吃熱饢，即使是放涼的饢，也要烤熱，吃起來才味道不錯。曾見一人生一堆火，用樹枝挑著饢烤了一會兒，才掰開吃。我本以為饢烤過後會變硬，要了一小塊嚐過後，發現頗為軟脆，口感很是舒服。後來才知道，因為饢裡面加了雞蛋、牛奶、鹽水、沙拉油和蜂蜜，一烤就變軟。

有一天，我突然想看看打饢的全過程，便下樓在「阿布拉的饢」店鋪旁邊，看了約一個小時。打饢的步驟並不複雜，一個小夥子把雞蛋和牛奶倒進麵粉中，加適量放了鹽的水，五指分開攪動一會兒，然後加進去沙拉油和蜂蜜，用力揉十餘分鐘便成為麵團，然後用布蓋起來發酵。過了十餘分鐘，小夥子用手指在麵團上戳出一個洞，檢驗麵是否發酵好。很快，他將麵團揪出拳頭般大小的圓球，一個個擺好，然後用手逐一輕輕壓扁，再迅速壓圓，在圓的邊沿捏出厚度，用饢戳子在上面拓出花紋，刷上一層沙拉油，撒上芝麻，啪的一聲甩進了饢坑。

雖然知道了打饢的方法，但卻感嘆，我一輩子也打不出一個饢，因為我沒有打饢的饢坑。這世間的事物，有很多僅僅是親眼所見而已，要想親手製作卻很難。

我二十餘年前在南疆，多次見人們把饢當作吉祥物。譬如，小夥子向姑娘提親時，見面禮除了衣服、布料、精鹽、方塊白糖外，還必須要準備五個大小一樣的饢。舉行結婚儀式時，由一位姑娘手捧托盤，托盤上放有一碗鹽水，鹽水中有兩塊饢。她微笑著走到新郎和新娘中間，示意他們搶吃鹽水中的那兩塊饢。誰先搶到，就證明誰最忠於愛情。

一年前，我在庫車縣塔里木河鄉，見一位老鄉做出的饢很大，價格卻僅為三元錢。我們買了一個在車上各捧一邊掰著吃，最後僅吃掉三分之一。那天我們是去看塔里木河的，在半路被一潭積水擋住，向周圍的人詢問水坑情況，他們說昨天有車從水坑過去了，無礙。結果我們的車一開進去便栽入深坑。他們大聲哄笑著離去，我們這才明白他們閒得無聊，誘惑我們的車栽進去看熱鬧。

一九九二年的一天，我們部隊在葉城農場勞動，營長為了讓戰士們中午能吃飽，聯繫附近一戶農民打饢。幾袋麵粉送過去後，對方稱可以打一百個饢，但那天有一百一十人，於是又補一袋麵粉給他。對方言之鑿鑿稱，可以打一百一十五個饢，有多沒少，讓我們放心。營長為感謝那農民，說有一百一十個饢足夠了，多出的五個饢，送給他家的小巴郎（孩子）。那農民在中午送來了饢，一數是一百一十五個，他驚訝地說不對呀，打是打了一百一十五個，你們的營長說需要一百一十個，我就給我們家的巴郎子留了五個。營長估計他打了一百二十個饢，便說沒關係，讓他把多出的五個饢拿回去，但他一定要弄清楚，於是大家餓著肚子等他又數了一遍，結果還是一百一十五個。他再次驚慌地大叫，我已經給我的巴郎子留了五個饢，難道它們像長了腿一樣跟到了這裡嗎？他還要再數一遍，營長把五個饢塞到他手裡，一番好言相勸，他才一臉疑惑地離去。

南疆人多喜歡就著茶水吃饢，將饢掰開後伸入茶碗浸泡一下吃掉，然後喝一口茶。饢被浸泡後變得酥軟，啃咬起來方便，也利於消化。將饢和烤羊肉串一起吃，是新疆人喜歡的一種吃法。將羊肉串在饢表面磕幾下，讓烤肉上的孜然、辣椒面、鹽和胡椒粉等沾在饢上，可一口饢一口烤肉地吃，食者喜悅，觀者垂涎。

不論哪種吃法，都必須先將饢掰開。掰饢是有講究且極富儀式感的。將右手掌做刀切狀放在饢上，但並不用此手掌去切，只是壓住饢即可，然後用左手向上掰饢的一邊，便可將饢從中掰出一條直線，並讓饢無比均勻地一分為二。如果要繼續掰成小塊，依此類推即可。這樣掰出的饢既有厚的饢邊，也有薄的饢塊，吃起來口感多變，脆柔相濟。

一九九九年我在出版社修改書稿時，社長程步濤在一日中午，請幾人到白石橋的一家「新疆飯館」吃飯。大家閒聊等待上菜的間隙，我用「掌刀」法將一個饢掰成整齊的塊狀，受到大家一致好評。我亦發現，當時，吃了近十年饢的我，已是饢中有我，我中有饢。

吃完離開時，我看見桌上有些饢渣子，便本能地伸手要將其收攏到一起。旁邊的一位維吾爾族女服務員對我一笑，示意她收拾即可。她小心地將饢渣子掬到掌心，放進了院中的鴿子籠中。

這正是我所希望的。此等情形，新疆人早就總結成了諺語：人吃剩的饢渣子，要留給鳥兒。

饢坑肉

饢坑肉與饢無關，只與打饢的饢坑有關係。

也就是說，饢坑肉是從饢坑中烤出的肉。因為用的是羊肉，也可以說是從饢坑中烤熟的羊肉。

因為與饢坑有了關係，饢坑肉便顯出獨特的一面。首先是塊兒大，常見的都是巴掌那麼大，或舉或抓在手裡吃，很有儀式感。其次是亦可烤羊排，抽出骨條後僅吃酥軟的肉，是難得的享受。再次是饢坑，必須在烤饢後才可烤羊肉，否則會因為溫度太高，影響肉質和口感。

饢坑肉又叫架子肉，是因為要把肉掛在鐵架子上，才可以放入饢坑。有人說，沒有架子，就吃不上饢坑肉。不瞭解饢坑肉的人，聽得雲裡霧裡。

饢坑肉的來歷很有趣。說是某一日有人宰了一隻羊，準備做烤羊肉串待客。無奈人太多，烤羊肉串做得太慢，只有少數人在吃，更多的人只能眼巴巴地看著。那人看見剛打過饢的饢坑中有火，便靈機一動，決定烤巨型羊肉串。他把羊肉切成大塊，用鐵絲串起放入饢坑，不一會兒便烤熟了。每人手持一串，吃得香，也吃得飽。因為那羊肉塊是從饢坑中烤出的，所以得名饢坑肉。

後來，有人總結出一句話：人多了吃饢坑肉，人少了吃羊肉串。再後來，饢坑肉與烤羊肉串一分為二，很少有人想起它們之間的關係。

吃饢坑肉，是極富儀式感的事情。因為肉塊大，吃起來頗讓人張揚出陽剛之氣。有一女士，見饢坑肉那麼一大塊，驚歎一聲，咦，太大了！經眾人一番勸導，她吃了一口，又驚歎一聲，咦，太好吃了！

有人說，在新疆的冬天，人們天天都在吃肉。依我看，此說法也對也不對。說對，是因為新疆的冬天寒冷，人們食用羊肉可增加熱量，尤其是高寒地區或高山牧場更需要食用羊肉禦寒，久而久之便養成多吃肉的習慣。

說不對，是因為人們在當前的飲食已極為講究，很多人出於對健康的考慮，都不怎麼吃肉了。但偶爾吃一點羊肉倒也無妨，因為羊肉對人體的調理作用明顯，不失為養生之道。

一天中午路過單位旁的社區，聞到一股熟悉的味道，便判斷出是烤羊肉散發出的，但不能肯定是烤羊肉串還是其他。在好奇心的驅使下，我走過去細看，呵，社區的一角有人在做饢坑肉。我先前曾從該社區穿行數十次，只看見有人在打饢。當時想，有一個打饢的地方，社區的人算是有口福了，不料今天又發現了饢坑肉，看來居住在這裡的人又多了一份口福。

我那天被一本書的內容弄得焦頭爛額，倒是無意間遇到的視覺享受，讓我的心情有了幾絲輕鬆。攤主發現我在觀察他的饢坑肉，以為我要吃，便熱情招呼我坐下先喝茶。他的茶是那種已不多見的黑磚茶，泡出的湯汁通紅發亮，還閃出晶瑩的反光。我因為心情沉重，無意享用眼前酥黃透香的饢坑肉，便承諾明天中午來吃，今天先看看。攤主笑笑說，看吧，我的饢坑肉好得很，看到眼睛裡就出不來了，明天你不來才怪呢！

於是他忙他的，我看我的，前後不到一小時，看到了做饢坑肉的全過程。其實，饢坑肉是烤肉的一種，但它卻是烤肉中的巨無霸。首先，它大如拳頭，切成塊後用雞蛋、薑黃、胡椒粉、孜然粉、鹽和麵粉拌勻醃製。有人要吃了，便一塊塊串入鐵釬。那鐵纖一端有圓環，掛在饢坑壁的掛鉤上，任由饢坑中的高溫炙烤。

烤上一會兒，攤主用一根長鐵鉤將其鉤起，然後翻轉過來烤另一面。按說，大塊肉烤出後會在味道上有所遜色，但因為醃製起到了提味作用，每一串烤熟後都油亮生輝、皮脆肉嫩、香氣四溢。也有用環形鐵架子將肉串好放進饢坑烤的，那就是所謂的架子肉。這家只做單串的饢坑肉而不做架子肉，大概是考慮到來吃的人均為零散食客，如果人多便適合做一架多串的架子肉。

在旁邊的桌上放有一盆老虎菜（新疆人亦稱皮辣紅），是專門用於配烤肉吃的，裡面有皮芽子、青椒、番茄和香菜。且不可小

看這一道不起眼的老虎菜，它的主要功能是降血脂。新疆人雖然多吃牛羊肉，卻會利用皮芽子和胡蘿蔔等蔬菜助消化和去脂。有了這些配菜，大塊的牛羊肉，只管放心吃便是。

看了一會兒，心情已大為好轉，便轉身離開。其實已經有了解決那本書的辦法。至此才發現，只要放鬆下來，冷靜思考，任何坎坷都會變成通途。當然，更會有苦盡甘來的意外驚喜。在那一刻，也許是受到神的啟示，我一伸手就抓住了幸福。如果願意把這一天視為特殊的日子，當在內心默默感恩和珍惜。

下午，同事發訊息說夕陽很美，建議我看一下。我抬頭看窗外，夕陽彤紅如火，烏魯木齊一側的博格達雪峰，亦裹上了紅色，讓人覺得似乎正在進行某種洗禮。

下班經過那家饢坑肉攤位，見攤主正在醃製羊肉，一問才知道，做饢坑肉需要放皮芽子、孜然、胡椒粉等醃一晚上，第二天在上面裹以蛋清，烤出來才會油亮生輝，鮮嫩可口。

明天的美食，在今晚即已開始。

第二天因為心情好，便在中午去吃饢坑肉。點了一份饢坑肉，邊吃邊聽攤主聊饢坑肉的故事。他說饢坑肉出自喀什，最初傳到烏魯木齊，有一人看見他也是用釺子串起的，便疑惑老闆搞錯了，把那麼大塊的羊肉當成羊肉串賣，不怕賠死嗎？後來一問才知道，那是饢坑肉，並不是烤羊肉串。

旁邊有一人接上攤主的話題，說一位到奇台拉煤的司機，想吃饢坑肉，便找到一個賣饢坑肉的攤子，讓攤主在中午給他準備一份，他在礦上裝好煤後開車過來吃。攤主於是在中午備好一份饢坑肉，左等右等不見那位司機，桌上的那份饢坑肉也涼了。到了下午傳來消息，說那位司機出了車禍，已住進醫院。但他卻沒有忘記預定的那份饢坑肉，便托人帶話給攤主，他出院後一定來吃。從此，那攤主每天都為那位司機備一份饢坑肉，等他不來，便默默收走。終於有一天，有一人走到那攤主跟前，說他來吃那份饢坑肉。攤主認出他就是那位司機，一轉身把早已備好一份饢坑肉端到了他跟前。

事後，有人對那攤主說，你的一份饢坑肉賣了好幾個月才賣出去。那攤主只是一笑，沒說什麼。

烤包子

烤包子，即烤製的包子。剛出爐的包子外皮焦黃脆酥，餡料鮮香滾燙，食罷口腹滿足，身體舒坦。

烤包子與饢一樣，都從饢坑中烤出，但兩種烤法卻不一樣。如果在打饢，便不烤包子。如果烤包子，便不打饢。明眼人看見有人在打饢，便不會問有沒有烤包子賣。

烤包子皮用死麵擀薄，把羊肉丁、羊尾巴油、皮芽子、孜然粉、精鹽和胡椒粉等和在一起做餡，包好捏死四角，啪的一聲貼入饢坑。七八分鐘左右，用一把類似於漏勺的器具，將烤熟的包子盛出。細看，包子被烤得皮色黃亮，隱隱透著羊油的浸色。

烤包子中，除了用饢坑烤製的以外，還有一種用油炸的包子，叫「桑布薩」。其做餡的原料和烤包子相似，油炸後外表泛黃，看上去與烤包子無異，但出油鍋後還要炒一下，然後再吃。這種包子形似餃子，用花邊刀壓出整齊的花紋，很像小巧的藝術品，除了用於招待客人外，還經常作為辦喜事時互贈的禮物。

吃烤包子，雖然知道餡中有皮芽子，但總是吃出羊肉的味道，很多人都有這樣的體驗。因為包子皮被烤得脆黃，加之被裡面的肉油一浸，其麵食之味頓時不見，入口便只覺出皮脆肉嫩，味鮮油香，好像是在吃羊肉。

我吃烤包子多年，遇有不少趣事。當年在喀什城邊的一個水渠旁，碰到一家烤包子鋪，戰友們決定吃一頓現烤的烤包子。那時候我們二十出頭，那家老大娘笑著對我們說，你們這些娃娃，來我們家吃烤包子算是來對了，吃過我們家的烤包子的人，都說整個喀什最好的烤包子在我們家。你們先坐一下，把茶先喝一下，我們一家人忙一下，很快就把烤包子上一下。她每句話中都有「一下」兩個字，極富動感和渲染力，讓人聽著親切。

老大娘一家人開始忙活，我在一旁目睹了做烤包子的全過程——他們把包子皮擀薄，由女兒把四邊折起來合成方形，然後把餡子放進去，捏緊邊角，遞給蹲在饢坑邊的哥哥。哥哥腰一彎便把包子貼在饢坑壁上。我在先前掃了一眼餡子，有瘦羊肉、羊油丁和皮芽子，還聞出一味熟悉的味道，不用問，是新疆人製作羊肉菜肴時必不可少的孜然。

七八分鐘後，饢坑中的烤包子熟了。老大娘說，我們家的烤包子有多好？好到什麼程度呢？告訴你們吧，好到可以和最有名的某某某比一下！她當時說了一個人的名字，我沒有聽清，細問之下才知道，她說的那人是幾百年前的名廚，他做出的烤包子在當時譽冠西域，至今有很多人仍用他的名字招攬生意。吃東西，如果瞭解到食物的傳奇故事，還能感受到其文化，味道會分外不同。

說話的間隙，老大娘的兒子用一個大勺在饢坑中一摟，便盛出一個烤包子，啪的一聲放到鋪有桌布的桌子上。他一邊往外盛著烤包子，嘴裡不停地發出嘖嘖聲，似乎比親自品嚐的人還要高興。不一會兒，他面前便是一大堆烤包子。

我湊到饢坑前往裡面望了望，一股灼燙的熱浪噴到臉上，呼吸頓時變得困難。我趕緊閃到一邊，老大娘的兒子笑了一下，說饢坑中的火溫有一百多度，沒幾年工夫，在饢坑邊站不住。他的臉上微微有汗，但看上去卻很從容。看來他打饢或烤包子時間長，在如此炙熱的饢坑邊，僅僅只是出一點汗而已。不論哪個行當，做的時間長了便就有了功夫，做烤包子亦不例外。他打出的烤包子讓人驚歎，每一個都顏色黃亮，咬一口，外面的皮脆酥，裡面的肉餡鮮嫩，還浸出炙烤後的油香，有一種極鮮的味道。他不停地勸我們多吃，並提醒我們不要怕燙，烤包子帶一點微微燙嘴的效果，吃起來最好。

但他和老大娘對我們的飯量很失望。我們一共五人，吃了半天，還不到三十個。剩下一大堆烤包子，讓我們面面相覷。老大娘說，你們這些解放軍娃娃太不能吃了，你們今天來了，我們一家人太高興了，但是你們太不能吃了，我們一家人肚子太脹了（生氣的意思）。盛情難卻，我們每人便又吃了兩三個，老大娘臉上才有了笑容。

那天很熱，我們吃畢脫掉鞋襪，把腳伸進渠水中浸泡。老大娘在一旁笑著說，你們這些娃娃調皮得很，以後常來我們家吃烤包子嘛，如果你們沒有對象，我給你們介紹。此事過去二十餘年，至今記憶猶新。那老大娘在推銷方面是高手，既能把烤包子賣出去，又營造了快樂輕鬆的氛圍。

也就是在那次，老大娘給我們示範了吃烤包子的要領：一看二摸三慢吃。她拿起一個烤包子說，一看，就是挑選烤得微黃的烤包子，吃起來脆、香，軟硬適合。二摸，就是根據手感，判斷烤包子出饢坑時間的長短，以防太熱燙嘴，太涼傷胃。三慢吃，就是第一口咬開烤包子後，不要急著就吃，而是讓它放出裡面的熱氣和烤油，避免燙嘴。她介紹要領時一臉欣悅，說完卻嘆息一聲，意思是好多人吃了好多年烤包子，卻不知道最起碼的要領。我因為知道了吃烤包子的三要領，便覺得她的嘆息並不是憂傷，而是閃爍著飲食文化的光芒。

我沒想到在偏僻的地方，卻學到了吃烤包子的要領，可見有些文化是孕育於民間的。在彌漫鄉土氣息的地方親自體驗一番，就什麼都知道了。後來見到有人不知吃烤包子的要領，一口咬下去便吞咽起來，結果被熱油燙得哇哇亂叫。那樣的情景，如果讓喀什的那位老大娘看見，她一定會說，這個娃娃連烤包子都不會吃，真是太可憐了。

前些天，烏魯木齊下了年內第一場雪，我下班後決定踏雪回家。第一場雪不冷，在雪中走走反倒有幾分詩意。現在的人，每天都行色匆匆，就讓我慢下來，在飄飄揚揚的落雪中浪漫一回。行至南梁坡菜市場附近，突然聞到一股熟悉的香味。我好吃，常常經不起美食的誘惑，只要一聞到美食的味道，眼睛就會跟著鼻子轉，嘴巴就會跟著眼睛走。很快，我發現馬路邊有一家烤包子小店，門口的小平攤上整齊碼放著烤包子，一個個上面「寫」滿了誘惑，我的雙腿立刻就邁了過去。用手一摸烤包子的溫度，是熱的，正是吃的好時候。守攤的姑娘對我一笑，我亦一笑，買了三個烤包子邊走邊吃。那一路，腳下的雪嘎吱嘎吱響，嘴裡的烤包子溫熱脆香，真是幸福的一餐。

吃完，剛好到家。

庫麥其

庫麥其出在和田。在和田說起庫麥其，常常會被人問一句：你能吃幾個？言下之意是庫麥其不小，一般人吃不了多少。

在和田有一個說法：庫麥其是烤包子的爺爺，烤包子是庫麥其的孫子。這麼一說，便知道庫麥其大，而烤包子小。後來見到庫麥其，便覺得要說它的大，要看和什麼比。如果和庫車一帶的饢比，它並不算大，但如果和烤包子比，它確實不小，把常見的烤包子放大十倍，就是一個庫麥其。

有人稱庫麥其是巨型烤包子，知情者馬上糾正他的說法，說烤包子是在饢坑中烤出的，而庫麥其是從炭灰中烤熟的，做法不一樣，吃起來口感也不一樣，不能和烤包子混為一談。細問後才知道，製作庫麥其，餡料主要是羊肉餡、皮牙子、食鹽、胡椒、孜然等，製作方法是先用麵粉做成麵皮，將拌好的餡料放置在一張麵皮之上，然後再取另一張麵皮蓋在餡料上，將兩張麵皮捏合成花邊，使之合為一體。包好庫麥其後，放在用沙漠胡楊或紅柳燒成的熱灰中，慢慢將其燜熟。

庫麥其至今沒有從和田向外傳出，如果不到和田，就吃不到。和田人說，和田的庫麥其並不是最好的，最好的庫麥其在策勒縣的固拉合瑪鄉，那裡的庫麥其最有名。在固拉合瑪鄉，每逢節日，人們都會唱庫麥其歌、跳庫麥其舞，大家一起做庫麥其，一起吃庫麥其，會讓節日散發出濃濃的庫麥其香味。

吃庫麥其和吃烤包子不一樣。因為它大，雙手捧著無法下口，必須切成塊才能吃。後來知道，並非我一人這樣吃庫麥其，因為庫麥其太大，人們吃時大多都用小刀將其切開，分而食之。

有一年，部隊在和田的沙漠中施工，見到幾位婦女做庫麥其。她們不用擀麵杖，而是用手一直捏麵團，直到捏成像擀出來的一樣。整個過程都是手工，不用任何工具。

庫麥其之所以出在和田，與沙漠有一定的關係，亦可看作是沙漠孕育出的一種高營養食品，所以庫麥其又被稱為「沙漠烤餅」。如此說來便覺得沙漠並非是不毛之地，在沙漠中生存久了的人們，早已慢慢琢磨出了利用沙漠生存的方法。這樣的例子很多，譬如沙漠中缺水，人們便在駱駝喜歡臥的地方往下挖，一定會挖出水。因為駱駝的感知能力強，常在地下有水的地方臥下讓自己涼快下來。再譬如在酷夏，把羊肉包好後埋入沙子中，可防止腐壞。

庫麥其的來歷很有意思。有兩個男女青年相戀，小夥子向女方提親，女方父母卻要求小夥子：過幾天有一百位客人來家裡，我們只能給你一隻羊，你必須保證有飯也有菜，而且一塊骨頭也不能出現，如果你做得到，我女兒以後就是你的人。小夥子回到家苦思冥想，終於想出了應對的辦法。到了那一百位客人上姑娘家做客的那一天，他一大早便將羊肉剔骨，剁碎後放入皮芽子、孜然、胡椒粉和鹽，調拌成幾大盆餡料。接著，他用二十多斤麵粉加水揉弄，做成直徑有一公尺多長的大餅，將那餡包進去，把大餅折合對接，沿著邊沿把對接處捏在一起，一個大餅便擺在了人們面前。他心靈手巧，在對接處還捏出了花紋。但是，大餅雖然好看，用什麼樣的鍋，或者什麼樣的大饢坑，才能烤熟呢？只見小夥子不慌不忙地燒了一堆火，等大火燒盡留下熱灰，便將那個大餅埋了進去，大概過了十幾分鐘，那個大餅就熟了。當他和好友把大餅抬到姑娘家，眾人聞到大餅熟透的麵香，掰開一看裡面，不僅不見一塊骨頭，而且色豔味鮮。那一百位客人對小夥子讚不絕口，姑娘父母亦滿心歡喜，痛快地兌現了他們的許諾。從此，那種餅被人們稱為「庫麥其」（意為烤餅），直至今日仍保持這一稱呼。

既然庫麥其與沙漠分不開，它的做法便也與沙漠有關。也就是在見到那幾位婦女做庫麥其後的幾天，我終於吃到了庫麥其。當時，我們在沙漠中施工，都能看見和田市的高樓了，腳步卻因為疲憊而越來越慢。附近村莊裡的一位老大爺對我們說，再好的馬也不能不停地跑，只有吃上草料才能跑到終點。他叫來家裡人說，給這些解放軍做幾個庫麥其，讓他們好好吃一下。他們搬來東西，先和好麵，再拌好餡，做了一個大大的庫麥其。

老大爺神情嚴肅，兒子做庫麥其時他並未動手，等到要掏沙坑時才親自操作。他用紅柳枝在沙坑中燃了一堆火，燒出一層炭灰，便將庫麥其埋進熱灰中。過了一小時，他說到了吃飯的時候了，便將庫麥其從熱灰中取出，啪啪啪幾下拍掉兩面的灰，一個焦黃的庫麥其便展示在我們面前。老大爺用刀把庫麥其切成三角小塊，示意眾人分而食之。因為是熱灰燜熟的，其焦脆的表皮咬起來咯吱裂響，裡面的肉和皮芽子酥鬆濃香，讓我們吃得頗有幸福感。

老大爺說，吃了庫麥其後，在沙漠裡睡覺不蓋被子也不會感冒，我們便歡呼雀躍，準備當晚嘗試一下。吃了庫麥其不體驗其「功效」，豈不是遺憾。但是當天下午我們接到在和田市匯合的命令，未能實現那一願望。但那位老大爺給我們講解的給庫麥其降溫的辦法，卻使我受益多年。他當時說，吃庫麥其時要事先準備一碗水，把庫麥其放進去蘸幾下，一來可以讓它降溫，吃起來不燙嘴，二來可以把烤硬的地方泡軟，容易啃咬。當時我們都試了這一方法，果然很有效果。後來我吃烤包子時又用到那個方法，依然很有效果。

據說烏魯木齊等地的飯館，也有賣庫麥其的，喜歡的人經常會去吃一頓，然後喝一碗奶茶，心滿意足地離去。

某一日，我去一家飯館吃過庫麥其後，又買了兩個裝在塑膠袋中提回，準備第二天在家中再享用一次。出了那家飯館行之不遠，聽得有人叫我的名字，扭頭一看，好像並不認識他。但人家既然能叫出我的名字，一定是與我打過交道的。我如實告訴他，我記性不好，請別介意我記不起他的名字。他呵呵一笑說沒關係，有一年我們在和田一起吃過庫麥其，當時人多，記不住他的名字也不足為怪。他說剛才，遠遠看見我從飯館中出來，一時拿不定是我，但看見我手提的塑膠袋中有兩個庫麥其，便斷定一定是我。如此相遇的方式讓人高興，我們哈哈一笑。他告知了他的名字，我記住了，想必下次見到，一定不會再認不出來。

與他作別，走到半路忍不住打開塑膠袋，聞了聞那兩個庫麥其。一股香味讓我神魂顛倒，咽了一口口水。

烤魚

新疆的烤魚，在一個「烤」字上做足了文章。說到這個「烤」字，往往有兩個意思。一個意思，是指用槽子燒好炭火，像烤羊肉串一樣把魚烤熟，撒上椒鹽，肉質酥脆，味道誘人。另一個意思，是指從河中捕出魚後，即在岸邊生火燒烤，很快就能吃一頓烤魚。人們為此總結出一句話：魚出了水裡，就進了人嘴裡。那樣烤出的魚，更有天然的鮮香。

新疆最會做烤魚，和最會吃烤魚的人，是阿瓦提的刀郎人。他們多居住於塔里木河邊，擅長捕魚，日常飲食亦多以魚為主。問他們做烤魚的祕訣，他們說沒什麼祕訣，一堆火和一條魚足矣，如果再說詳細一點，最多需要一把鹽而已。

魚吃多了，便會吃出趣事。我有一年在麥蓋提縣，看到一個八九歲的小男孩吃烤魚，他將魚從嘴右邊吞入，然後緊抿嘴巴不停地蠕動，一會兒便從嘴左邊冒出一條完整的魚刺骨，魚肉已被他巧妙吃掉。問他吃魚的本事練習了多久，他指了一下塔里木河說，他吃魚的爺爺時，就學會了這種吃法。又問他這種吃法是誰教的，他一指遠處的麻扎（墳墓）說，我爺爺這樣吃魚，我爺爺的爺爺也這樣吃魚，我爺爺的爺爺的爺爺還是這樣吃魚，不用教，一出生就會。

離那吃魚少年不遠處，有一戶人家，僅住有一位年邁的老太太。我見到她時，她正與一隻貓依偎在一起。據說她從不吃飯，連貓也不餵一次，不知她和貓靠什麼活著。本想詢問，但她雙目緊閉已經入睡，我便悄然退出門去。在她家院子裡無意一瞥，見院中有整齊排放的魚骨。想必那些魚骨已積放多年，不僅蒙塵，且有枯朽之感。我想老太太是靠吃魚活著的，但她那麼年邁，如何從塔里木河中打得出魚？

我正在看那些魚骨，那隻貓從屋中竄出，刷的一聲跳到魚骨上，做出警惕守衛狀。我對貓笑了一下，它抖動了幾下鬍鬚，雙眼射出幽冥之光。此貓乃好貓，守著年邁老太太，到了相濡以沫的地步。於是，我決定不再打擾，轉身離開。

後來，我打聽到了那位老太太吃魚的真相。在河邊烤魚的人多知她的情況，聽得貓叫便甩過去一兩條烤魚，貓叼回與她共吃。如果一次吃不完，便存放起來以俟時日。

新疆的老人吃東西，往往出人意料。我曾在和田見過一位七十多歲的老人，每日不吃別的，僅吃幾個核桃，喝幾碗黑磚茶。在吐魯番，曾見一位老人在五月間只吃桑葚，別的飯菜一口不動。我先後問過兩位老人能吃飽嗎？他們的回答驚人的一致：人老了，要找對適合自己吃的東西，多少吃一點，活得長久。現在碰到這位老太太，便相信她每天吃幾口烤魚，便可活命。

刀郎人的烤魚皆出於塔里木河或沙漠中的海子。有一年在阿瓦提，見到一人肩扛一個漁叉，問他去幹什麼，他說去划卡盆下海子。我知道卡盆就是木舟，被刀郎人專用於打魚。海子的生成往往有兩種情況，或是塔里木河水溢出後形成，或是沙漠中的蓄水，其規模都不大。當時想問問海子中的魚的情況，但那人腳步太快，轉眼便已走出很遠。等到他在中午返回，便見他手提十幾條魚，最大的有兩三公斤，最小的也有一公斤左右。我感嘆他一天能捕到這麼多魚，不料他一笑說，今天捕到的魚比這些還多呢，剛才和朋友在河邊生火烤了一頓，已經有七八條進了人的肚子裡。

那天下午，我隨那人划卡盆在塔里木河中打魚。那人說起探險家斯文．赫定的故事。說那個姓斯的老頭兒，當年就是坐著他這樣的卡盆在塔里木河上來來去去，把新疆的很多老故事都帶到了外國。

我正與他聊得起勁，他卻突然將卡盆穩住說，魚來了！我細看河中，並沒有一條魚的影子，但他神情頗為嚴肅，將漁網撒進了河中。少頃，他將網提出水面，便有幾條大魚在網中扭動。看來刀郎人打魚久了，能夠聽出魚在水中的動靜，下網收網都不會落空。

先前就知道刀郎人捕魚後即在河邊生火烤魚，我便暗生念想，希望他能滿足我這個願望。上岸後果然如願，他說，魚剛從水裡出來，就進到人的嘴裡，好吃得很。然後撿來胡楊樹枝、梭梭柴和紅柳樹枝等，立成一大堆，並點燃。我不解為何要把柴火立起點燃，他說過一會兒你就知道了。我相信他有他的道理，便將剩餘的柴火都放了進去。

他將魚放在一塊石頭上，極為利落地去除內臟，然後到河邊洗淨，持一刀將魚切開，使其呈扇面狀，再用一根紅柳枝從魚尾插入，慢慢穿至頭部。他持紅柳枝一端晃了晃，那魚便像是要飛翔。看得出，他對此做法十分熟練，剖魚和穿紅柳枝一氣呵成，看上去極為瀟脫。

此時的火已經燃得很大了，他把魚插在大火旁炙烤。如此烤魚，所用皆為大自然之物，隨手即取，取之即用。人們在多年前就用這種方法，多年後仍然沿用，想必烤魚的味道，亦是多年前的味道。

烤魚極為簡單，因為魚在紅柳枝上被攤開，一面烤一會兒，便翻一下烤另一面。如此反覆翻烤，魚慢慢便泛出金黃的顏色。而此時的火焰垂直升騰，雖然有風，卻不左右飄擺。我明白了，將柴火立起點燃的原因正在於此，如果柴火平攤，想必火焰會被風吹得亂擺，恐怕會把魚燒焦。不一會兒，烤魚透出了香味，心想烤得差不多了吧？一轉眼，他便把一條烤熟的魚遞了過來。我覺得那麼大的魚吃起來不方便，便準備拿刀切成塊，他忙用手勢止住我，一問才知道，在這裡，切不可將魚切開吃，手持一整條魚吃掉，有吉祥順利的意思。

刀郎人在塔里木河捕到的多為大魚，如果不用紅柳和胡楊樹木生火烤，味道便不好。刀郎人說，魚嘛在河裡遊著哩，樹嘛在沙漠裡長著哩，人的肚子嘛是老天爺給的，今天吃了明天還餓呢，吃就行了。有人想在塔里木河邊吃小魚，問了幾人均搖頭說，這裡的魚全是大魚，要吃小魚，去別的地方吧！

我們坐在河邊聊天，見河中有魚骨泛著白光，是人們在河邊吃完烤魚，手一揚把骨頭扔進了河裡。真是不應該，那樣做既對不起魚，又有汙河水。正在感嘆，見幾條魚遊來，看見那魚骨便條然掉頭遊走。

大家看著河中的魚骨，一時沉默不說話了。

烤雞蛋

到了和田，不愁吃不到烤雞蛋。

和田的烤雞蛋，一般都在巴扎上，現烤現吃。常見的情景是，攤主用油桶燒出一桶炭火，把雞蛋埋進去烤一會兒，然後不停地翻動。且不可小看這煩瑣的翻動，如果翻得不及時，雞蛋就會被烤爆，頓時蛋皮、蛋清和蛋黃紛飛，弄不好還會傷人。

新疆人善於用肉做燒烤，烤羊肉串、烤羊排、烤羊腿、烤羊腰、烤羊心、饢坑肉等等，都是持續多年就地取材，不用任何工具的做法。有人說，只要地裡有莊稼，牲畜身上有肉，用上一把火，就有了烤熟的吃食。燒烤形式多了，人們的飲食便豐富了。有一句諺語說得更好：火將食物烤熟，嘴讓日子幸福。

烤雞蛋也是如此。

有人說，烤雞蛋是一位和田人偶然創造的。那人在沙漠中放羊，生火烤了羊肉吃過後，卻苦於沒有鍋，無法把揣在口袋裡的兩個雞蛋煮熟吃掉。他把雞蛋放到一邊，躺下睡了一覺。等他醒來一看，那兩個雞蛋不知何時滾到火邊，已被烤得透出焦黃色。那人詫異，難道雞蛋也可以烤？他小心剝開蛋殼嚐吃，居然比煮雞蛋更加緊實可口。雞蛋也可以烤，這一消息傳出和田後，別處的人紛紛去嘗試，卻不成，要麼雞蛋啪的一聲爆裂，要麼烤半天不見動靜。人們逐一分析，不是雞蛋的原因，亦不是柴火的原因，唯一的原因，是和田的氣候乾爽適度，適合烤雞蛋，而別處的氣溫卻不適合。

烤雞蛋看上去賞心悅目，吃起來味道獨特，聆聽其來歷更讓人著迷。但很多人到了和田，都把目光投向玉石，烤雞蛋自然會被忽略。和田的玉石有羊脂玉、白玉、青玉和墨玉等，人們不會辨認，便統統稱之為和田玉，似乎在和田得到一塊一般的玉石也是寶貝。

巴扎上賣烤雞蛋的人，比起賣玉石的人要少得多，但他們並不羨慕賣玉石的人。從他們的神情便可猜出他們的心思——別看你把價要得那麼高，其實大多是騙人的，說到底就是一塊石頭。賣玉石的攤位上經常會聽到「是真還是假」的聲音，攤主急了便大叫：我的玉石是真的，你認不出來說明你的眼睛是假的。賣烤雞蛋的人很自豪，他們的攤位上從來不會有人談論真假，如果有人能弄出假烤雞蛋，那他就有比做真烤雞蛋還大的本事。

烤雞蛋一個才三五塊錢，趕巴扎的人忙一陣子，抽空買一兩個烤雞蛋吃掉，算是喘口氣或歇息的方式。曾有人認為吃東西就是吃東西，不能算是休息。另有人說，人們在巴扎上吃一兩個烤雞蛋，就像在忙碌之餘喝水一樣，怎麼不是休息？爭論歸爭論，不可否認的是，烤雞蛋雖然出現於巴扎，但不是主食，所以吃烤雞蛋吃的是放鬆，享受的是愉悅的心情。

我有一次在和田縣見幾人圍在一棵核桃樹下，走近一看，原來他們生了一堆火在烤雞蛋。當時已有一大堆雞蛋烤好擺在火堆旁，他們在專注地剝雞蛋殼，剝得很小心，擔心用力不當會使整個雞蛋碎掉，那樣的話，便只能從蛋殼中摳出蛋清和蛋黃，不但吃不出烤雞蛋的味道，亦感受不到這一獨特美食的風情。

他們見我好奇，便遞一個烤雞蛋到我手裡。我依照他們的方法小心將蛋殼剝下，一個完完整整，且表面焦黃誘人的雞蛋便捧在手心。我欣賞一番後輕輕將蛋清掰開，裡面的蛋黃便露了出來。經過炙烤後，蛋清和蛋黃均已收緊，一摸便感覺到少了平時的嫩滑，多了些細膩瓷實。吃了一口，感覺有淡淡的焦香和脆酥，是極難體驗到的自然之味。

他們卻認為我吃得不夠專業，示意我用雞蛋蘸一點鹽、孜然和辣子麵。我照他們所說嘗試，果然吃出了濃烈和奇特的味道，但這種味道濃縮在一個雞蛋中，讓人疑惑幾口吃完後便再也無緣享受。

後來在巴扎上見到有人用木釺子、鐵釺子等將雞蛋串起來，像烤羊肉串一樣烤。因為未見到操作方法，不知道味道如何，但可斷定是今人創造的烤法，遠遠不及用炭火烤出的雞蛋有鄉土氣息，亦沒有古老傳統的意味。

後來我在巴扎上又見到了烤鵝蛋，其烤法與烤雞蛋如出一轍，但剝了蛋殼後就不一樣了。

那麼大的一個鵝蛋，如同羊脂玉一樣晶瑩圓潤，而烤焦的地方又酷似羊脂玉的「糖皮」，精美得讓人不忍下口。烤鵝蛋不如烤雞蛋的味道好，略有腥味，但灑上調料後再嚐，味道馬上就不一樣了。

在烤雞蛋攤位的附近，經常會有小孩子賭雞蛋，好像沒有那一幕便不是完整的烤雞蛋攤位。通常的情形是，兩個小孩子各自手持一個雞蛋，使出適度力氣碰向對方的雞蛋，啪的一聲過後，必有一個雞蛋被碰破。被碰破的一方垂頭喪氣地把雞蛋交給對方，或再買一個烤雞蛋繼續賭，或生氣地離去。

關於碰雞蛋，《荊楚歲時記》有載，南北朝時，鄉間的鬥雞場上，即有碰雞蛋的遊戲。當時，用於比賽的雞蛋要染色並雕刻出花紋，外觀頗為精美。這一習俗在別處已不可見，唯獨在偏僻的和田卻被傳承到如今，著實讓人吃驚。

在于田的巴扎上，我見到了好幾個烤雞蛋攤位，亦吃了烤雞蛋，但一出巴扎，聽到的仍是關於玉石交易的聲音。這是一個塵土飛揚的地方，人們穿的衣服多是七八十年代的款式，但聽到的交易額卻讓人驚駭——「這個玉五十萬元」或者「那個玉二百萬元」，如此交易的是什麼玉呢？總覺得虛幻，極不真實。

走遠後，身後的喧囂才弱了下去。於是便又想起被這喧囂淹沒的烤雞蛋，價格那麼便宜，卻比玉石更親切。玉石再貴重，再值錢，能與這裡的幾個人有關呢？反倒是烤雞蛋能給每一個人口福，以小事物的沉默恩澤，讓人獲得片刻的心安。

這世間的很多事情，無不都是如此。

果子落下　離樹不遠

葡萄

我有一個習慣，到了夏季，每天必吃葡萄。這麼多年下來，吃著吃著便把葡萄當飯吃。有時候不想吃晚飯，吃一兩串葡萄，就應付一頓。

新疆早晚溫差大，日照時間長，給葡萄提供了充足的花期和結果時間，所以葡萄長得顆粒大，水分足，且極甜。新疆之所以適於生長葡萄，與乾旱少雨的氣候有很大關係。雨水少，葡萄便少了酸性，乾旱，又促成糖分凝結，讓葡萄甜得出奇。有人為此說，老天爺沒有給新疆多少水，但是卻給了新疆很多的甜。他說的「甜」指的是瓜果，其中必包含葡萄。

我剛到新疆時曾聽人說，新疆人有「葡萄就饢」的吃法，一個饢和一串葡萄便是一頓午餐。我想像著人們一邊吃葡萄，一邊吃饢的情景，一濕一乾，一嫩一脆，想不出會是什麼味道。後來在南疆看到真實情景，也是大為驚訝。人們勞動到中午，便走到水渠邊，手一甩，將饢扔向上游，然後開始洗葡萄，等葡萄洗乾淨，饢已順水漂到面前，且已被泡軟。人們從水中抓出饢，一口葡萄一口饢地吃起來。

新疆的葡萄以甜著稱，有人在吐魯番買了半公斤葡萄，一嚐之下大呼，這簡直是一顆葡萄一包蜜嘛！他轉身又去買半公斤，攤主不耐煩地說，別人都是一次買一公斤，你買一公斤還分兩次，害得我算帳麻煩。攤主說的是實話，新疆人買賣東西都論公斤，從不說斤，如果遇到買半公斤者，真不好算帳。那人聽攤主那麼一說，便說那就買一公斤。攤主說，你想好，半公斤只要一張嘴一個肚子就裝下了，一公斤要兩張嘴兩個肚子才能裝下。那人被攤主逗得開心，說請朋友們吃，三張嘴三個肚子還裝不下嗎？

每年三四月，人們給葡萄樹培土，然後等待它們發芽。農民們說，其實種葡萄很幸福，一年只關心兩個事情。其一，葡萄在春季萌芽，如果天氣熱得早，枝條就會瘋長，所以要及時把多餘的斜枝剪去。其二，葡萄在生長初期和結果初期需要水，需經常放水，如果耽誤了，不但葡萄長不大，而且還會泛酸。這兩個時節，人們天天守在葡萄園中，用他們的話說，和葡萄吃在一起，住在一起，把葡萄當親人一樣對待。

天賜新疆，盛產葡萄，幾乎每戶人家的房前屋外，田間地頭都有葡萄樹。至於成片的葡萄園，亦是處處遍布。新疆有五百多種葡萄，尤以吐魯番為多，如葡萄王子、葡萄公主、無核白、馬奶子、喀什哈爾、玫瑰香、百家乾等。

有一次我在葉城買葡萄時，想先嚐一顆，不料攤主不高興地拒絕了我。我疑惑，不嚐怎麼能知道葡萄好壞？正準備為他的小氣而離去，他叫住我說，他賣五種葡萄，我只嚐一顆，怎麼能知道他所有葡萄的好？要嚐就嚐五顆，只嚐一顆的事情不能發生！他說的是新疆人常用的倒裝句，我聽得明白，遂逐一嚐過他的五種葡萄，挑最甜的品種，買了一公斤。

有民謠說，葡萄好吃樹難栽。要我說，葡萄好吃洗亦難。常見的葡萄上面，總是有一層灰濛濛的白霜和灰塵殘留物，雖然用水沖可以去掉，但還是去不乾淨。有一年在英吉沙的一個葡萄園，一位農民說，你們吃葡萄吃的都不乾淨，說完親自示範了一番他洗葡萄的妙招，從此我便學會了。說來，那個妙招很簡單，就是在盆中盛入清水，放一勺麵粉進去，將麵粉和水攪拌均勻，再將葡萄放入水中，手捉葡萄柄來回擺動，等到麵粉水呈渾濁狀，葡萄就洗乾淨了。取出葡萄後，用清水沖一下，就可以放心吃了。用此妙招洗過的葡萄，不但乾淨，而且晶瑩剔透，會泛出光澤。為什麼用麵粉水可以洗掉葡萄上的髒東西呢？因為麵粉水的黏性大，會將葡萄上的髒東西黏下來帶走。用這個妙招還可以清洗葡萄乾、乾棗、枸杞等乾果。

葡萄與人之間的故事，可謂多矣！有一年在和田一家葡萄園玩，主人做好做飯後，發現大家已在葡萄園中走散，便讓他女兒古麗去叫。過了一會兒古麗回來說，那些人在吃葡萄，主人便讓古麗去把大家催回，說，葡萄多得是，什麼時候都可以吃。過了一會兒，古麗回來說，葡萄太多了，他們吃不動了，在數葡萄呢。主人再次讓古麗去催，過了一會兒，古麗又回來說，葡萄太多了，他們數不過來，現在他們在看葡萄呢。

我有一棵屬於我的葡萄樹，生長在離我二百多公里的吐嶼溝。二〇〇四年夏天，我曾在吐嶼溝的買買提家住過一週。那時，白天酷熱難當，我把腳浸泡於他家屋後的水渠中，偶爾抬頭看見土崖上的殘留壁畫上有一佛眼，當我看書時，感覺佛在看我。買買提的女兒也叫古麗，當時是十二歲的初中生。每天，她奶奶做好飯後，讓她來叫我，我進屋便看見揪片子或拌麵已擺在桌上。吐嶼溝的晚上仍然酷熱，我便睡在買買提家平房的房頂。偶爾有風，先是刮得葡萄葉子發出聲響，然後刮到我身上，倒也舒坦。

一天，買買提家移植葡萄樹，我閑待著沒事便加入進去。買買提說，你乾脆在這裡栽一棵屬於你的葡萄樹，也有意義。他那麼一說，我便獨自挖坑，移樹，培土和澆水，把一棵葡萄樹移栽在了院子一角。買買提說，以後我們就替你收葡萄了，你如果能來你就吃，如果來不了，我們就替你吃。我很高興，在這裡栽下一棵葡萄樹，留下念想，真好！

前幾天，我再次去買買提家，一位漂亮的少女遠遠叫著「王叔叔」迎了上來。她發現我面露陌生神情，便笑著提醒我說，她就是六七年前天天叫我吃飯，給我端茶倒水的古麗。對呀，六七年過去了，當年的小古麗長成了十八九歲的大姑娘。古麗帶我去看我栽下的那棵葡萄樹，它長得青翠欲滴，每一根枝上都碩果累累。樹在長，人也在長，此時的古麗面如滿月，身材窈窕。這是我親身經歷的人與樹的成長。

古麗的奶奶年長，對吃葡萄的事知道得更多。從她的講述中得知，葡萄不僅僅只是水果，還有食療的功效，可強筋骨，益肝陰，利小便，舒筋活血，暖胃健脾，除煩解渴。她說，要瞭解葡萄還是那句老話：吃葡萄不吐葡萄皮。記住這句話的同時，也應該記住，葡萄皮是一種良藥，可防癌和降血壓。

盛夏的夜晚燥熱，吃過飯後，古麗在葡萄架下給大家跳舞。她的一雙小皮靴伴著鼓點，旋轉，扭動，長長的辮子隨之起舞。她奶奶頷首微笑，她也有過古麗這樣的年齡，也像古麗一樣跳過舞，如今看著孫女，也許想起了她的少女時代。待鼓聲驟停，古麗一個漂亮的轉身定格，雙手緩緩翻轉，露出精緻美麗的面孔，然後將柔美的睫毛緩緩張開，露出一雙黑葡萄般的眼睛。

今年又快到盛夏了，不久便可聽到人們常說的那句話：吐魯番的葡萄熟了。古麗現在在烏魯木齊讀大學，她回家後看見我栽的那棵葡萄樹，可能會給我帶來一些它的果實吧？

哈密瓜

晚飯後散步，路過一家水果攤，見一排水果中有哈密瓜，便與老闆聊了幾句。老闆是實誠人，告訴我這個季節沒啥水果，雖然葡萄、西瓜、香梨、草莓、蘋果等應有盡有，但都用了保鮮劑，不但不好吃，而且不健康。

我對老闆肅然起敬。

如今的老闆，只要能掙錢，哪怕把餵牲口的東西賣給人都會不動聲色，而我面前的這位老闆，心善又仁義，是一位君子。

於是，我與他多聊了幾句，得知哈密瓜有一百多個品種，又有早熟夏瓜和晚熟冬瓜之分。冬瓜耐貯存，可以放到來年春天，味道仍然新鮮。他說，如果在冬天非要吃哈密瓜，一定要選冬瓜，瓜瓤尚脆嫩，味道也還湊合。聽他的口氣，冬天吃哈密瓜沒什麼意思，但我對冬瓜有興趣，便問他如何區分夏瓜和冬瓜？他說一個人一種區分法，以他的經驗，長得不好看的，十有八九是冬瓜。他見我不解，便又解釋說，冬瓜是晚熟瓜，晚到什麼時候呢，天都冷了，地上都結霜了，它們才熟。那樣的季節天不熱，陽光不夠，瓜能長好嗎？所以說長得不好看的，就是冬瓜。他說的是樸素的道理，且讓人信服。我向他道一聲謝，告別他離去。

哈密瓜原產於哈密。關於哈密的歷史和文化，應由對新疆民俗瞭若指掌的飽學之士敘述，讓我說，便會把興趣點轉到野史方面去。譬如，古時，哈密一帶出銅石，可煉鑄利劍。其地少水，但卻會隨著月亮的變化而生鹽。月圓時，鹽如白雪，味道鹹中有甜。月缺時，鹽如薄霜，其味微苦。月亮隱沒時，則地上無鹽。那鹽是皎潔的月光嗎？當一個人把月光含在了嘴裡並咀嚼，乃至滲透入每一寸肌膚時，又會是怎樣的情形？很多時候，神祕來自遙遠本身。

要說哈密瓜的特點，避不開它的兩個名字，雪瓜和貢瓜。這又是我感興趣的，亦樂意尋找個中的趣事。

雪瓜一名，如今已沒有人提及，如果你向新疆人打聽雪瓜，他們皆會有疑惑：雪瓜為何物？沒有聽說過。對於已變得古老，或者已消失的事物，有必要將它的來龍去脈弄清楚。按我的理解，雪瓜一說，首先緣於山上的積雪融化成雪水，流下來澆灌了瓜地，長出了新疆獨有的哈密瓜和西瓜。其次，雪水性寒，與乾燥的土地相融，既祛了自身的寒性，又調解了土地的旱燥，這樣的土壤適於生長瓜果，哈密瓜便成為其中的受益者。由於這樣的原因，便有了雪瓜一名。

至於貢瓜，則說來話長。

貢瓜一名，並未被叫開，很快就被哈密瓜一名替代。當時，新疆有一種瓜被包裹七八層，然後又泥裹裝箱，一馬僅運一兩個，從新疆運到北

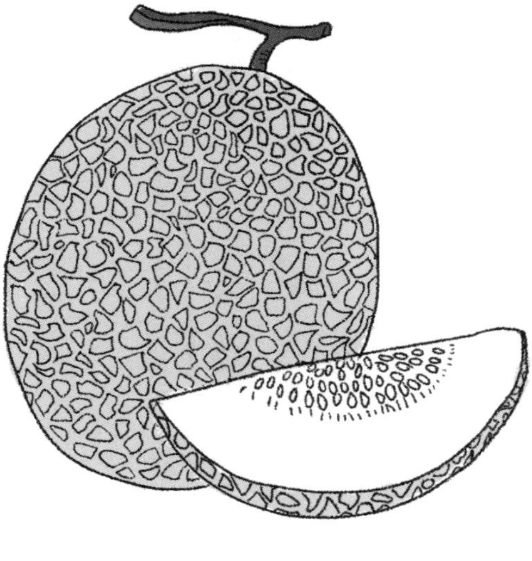

京進貢給康熙，便被稱為貢瓜。康熙問此瓜從何而來，大臣說從哈密而來。當時，哈密是朝廷在西北的重地，康熙聽到此瓜從哈密進貢入京，喜好賜名的他便隨口賜了「哈密瓜」一名。不僅如此，他還在《御製文》中專門寫了一篇〈哈密瓜〉：「哈密，古瓜州近城，其瓜較內地甜美，體甚巨，長尺許，兩端皆銳。彼國中遍種之。每熟時，人惟啖此以代穀食，遂覺氣體豐腴有逾平昔。剖曬為脯，芳鮮歷久不變。自彼國臣服以來，每歲常允供獻。中土始嚐此味，前此所未有也。」

「哈密瓜」一名也曾被紀曉嵐提過，他在《閱微草堂筆記》中曾寫道：「西域之果，葡萄莫勝於吐魯番，瓜莫勝於哈密。」其後他又說「瓜充貢品者真出哈密」。

哈密乃新疆東大門，出哈密便進入甘肅柳園，所以甘肅人提及新疆的甜瓜時都說是從哈密過來的，久而久之，便將新疆的甜瓜統稱為「哈密瓜」。

其實除哈密外，吐魯番、阿克蘇、喀什、和田等地均產此類瓜，但因哈密在名字上占了優勢，所以給人的印象是所有哈密瓜都產於哈密，或最好的哈密瓜出自哈密。伽師縣的此類瓜有甚於所有哈密瓜，曾雄心勃勃喊出「伽師瓜」一名，但因「哈密瓜」的叫法已根深蒂固，「伽師瓜」一名至今也僅為新疆知情者偶爾叫幾聲，引不起重視。

哈密瓜在春季播種，瓜苗不起眼，長出一月餘後也僅有幾片葉子。但是長秧後就不一樣了，短短幾天就會竄出一大截。瓜秧就是這樣，必先長得足夠長了，才結出小小的哈密瓜。之後瓜秧便不再長了，似乎把全部力氣都集中在哈密瓜上。哈密瓜長起來是很慢的，有時候一個月前是那麼大，一個月後還是那麼大。知情的瓜農說這個時候不能急，哈密瓜雖然不往大長，但是卻正在長裡面的甜呢，哈密瓜要想甜，少了這個環節不行。哈密瓜長到一定大的時候就不再長了，但還不能摘，得讓它們再在瓜地裡曬上一個月，直至瓜皮泛黃，隱隱透出裂紋，就可以摘了。

我曾專門去看過哈密瓜地，滿地稠密的葉片和秧子，卻不見瓜。待扯起秧子一看，原來瓜藏在下面，圓嘟嘟的，顯出嫩綠的色澤。後又在瓜快熟時去看過，一個個已經從葉子底下冒了出來，綠黃交織，碩大渾圓。人們摘哈密瓜時會舉行一個儀式，即在瓜地裡切一個哈密瓜吃掉。一般情況下挑瓜，都是挑好看的，熟透的，但舉行摘瓜儀式上的哈密瓜，卻往往挑難看的，看上去難以斷定成熟與否的。因為，如果那樣的瓜已經熟透甘甜，那麼其他的瓜則萬無一失，可放心摘下。

哈密瓜在白露前後即熟，其時葉子已萎，秧子似乎也縮得細了，只有瓜明晃晃地擺在地裡，非常霸氣。放眼整個瓜地，一片金黃之色。哈密瓜採摘後，要放置十日左右才上市。這是第二熟期，缺之則果肉不脆，味道不甜。所以，在新疆，但凡聽說某地的哈密瓜熟了，往往在十日以後才能吃到，去早了白跑路。

買哈密瓜亦有學問。買者會先看瓜紋，紋路清晰、瓷厚和深實是合格的首要條件。其次要看色澤，瓜殼要金黃，但還要含幾許淡綠，那樣才是熟透了。最後是將瓜捧起聞，如散出熟悉的瓜香，便可判斷其已經成熟。

哈密瓜有百餘種，形狀有橢圓、卵圓、扁錘、長棒形等，小者一公斤，大者十五到二十公斤，果肉有白、綠、黃、橘紅等顏色。哈密瓜分門別類另有名字，常見的有西州密、東湖瓜、黑眉毛、紅心脆、雪裡紅、黃蛋子等。在新疆待三五年者，一定會吃遍所有的哈密瓜。

新疆人喜歡把哈密瓜就著饢吃，一口饢一口哈密瓜，其甜脆滋味分外不同。哈密瓜的吃法有多種，常見者多為條狀和塊狀兩種，條狀即切成長條，用刀刃把瓜瓤刮去，只留瓜肉，食者手握一端就可以吃。而塊狀的則為把哈密瓜條繼續切成方塊，然後備一把牙籤，讓大家插取食之。

哈密瓜稱為瓜王，不僅作為水果食用，還可做成食物，如沙拉哈密瓜、涼拌哈密瓜、優酪乳哈密瓜、哈密瓜蠱、哈密瓜炒蝦仁、哈密瓜百合湯、哈密瓜瘦肉湯等等。

哈密瓜雖好吃，但吃多了上火，會吃的人見了哈密瓜，吃到適量後一定要管住自己的嘴。吐魯番的人見了上火的人會說，哎，不會吃哈密瓜的人，昨天讓嘴享福，今天讓嘴受罪。

香梨

中午路過一家水果攤，見有鮮嫩的香梨在賣。從成色和果肉飽滿程度上看，保存得不錯，像剛剛從樹上摘下的一樣，於是買了一公斤。回家洗過後吃了一個，其甜潤的滋味，脆嫩的口感，仍保持著多年不變的本色。於是感嘆，香梨是經得起歲月檢驗的水果。此生在新疆，不愁吃不上好的香梨。

香梨出自庫爾勒，有時又叫「庫爾勒香梨」。因其具有色澤悅目、皮薄肉細、香氣濃郁、汁多渣少、酥脆爽口、落地即碎、入口即化、營養豐富、耐久貯藏等特點，被譽為「梨中珍品」或「果中王子」。玄奘在《大唐西域記》中對香梨及其產地有記載：「阿耆尼國（後為焉耆）引水為田，土宜糜、麥、香棗、葡萄、梨、奈諸果」。

玄奘說的梨即庫爾勒香梨，因為庫爾勒在古時候為焉耆國屬地。後來，清朝詩人蕭雄在《新疆雜述詩》中說：「果樹成林萬顆垂，瑤池分種最相宜；焉耆城外梨千樹，不讓哀家獨擅奇。」寫完後，蕭雄大概覺得不過癮，便又寫了一個詩的注解：「唯一種略小而長，皮薄肉豐，心細，甜而多液，入口消融以餘生事所食者，當品為第一。」蕭雄的詩和文字都極好，讓人讀來便想起香梨入口即化的甜美滋味。

香梨果皮脆薄，入口即化，而且出乎意料的甜，吃一口猶如蜂蜜浸入口腔，味蕾立即被甜蜜的味道所包裹。再者，香梨果肉多汁，一口咬下去便可品嚐到濃濃的汁液，讓人覺得不是在吃梨，而是喝到了奇異佳釀。

香梨來之不易，一棵香梨樹，栽下四五年後才結果。在那四五年間，人們精心侍候，每年春天看它們開花，秋天看葉子一片片凋零落地。到了第四年或第五年冬天，人們走到那些馬上就要結果的樹前，會變得格外敏感。如果碰到一根枝條，要用手輕輕撫住，待其不再晃動了才會離開。到了第二年，那些梨樹便在三月下旬萌花，在四月中上旬開花，到九月中旬，便到了果熟期，枝頭上掛滿誘人的香梨果實。

庫爾勒位於南天山和北天山之間，屬於塔里木河流域，同時還有博斯騰湖的浸潤，便形成了獨特的盆地氣候，同時孕育出只產於庫爾勒一地的香梨。關於香梨的具體說法是，塔里木盆地合適的濕度利於梨樹的生長，結果，且能保證其果實水分充足。而沙漠氣候又促成了其甜度，並且讓果肉酥脆香甜。

如此得天獨厚的條件，如老天爺不賜，別處無論怎樣眼紅或努力都無濟於事。我曾在南疆另一縣見過當地產的梨，不但形狀大如拳頭，而且皮粗肉糙，吃起來還略帶酸味，讓人不再想吃第二口。

所以，除了庫爾勒，新疆的其他地州從不做梨子的文章。

香梨的歷史頗為悠久。清朝時，封疆大吏們給皇上進貢香梨，要有近十層包裹，然後用草在外面再包一層，放入箱中由馬馱運到北京。據說，進貢的馬隊在入秋摘下第一批香梨後出發，在路上耗時三四個月，直至大雪飄飛才能抵京。馱運香梨的馬隊走的也是絲綢之路，這條路在十九世紀末被德國人李希霍芬命名為「絲綢之路」前，曾被稱為「皮毛之路」、「玉石之路」、「珠寶之路」、「香料之路」等。香梨無比隆重地穿行在這條路上時，因缺少宣傳，錯失了被稱為「香梨之路」的機會。梨的名字在那時還沒有一個「香」字，乾隆吃過後，對其甜美的味道喜愛不已，便賞了「香梨」二字。也有人說，乾隆當時還讚其為「西域聖果」。應該說，乾隆是一個對味道格外敏感的人，他娶了一位叫伊帕爾汗的西域女子，就是因她身上散發著沙棗花的香味，這也是冊封「香妃」的緣由。

香梨因為甜得出奇，它的經歷也必然不平庸。有一年五月，庫爾勒下了一場大雪，氣溫降低到了零下。人們以為，正在開花的香梨會受到影響，不料，花瓣在雪後迎著太陽伸展開來，並很快從花蒂處冒出了果實。

香梨分公梨和母梨，區分的辦法是從形狀上判斷，公梨的果端略為凸起，母梨的果端稍有凹進。不僅如此，二者的味道也不同，母梨要比公梨甜很多。所以，新疆人買梨時會說：我要那種屁股圓的梨。香梨的存放時間長，從摘果的九月可一直放到來年七八月。新疆人都選擇在冬天吃香梨，因為入冬的香梨都是當年的新鮮貨，而五一前後乃至七八月份的香梨都是存貨，新疆人都不怎麼吃。

近年來，香梨的價格一路飆升，一般會賣到一公斤三四十元，商場裡經過包裝和保鮮處理的，一公斤可賣到四五十元。因其受歡迎程度驟增，包裝便演變成一個包裝袋僅包一個香梨，其慎重已幾近於清朝的貢品。

我買過的最貴的香梨，是在北京的一家酒店。他們有專門從新疆空運過去的庫爾勒精品香梨，一公斤要賣整整一百元。一位朋友的女兒吃了香梨後喜歡得不得了，當晚鬧著讓她爸爸媽媽再給她找，我聽到消息後，將剩餘的幾公斤香梨都給小傢伙送了過去，她捧著香梨方才破涕為笑。過了幾天又見到她，她對我說，昨天去新疆吃香梨了。細問之下才知道，她媽媽帶她去那家酒店，又買了一公斤香梨，小姑娘以為，有香梨的地方就是新疆。

有一年，我應一朋友邀請去庫爾勒的一個香梨果園玩耍，每人吃了四五個香梨，但那位朋友卻一口不動。他說，天天看著香梨，哪怕再好也不想吃。見大家不解，他又說，樹上的香梨，

西瓜

在你們眼裡是香梨，但在我眼裡就是錢。我不吃香梨，但是天天把它們當錢看的感覺還是不錯。

我的戰友李復樓從部隊退役後，在庫爾勒承包了一百餘畝香梨園。他一邊忙碌種植的事，一邊幫助一戰友出版遺作。我念及大家曾經同在部隊待過的緣分，幫李復樓運作出版事宜。剛開始的幾年，因為梨樹尚未掛果，李復樓說再過幾年請我去庫爾勒吃香梨。後來，他那位戰友的兩本遺作都順利出版了，卻再也沒有見到他。忽一日，有人在電話中說，李復樓得病去世了，從發現病情到去世僅數月，我一時驚得不知該說什麼。現在回憶他生前最後的日子，擔心戰友遺作應比香梨果園耗費的時間更多。

想起一個故事。據說，曾經有一人在沙漠裡迷了路，因無法忍受饑餓便掙扎著往前走。走了兩天一夜，也不知是走出了困境，還是迷失得更加遙遠。就在他幾近於崩潰時，一棵香梨樹出現於不遠處，他飛奔過去摘下香梨飽吃一頓，一鼓作氣走出了沙漠。

為何那個地方獨有一棵香梨樹，至今無解。而救過人命的香梨，卻沒能讓我的戰友戰勝病魔……

很多時候，新疆人把水果當飯吃。

究其原因，是新疆的水果多，從四五月到十月，天天都能吃到新鮮水果。有的人家到了飯點，將水果一擺就是一桌子，每種吃幾口，不覺間就會吃飽。

新疆人吃西瓜，更是如此。

外地人常用一句話形容新疆：早穿皮襖午穿紗，圍著火爐吃西瓜。

起初我以為，此話是說新疆氣候的反差，等到把注意力集中到西瓜後，才知道它並不是在說氣候，而是在說新疆人的一種生活習慣。新疆日照時間長，晝夜溫差大，所以本地西瓜的產量大，而且很甜。新疆人到了晚上，圍著火爐覺得無聊，那就吃東西吧。吃什麼呢？最多的是西瓜，於是便出現了圍著火爐吃西瓜的場景。

別的地方，多將切瓜稱為「殺瓜」。新疆人很少說殺瓜，往往要吃瓜時，像把吃飯說成吃個飯一樣，會把切瓜說成切個瓜。「個」這個字，在新疆人觀念中，不光是數量，常常有表達過程和具體方式的意思。

按常理說，不管是殺瓜，還是切瓜，吃的都是瓜瓤。不，別的地方是那樣，新疆人吃瓜，不僅在瓜瓤上動腦筋，甚至瓜皮，也常常被派上用場。一瓜多吃，或把西瓜當作食物加工，譬如西瓜泡饢、西瓜粥、西瓜烤肉、西瓜燉鴿子等等，都是在新疆之外見不到的吃法。

新疆的西瓜與眾不同，且吃法獨特，古已有之。康熙皇帝在《康熙幾暇格物編》一書中，寫有一篇〈土魯番西瓜〉。他說的「土魯番」，就是今天的吐魯番。那篇文章不長，卻講了一件奇優異聞：「土魯番在哈密之西，其地產西瓜，種最佳。每熟時，人入瓜田，必相戒勿語，悄然摘之。恣其所取，瓜皆完美。若一聞人聲，則盡拆裂無完者，亦異聞也。」此事奇則奇矣，但卻饒有趣味。那西瓜熟後，只要你不出聲，便任憑你隨便摘，但如果你出了聲，對不起，它們便不讓你摘了。它們反抗的方式是，一地西瓜齊刷刷地裂開，讓你下不了手。吐魯番如今多西瓜，但那脾氣古怪的西瓜卻早已不見，想必是不斷有新的品種出現，老品種已被替代。

在歷史上，還發生過一件與西瓜有關的怪事。唐朝時，有一名叫鄭注的官員，赴河中任職，其百餘姬妾，騎馬隨行。因她們皆施粉黛，香氣便傳數里，路人均掩鼻避讓。是年，出了怪事：自長安至河中，凡她們經過處，瓜盡死，無一存活。

今人吃瓜，亦有驚人之處。我在新疆見得最多的，是饢就西瓜的吃法。人們進入沙漠，常帶兩種東西，其一為饢，其二為西瓜。這兩種東西很容易攜帶，且貯存時間長，可保證人在沙漠中不挨餓。但沙漠中氣溫高，饢很快就會變得乾硬，如果只吃饢，是很難掰開咬碎的。新疆人有辦法，他們把西瓜一端切開，掏出瓜瓤放置一邊，然後把饢塊塞入進去，用瓜皮封住後開始吃瓜瓤，等吃完瓜瓤，西瓜中的饢已被瓜汁浸泡得綿軟，取出後便可食之。經過瓜汁浸泡的饢又軟又甜，是沙漠中難得的享受。

我在奇台吃過一次西瓜汁泡乾饃饃，至今難忘。當地人將饅頭切成片，放在太陽下暴曬幾日，等乾硬後收起。他們稱曬乾的饅頭片為乾饃饃，實為一奇。但更奇的事還在後面，人們吃乾饃饃時，用榨汁機榨出一杯西瓜汁，將乾饃饃放進去，待泡軟後再吃，又甜又酥，口感和味道都很不錯。

有一種老漢瓜，以南疆所產為佳，是上等瓜品。之所以叫老漢瓜，是因為其瓜瓤綿軟甜蜜，尤為老人所喜歡，常被他們用於泡饢吃。其具體做法和西瓜汁泡乾饃饃類似，是把老漢瓜刨開，將瓜瓤攪成汁，然後把掰開的饢泡進去，過一會兒就可以吃了。老人們因為沒有牙，便自創了這種吃法，老漢瓜一名由此傳開。

瓜也有雌雄之分，既然有老漢瓜，就必須有老婆瓜。二〇一三年喀交會上，便有一對雌雄瓜，以五千元的高價賣出。

新疆人在沙漠中吃完西瓜後，從不將瓜皮棄之，而是在地上找一個低凹處，將瓜皮反扣進去，並向下壓一壓，一可防止沙子被風吹進去，二則可長久保持水分。且不可小瞧反扣在地上的瓜皮，它們可供鳥兒啄食，或有人受困於沙漠，亦可靠其救命。

從雪山上流下的雪水，幫助新疆人吃出西瓜更甜美的味道。人們進山時帶幾個西瓜，到了有溪水的地方便將西瓜放進去，然後騎馬、唱歌和跳舞。玩得口渴了，便將西瓜從溪水中取出，切開一嚐，無比清涼甘甜。那溪水從雪山上流下，用新疆人的話說，是天然冰箱。

我吃過一次那樣的西瓜。當時天熱，幾塊西瓜下肚，燥熱之感消退，渾身涼爽了不少。抬頭眺望遠處的雪山，它高聳於蒼穹之下，陽光從上面透射過來，像是在高處俯瞰著大地。但大地上的人們只管享受自然的饋贈，卻很少有人感激雪山。

曾在馬路邊見一人買西瓜。那人拿不准西瓜是否甜，賣瓜者便一刀把瓜劈了，請他嚐一下。那人嚐過後果然甜，便一邊吃一邊與賣瓜者聊天。一個西瓜吃完了，話題也剛好聊完，那人便付錢離去。賣瓜者招呼那人改天再來，那人留下一句話：你的瓜好，吃一次頂一頓飯，不來都不行。

西瓜烤肉，是另一種鮮為人知的吃法，出在墨玉縣。當地人把西瓜開一個口子，把肉放到西瓜瓤裡面，封口後放入饢坑中的專用架子上炙烤。等烤到一定的時候，便從饢坑中取出，打開封口就可以吃了。我問朋友，吃什麼呢，是瓜還是肉？他說，自然是吃已經熟了的肉，當然也可以喝湯。那湯，是西瓜汁和肉味融為一體的湯，想必滋味分外不同。如此奇特的做法，讓人心生嚮往，我念叨了一下午，既想吃，也想看。朋友熱心，第二天帶我去看了西瓜烤肉。那家烤肉店門口，饢坑邊擺著一個個足球大小的西瓜，綠油油的外皮已經被烤得發黃。一問才知道，每個瓜裡面的東西都不一樣，有羊肉、鴿子、魚、土雞等。春夏兩季，多是在西瓜中放入鴿子和魚，圖個烤熟的肉鮮味美。到了秋天，多是放土雞進去，為的是滋補身體。入冬，則只放羊肉，用小火烤，自然是為了祛寒。

我們每人點了一個烤羊肉的西瓜，一揭開西瓜蓋子，便散出一股鮮味兒。一道有湯有水的菜，肉湯與西瓜汁相融合，加之孜然等調味，湯便醇厚，肉便鮮嫩。吃喝間，聽得攤主說，做西瓜烤肉不易，食客需提前預訂，否則吃不上。細問，得知與肉的貴或便宜無關，是因為西瓜一旦切開，瓜瓤不能長時間存放，否則會讓湯變酸，並影響肉的味道。

除了西瓜烤肉，還有西瓜粥，也是不多見的吃法。西瓜粥出在南疆一帶，當地人喜食西瓜，且有講究，切開瓜後三五分鐘即吃完，多一分鐘都不行。

有一人做了一鍋稀飯，並切了個瓜，但五歲小兒卻貪玩未歸。

他怕瓜過了時間不好吃，便去尋找小兒。等他帶小兒回家，那瓜已放了一個多小時，鍋中的稀飯也涼了。他氣得指責小兒，一鍋好稀飯，一個好瓜，都叫你耽擱了。小兒把瓜切成小塊放入粥中，邊喝邊說好。他依小兒的方法嘗試，果然好喝。不知那小兒是否知道西瓜粥，但他卻無師自通，讓他和父親痛快地吃了一頓。給我講述此事的朋友到最後才告訴我，他就是當年的那個小孩，所以此事是真的，沒有杜撰。

他給我做過一次西瓜粥，為了好喝，做好後先放入冰箱十分鐘，取出後我呷了一口，既有米湯的醇厚，又有西瓜的甘甜。兩口喝下去，已渾身涼爽。朋友還準備了饢、烤羊肉串、油香和饊子等，邊吃邊喝，味厚而不膩。但最後占了上風的還是西瓜粥。

一碗不夠，又一碗端上來，便棄湯勺不用，端起碗喝，只覺得唇齒生甜，舒坦過癮！

小白杏

有一個說法：庫車小白杏，一顆一口蜜。

還有一個說法，稱其為「白色蜂蜜」。

說起小白杏，熟悉的人往往只說兩個字，一個字是看，另一個字是吃。小白杏到了成熟期，看上去晶黃、透亮和糯膩，便疑惑那不是簡單的果實，而是吸足日月精華的極品，讓人捧在手中不忍下口，總是一遍遍輕撫。至於吃，則是將小白杏掰開，取出果核，然後用手指輕捏，頭稍仰丟入嘴裡，輕輕咀嚼，便可嚐出小白杏肉厚味濃，酸甜適口的美妙。

出小白杏的庫車，在西域時是有名的龜茲，後來亦有「屈支」一名。《大唐西域記》中記載：「屈支國東西千餘里，南北六百餘里有葡萄、石榴、梨、李、桃、杏……」其時的龜茲人，家家門前有杏樹，有「杏花龜茲」的美稱。

龜茲物豐，多礦產、水果和莊稼，是其時的富庶之地。但龜茲人嚴厲節烹，日常僅用三種淨肉，餘不多食。龜茲人最有趣的是裝扮頭部，平民均剪短髮，戴巾幘冠冕。國王是屈支種人，遺傳基因導致頭大，加之謀略很少，多露笨拙憨態。剛出生的小孩，要用木板箍紮頭部，慢慢將頭夾得扁薄。《大唐西域記》對此專門記了一筆：「其俗生子以木押頭，欲其匾𠩄也。」為何有那般風俗？解釋有二。其一，龜茲貴族多頭扁，一時成為象徵，百姓紛紛把頭夾扁，效仿貴族身份。其二，龜茲壁畫中有扁頭比丘、護法等，信佛的龜茲人遂心嚮往之，讓孩子以苦役方式追隨。

庫車的小白杏之所以好吃，是因為受到了雪水澆灌。有一次與朋友說起雪水的好處，他說天山是懸在天上的「水庫」，其腳下的綠洲，無一不得其益處。單就小白杏而言，亦是最大的受益者。庫車一帶的水渠中，流淌的多是雪水，小白杏受其澆灌，味道甘甜，果肉脆爽，外人一吃連聲驚歎：庫車人真是有福，有這麼甜的杏子可吃。庫車人見慣不驚，他們年年只吃本地小白杏，甜在心裡，亦甜出了從容和高貴的氣質，從不對外地的杏子指手畫腳。

說到雪水的好處，康熙在《御製文》一書中曾寫有一篇〈哈密引雪水灌田〉，說哈密二百多人受命南下居於杭州，康熙擔心他們不能耐暑。後來他獲知無一人生病，詢問原因，才知道哈密之熱比杭州還甚，哈密人每到盛夏便借雪水解暑。有那樣的經歷，到了杭州便不在話下。

每到六月，庫車果園的杏樹都掛滿熟透的小白杏，但人們卻不急於去摘，而是聚於樹下仰望，沒有人走動，亦不出聲。這是只有在庫車才可見到的莊嚴時刻，亦是人們與小白杏之間的神聖邀約。原來，人們每年都要等到有一顆小白杏「啪嗒」一聲掉落，才開始採摘。如果沒有一顆小白杏掉下，人們便紋絲不動，長久靜候。

有一年，人們眼見一顆小白杏在枝頭晃蕩，但卻遲遲不落。無數雙眼睛盯著它，但是哪怕再急也拽不得，只能等它自己「行動」。那「啪嗒」落下的聲音，是杏子順應天地力量，對人類發出的號令。終於，一陣風刮來，那顆小白杏牽著眾人的目光落到地上，那園子的主人頗為莊重地將那顆小白杏撿起，當場吃掉。吃完後，他把杏核種在了果園中。他的這一舉動亦有說法，第一顆小白杏的杏核，長出的杏樹，會結出更甜的果實。

小白杏上市僅有一月左右，早了青澀難咽，晚了塌軟發酸，所以在每年六月間，庫車人每天都吃小白杏。尤其是餐後吃幾顆，再喝一碗羅布麻茶，成為人們多年不變的習慣。庫車人為此總結出一句話，六月裡，小白杏是黃的，人的嘴是甜的。

十餘年前，第一次在庫車吃小白杏，見大的宛若雞蛋，小的形似荔枝，每一顆都將白、黃、紅三色融為一體，看上去頗為誘人。當時，園子主人正在樹上摘小白杏，見有人來便跳下，把一籃子小白杏遞了過來說，吃吧，這是最有名的阿克其米西（維吾爾語），甜得很！我們一行中有女士，他便說，女人吃了阿克其米西，能把一張臉都變甜，吸引得所有帥哥都圍著你打轉呢！聽他說完，我也挑一顆淺咬一小口，便滿口甜蜜的汁液，咽下後更覺得入肺腑，潤五臟，令人滿心欣喜。

同行的朋友吃完一顆小白杏後，嘴一張吐出了杏核，園子主人手一伸，接住杏核，笑著說杏核不要浪費，裡面的杏仁也很好吃。他把那顆杏核放在石頭上，用另一塊石頭輕輕一敲，一粒杏仁便露了出來。他讓我品嚐，我一咬杏仁，口感清脆，有一股近似花生的味道，但又多了一分淡淡的甜醇。

南疆人喜歡的杏乾水，亦出自小白杏。人們把小白杏洗乾淨，加以葡萄乾、鷹棗、酸梅、山楂片、桃皮、冰糖等，放在鍋中加水熬一小時，起鍋冷卻後飲用，有清涼、略酸、微甜的味道。以前做杏乾水，須當天喝完，過夜就壞了。現在有了冰箱，可冷藏起來慢慢品嚐。到了盛夏，人們又喝刨冰杏乾湯。刨冰杏乾湯有消暑、解渴、降火、開胃、美容、祛腹脹、通便之效。做法也很簡單，把小白杏曬乾，不切碎，連核放入鍋裡熬出湯汁，加以冬天貯藏的冰塊，其冰爽酸甜之味，讓人忍不住叫好。

我十餘年前在庫車的大巴扎上喝過一次刨冰杏乾湯。當時天熱，我一口氣喝了一杯。守攤的姑娘詫異地看著我，並告訴我，喝刨冰杏乾湯的同時，要搭配吃酸棗和光桃，那樣才味正。我笑笑，只能期待下次按正統方法享用了。

小白杏也可用於做飯。南疆每年四五月間，人們把未熟的小白杏採回，放入湯飯中，美其名曰青杏子湯飯。青杏子湯飯是難得的季節性美食，浸入湯中的酸味，也就這幾個月有，所以人們在這個季節便不用醋，只享受青杏子略酸的味道。

小白杏亦有趣事。有一年五月突降大雪，把滿樹杏子打得搖搖欲墜，人們擔心其難以成熟，一年將沒有收成。幾日後雪霽，人們見杏子並未受損，便暗自希望其味道不要受影響。挨到六月，第一顆掉下的小白杏仍然透亮，一嚐仍然像以往一樣綿甜清爽，馥郁細膩。人們於是便感謝那場大雪，說它和天山雪水一樣對人有恩。

另有一人，某一日突然不說話了，問醫吃藥均不見效。一位老者聽得院中的杏樹掉下第一顆小白杏，便讓那人吃了。少頃，那人臉上浮出扭結的神情，待平靜下來，復又開口說話。

蟠桃

一天在單位值班，突然心生強烈的心念，想吃蟠桃。今年還沒有吃蟠桃，而這個季節又正是蟠桃上市的時候，於是便饞得坐不住了。我讓人替我值一會兒班，快速上街尋找，沒走多遠就找到一個小攤。見小車上的蟠桃飽滿鮮潤，尤其是表皮上的紅暈，豔得讓人無法把目光移開。看來這攤主賣的蟠桃，應該摘下才兩三天，正是好吃的時候。

問蟠桃的出處，攤主答：一四三的。聽到一四三便心中一喜，馬上挑了四個，一稱剛好十元。付了錢裝入塑膠袋提回，送人兩個，另兩個在前後兩小時內吃掉。兩個蟠桃下肚，津香滿口，餘味久久不散。閒待著無事，便在心裡算了一下，從現在開始，至少可以吃一個月蟠桃，今年的夏天有福了。

新疆人買賣蟠桃時如果提到一四三，指的就是兵團農八師的一四三團，在石河子，新疆最好的蟠桃就出在那裡。說起來，南北疆皆出蟠桃，南疆以和田蟠桃為最甜，北疆以石河子蟠桃為最脆，而一四三團的蟠桃則又甜又脆，以其形美、色豔、肉細、味佳、皮韌易剝、汁多甘厚、味濃香溢、入口即化等特點占盡優勢，成為桃中「翹楚」。

有一年去一四三團，聽說蟠桃已經成熟，便產生了去蟠桃樹下吃蟠桃的想法。幾位朋友到了蟠桃園，遠遠地看見每一棵蟠桃樹都很漂亮，其主幹筆直，枝幹呈傘狀向上撐開，猶如被修剪過似的。走到近前，猛然發現蟠桃樹上閃出又紅又綠的顏色，直晃眼。細看，才看清楚那綠是蟠桃樹葉，綠油油的像是剛剛被水淋過。那紅就是蟠桃，被茂密的葉片掩映著，「猶抱琵琶半遮面」。正因為如此，蟠桃便更漂亮，那彤紅似是有動感，會隨時從綠葉中飛出。如此看一番蟠桃樹，倍加覺得有意思，以後再吃蟠桃，想想如此漂亮的蟠桃樹，滋味會分外不同。

後來提到品嚐幾個蟠桃，主人卻並不從樹上摘，而是向那邊一指，我們順他的指引看過去，地邊有疊在一起的蟠桃，整整齊齊的。我們走過去後，反而不知道如何挑選，每一個蟠桃都很漂亮，殘留在果把上的綠葉仍綠油油的，看得出剛摘下不久。最後，我們挑選了幾個最大最紅的蟠桃，各自吃了。離開蟠桃園後回頭一望，只能看見蟠桃樹，蟠桃則像是藏起來似的，不見一丁點影子。

蟠桃這個名字好，一看就知道是從西方傳入西域，然後再傳入中原的。任何一種水果的生命之旅，都面臨難料的坎坷，亦蘊含著意外的機遇。蟠桃最好的生存地在今新疆一帶，當時的人們並沒有抱希望，只是隨便種了一些，沒想到卻結出了異常優質的果實。

蟠桃的甜，與新疆的日照時間長，早晚溫差大，且受雪水澆灌有很大關係。別的地方亦有蟠桃樹，但因為不具備新疆這樣的條件，結出的蟠桃不甜。水果不甜，便沒有了優勢，吃的人就不會多。

在以前，有人曾將蟠桃稱為仙桃，並扯上不少神話傳說。譬如《太平廣記》載：「七月七日，西王母降，以仙桃四顆與帝。帝食輒收其核，王母問帝，帝曰：欲種子。王母曰：此桃二千年一生實，中夏地薄，種之不生。帝乃止。」這裡所說的王母應是西王母，帝乃周穆王。西王母是傳說人物，但周穆王確有其人。關於他們二人，在新疆亦有傳說。譬如新疆的天池本來是好風景，卻被編出是西王母的洗腳盆的傳說。天山從新疆延伸至中亞，其地理和水利價值不可估量，同樣被編出一個神話，說周穆王和西王母在天山約會後，於分手日雙雙立誓，五千年後再會。但是，五千年的天山都會變，五千年的愛情，還有什麼意思？

無論是《太平廣記》，還是神話傳說，西王母和周穆王都被「講故事」者拿來，為他們的講述服務了一回。我想，大概是因為蟠桃太好吃，以至於無法比喻，遂拿神仙來說事。中國的文學喪失神話特徵後，只剩下乾巴巴的神話傳說，總是給人以抽筋扒皮後的塌軟感。

有關蟠桃的古詩，倒是有不少。譬如柳宗元在《游南亭夜還敘志七十韻》中寫有「披山窮木禾，駕海逾蟠桃」，讀來有幾分浪漫。另有一位叫毛滂的人，在一首《清平樂》詞中寫道：「欲助我公壽骨，蟠桃等見開花」。這首詞讀來，比柳宗元更真實和親切。柳宗元背負大名，便缺少無名者毛滂的這種瀟灑和輕鬆。

無論神話、傳說和詩詞，繞不過去的話題是蟠桃好吃。好在人們附加於蟠桃身上的文化，並未損失它的美好，今人姑且聽之，只要蟠桃好吃便罷。

蟠桃好吃，但每個人的吃法卻不一樣。我吃蟠桃，十分喜歡捏住一端，自另一端一口一口吃。蟠桃的大小都差不多，其形狀扁平，極利於入口，比吃大而且圓的桃子要方便得多。一般情況下的蟠桃，果肉略脆，咀嚼時，甜蜜的汁液蕩漾在齒頰之間，那是一種幸福的味道。如果碰到不成熟的蟠桃，果肉則會硬一些，水分也少，且不甜。所以買蟠桃時的挑選極為關鍵，摸上去柔軟但不塌軟，就是熟至恰到好處的。太硬或太軟的，都不可取，哪怕不吃也不要買。

有一朋友卻與我不一樣，他吃蟠桃要剝皮。我覺得蟠桃的皮脆爽，嚼之有獨特的口感，剝了皮簡直是浪費。但他不以為然，每吃蟠桃都要剝皮。一次我看他吃蟠桃，只見他將去皮後的果肉用嘴含住，一口也不咬，只是用舌頭攪動並吮吸，表情有幾分愜意。

我每買蟠桃必多買兩三個，一次吃不完，把剩下的放入冰箱零度隔擋中放一夜，第二天中午或下午取出品嚐，其果肉會更加脆爽，甜味更加濃烈，尤其是冰涼的口感，令味蕾和食道倍感通暢。於是便理解了那位朋友吃蟠桃為什麼要剝皮，同一種東西，因為有了不同的吃法，便有了不同的享受。擅長創造吃法的人，一定是擅長創造幸福的人。我是如此，想必那位朋友亦如此。

蟠桃亦有趣事。有一年在疏附縣，與一位種植蟠桃的果農閒聊。他說有一年夏天，天氣驟然變熱，他看了幾眼遠處的冰山，心中有了不祥的預感。是夜，果然有雪水沖湧而下，淹了他的蟠桃園。新疆就是這樣，白天的氣溫升高會讓雪山融化，到了夜裡便流到了田野當中。那人心想完了，蟠桃樹被雪水泡過，結出的蟠桃還能吃嗎？到了夏天，他摘下一顆蟠桃一嚐，卻比往年甜出很多。他驚異，難道雪水對蟠桃有好處，問了別人，果然得到證實。

他給我講這一趣事時，是一個熱天，我正汗流滿面，見地邊有一水渠，便蹲在渠邊欲掬水洗臉，不料手剛伸進水，便被一股透骨的寒涼驚得抽出了手。

那人嘿嘿一笑說，是雪水，專門引下來澆蟠桃的。

我扭頭一看，那果樹上的蟠桃，豔得讓人心顫，而遠處的雪山，懸在天上，猶如一個巨大的「水庫」。

冰糖心

去年底的一天，我們從阿克陶返回克州，經疏勒縣旁的兵團四十一團場。朋友購得一箱蘋果，以備接下來的幾日在路上吃。

我嚐了一個，爽脆甘甜，水分極大，吃完後甜味浸遍口腔，長時間都未散去。如此濃甜的蘋果，是第一次吃到，問朋友那是什麼品種，朋友告之，其名曰「冰糖心」，是新疆最甜的蘋果。朋友我詫異。先前在疏勒當兵時，跑遍了疏勒縣的角角落落，未曾聽說有如此好的蘋果。朋友估計，我在疏勒的那些年，冰糖心尚未興起。他還說，疏勒縣人如今都喜歡吃冰糖心，別的蘋果無人再碰。

依稀記得在一篇叫《冰雹砸過的蘋果》的文章中說，「在美國墨西哥州的高原地區，有一個蘋果園經營者叫洋戈。有一天，高原突然下了一場冰雹，蘋果被砸得遍體鱗傷，賣不出去。洋戈來到果園，撿起一個蘋果咬了一口，竟覺得格外脆甜。於是，洋戈命令手下採摘蘋果，運送出去，並在蘋果箱上寫上一句：『疤痕是高原地區蘋果特有的標記。這種蘋果，果肉緊實味道甘甜。』大家半信半疑地品嚐，果然如此。很快，大部分蘋果都賣出去了。」

而新疆的冰糖心，更有其非凡之處。用科學的說法，冰糖心含糖量在百分之十八到二十五左右。為了證實，朋友用刀橫著切開兩個冰糖心，一個自核心向外延伸出兩圈糖分，呈透明狀。另一個的糖分堆積在果核心上，有凝結厚實之感。可觀可感的糖心，誘惑得人忍耐不住，捧一個在手中吃了幾口，其甘甜滋味自口腔向體內浸漫，幸福感油然而生。

冰糖心不但甜，而且外觀灼紅，質感細嫩，用清水洗乾淨會更加鮮豔光滑，尤其是有水珠欲滴不滴時，讓人覺得有蜂蜜從果實中滲了出來。人們吃冰糖心，大多要先切開，看幾眼凝於果核的糖分。此等情景，大概就是人常說的「色香味」的色，看過幾眼再吃，便覺得甜到了心裡。

南疆的喀什、克州和阿克蘇等地州，均盛產冰糖心。從阿克蘇再往前就是庫爾勒，那裡是香梨的天下。冰糖心無心與香梨爭鬥，便不再向前。

阿克蘇因冰糖心久負盛名，尤以溫宿縣的為最佳，所以最好的冰糖心，出在尚未傳出名聲的溫宿。溫宿是一個奇異的地方，在少水少樹的新疆，居然長出一個神木園，其千年大樹的粗壯枝幹，多伏臥於地上，間或又生枝長出一棵樹。進入園中，陽光被濃密的枝幹遮去，讓人疑惑是別處的原始森林被移到了天山腳下。

人們覺得僅僅稱其為「神木園」不過癮，遂又稱其為「天山神木園」。有了天山二字，便配得上那些千年大樹的氣勢。千年大樹和極甜的冰糖心，之所以在溫宿成為傳奇，皆與當地地理環境和氣候有關。溫宿處於阿克蘇境內的南天山下，日夜溫差大，光照充足，冰川雪水豐沛，沙性土質層豐富，極利於植物成長，亦有利於水果糖分的提升。

新疆的水果多，主要得益於日夜溫差和充足的光照，人們一年四季都能吃到新鮮水果，如四月桑葚，五月杏子，六月桃子，七月西瓜，八月葡萄，九月香梨，十月冰糖心，十一月後還有葡萄乾、杏乾、巴旦木、乾無花果等。

有關冰糖心的來歷，有很多說法。有一年，一種蘋果進入掛果期，卻出現了「爛心」現象。果農們開始擔心，那從果心處向外擴散開的一圈圈怪異圖形，莫不是果樹得了怪病？但有一點卻又很奇怪，那「爛心」的蘋果，卻色澤光亮，味道更甜。更有意思的是，蘋果從「爛心」處向外滲出的果汁，嚐過後卻甜如蜂蜜。果農們轉憂為喜，遂將那「爛心」稱之為「冰糖心」。

溫宿的冰糖心有一段趣事。有一人經營一個蘋果園，到了採摘季節，發現靠近水渠邊，且長在沙土中的蘋果樹結出的蘋果，比別的樹上的蘋果甜很多。他剝開細看，發現果核周圍凝有黃色的東西，用舌頭一舔，甜蜜的味道頓時襲來。他大喜之下驚呼，這蘋果把糖長在了心上。冰糖心一名因他傳出，成為越傳越遠的好名字。

冰糖心蘋果分「光果」和「套果」兩種。套果一說，是指長在蘋果樹下部的蘋果，因為方便作業，便被套在袋子裡生長，圖的是表皮光滑漂亮，賣相好。而光果一說，指長在蘋果樹頂部的蘋果，因不方便套袋，便只能任其赤裸生長，經風吹日曬，其表皮開裂粗糙，不好看。但光果因為日照時間長，其糖分比套果更加充足。所以，那些並不大好看的冰糖心，吃起來其實最甜。

我們吃蘋果，都習慣手捧一個啃吃，但是吃冰糖心最好的辦法是切開吃，而且一定要從中橫切開來，對著中間那塊「糖心」一口咬下去，滿嘴甘甜，猶如吃了蜜。

有人說，喜歡吃水果的人，一年四季嘴都是甜的。有一位小夥子，別人給他介紹對象，卻總是見不到他。他媽媽說，每個月都有那麼多水果，他一種接一種忙著吃呢。等他吃夠了，自然就把目光從水果上移到了姑娘身上。

新疆人身處赤野乾旱之地，卻享受著很多甘甜的水果，有時候甚至把水果當飯吃，其幸福與別的地方的人自然不同。

後來人們分析，發現冰糖心品質最高的地區，一是土地皆為沙土，二是水渠中流淌的是天山積雪融化的雪水。雪水澆灌了沙層土質，讓那一帶的蘋果變得糖分高，水分足，口感脆。最為神奇的是凝固在果核上的糖，可觀可感，不用再做什麼證明。有人在第二年春天嘗試，用沙土栽下蘋果樹，然後用雪水澆灌，果然長出了滿樹的冰糖心。

對了，溫宿的意思是「多水」，阿克蘇的意思是「白水」，這兩個地方都在名字上強調水，看來水確實帶來了不少好處。

新疆就是這樣，沒有水便罷，一旦有水，就一定會創造出奇蹟。

桑葚

每年的五月初，吐魯番的桑葚就熟了。

在我的感覺中，吐魯番有很多與水果有關的說法，如：「吐魯番的葡萄熟了，阿娜爾汗的心兒醉了」、「吐魯番的葡萄哈密的瓜，葉城的石榴人人誇」等等。

吐魯番的桑葚謂之新疆第一鮮，是新疆每年最早上市的水果。到了四五月份，北疆的阿勒泰、塔城、伊犁一帶，有時仍然大雪紛飛，而東疆的哈密、吐魯番一帶，人們已經吃到了新鮮的桑葚。稍晚一點，南疆的和田、喀什、阿克蘇等地，桑葚也開始掛果了。這一時間，別的樹才長出葉子，有的花蕾剛剛冒出，久負盛名的葡萄也還是小顆粒。但黑桑葚、白桑葚已掛滿枝頭，或掉落一地。很多兒童在樹下跑來跑去，不用問，他們正在撿桑葚吃呢。

桑葚又叫桑果，桑棗，成熟後果質緊實滑嫩，酸甜可口，尤以個大，肉厚，色鮮和糖分足受人喜歡。桑葚除了從樹上摘下直接食用外，還可加工成桑葚醬、桑葚酒，有人將桑葚曬乾或略蒸後食用，都能吃出初夏的鮮美味道。

每年四月底五月初去吐魯番的人，都可以吃到桑葚。吐魯番到了六七月便酷熱難當，只有四五月間是最舒服的季節，一可賞春色，二可品桑葚，可謂兩全其美。

有關桑葚的趣事頗多，譬如大名鼎鼎的火焰山，東西兩邊的兩條溝，相隔不足十公里，但是，東溝的桑葚已成熟，西溝的桑葚卻還要等一週左右。於是乎，西溝人去吃東溝的桑葚，東溝人不高興。西溝人說，你們不要把肚子脹的事情擺在臉上，我們西溝的桑葚正長著哩，過幾天你們也可以去吃。

《西遊記》裡的很多故事發生在新疆，但能被人提及的也就火焰山一處，別的地方都被戈壁荒漠所淹沒，透不出傳說的柔軟氣息。並且，這裡的人們並不鍾情於《西遊記》的有關傳說。新疆是一個幾乎不存在傳說的地方，不像其他省份，但凡一橋一樹，一河一山，都有傳說故事，時間久了便孕育出似是而非，可信亦不可信的文化特點。而新疆的每一地都有真實的歷史，譬如在吐魯番，一步邁出去，便感覺穿越了一兩千年，一腳落下便似踏入了漢唐。

火焰山一隅的吐峪溝，是我見過的桑葚樹最多的地方，在村中走不了幾步就碰到一棵。每年桑葚成熟的季節，吐峪溝人都要忙碌數天採收，然後賣到吐魯番、烏魯木齊或更遠的地方。一公斤桑葚在城中可賣到五十元，但在吐峪溝的旺季，一公斤桑葚才十五元，有時甚至賣到十元。

有一人去吐峪溝買桑葚，遇一位小姑娘在村口擺攤。詢問後得知，小姑娘的桑葚一公斤要價二十五元。他與小姑娘砍價，小姑娘堅持少於十五元不賣，那人嘟囔一句，這不是賣桑葚，簡直是賣金子。小姑娘在他身後說，你回來，這裡有五元一公斤的。那人聽後，欣喜地回到小姑娘面前。結果，她笑嘻嘻地說，你有一公斤五元的桑葚嗎？有多少你賣給我，我都要！說完露出頑皮的笑意。

我曾見過吐峪溝的一位老人吃桑葚的情景。早晨，他從小屋中出來，走到一棵桑葚樹跟前，拽住一根樹枝，摘吃桑葚約半小時，算是吃了早餐。中午他又如此重複，解決了午餐。我料定他的晚餐也一定是樹上的桑葚，便在黃昏等待觀察。果然，見他又一如既往地摘吃了半小時左右。

我聽村裡人說，那老者有一根用百年大樹的枝幹做成的手杖，凡是身體有恙者，讓他敲擊幾下不舒服的地方，便可病癒。我那幾天腰不舒服，便去他屋中，請他用那手杖幫我敲敲。不料，他狠狠在我腰上打了一下，疼得我一聲大叫。離開時，見我面有不悅之色，他悄悄對我說，你的腰能被打疼，說明是好腰，以後每天多走路，腰就不疼了。還有就是在每年春天多吃桑葚，腰永遠都不會疼。

村中一些年邁老人，無事便坐在桑葚樹下閒聊，或看著對面的山和天上的雲朵。仔細觀察他們，便發現他們按照年齡大小挨著坐，年齡最小者自覺坐在最下方，最年長者坐在最上面。有桑葚落到他們面前，所有的目光會集中到其中一人身上，看那人撿起桑葚吹吹後餵到嘴裡。

有一次，我和朋友們去吐峪溝遊玩，碰上打桑葚的村民，便加入了進去。打桑葚與打核桃差不多，先在樹下輔一個大床單或毯子，然後用一長木桿在桑葚樹的枝幹上敲打，桑葚唰唰落下，很快就是一層。後來，我們與村民走散，有的人家對桑葚樹下的我們報以微笑，有的人家卻呵斥我們遠離他們的桑葚樹。春風十里不如你，同一地有歡迎也有拒絕，這就是人世。

桑葚是桑樹的果實，但西域先前並沒有桑樹。西域有瞿薩旦那國（西域的部落式王國或地方政權，在今新疆和田），無蠶桑，聽聞東國（東方國家）有，遣使臣前去請求賜予。東國皇帝藉口推託，隨後下令強守邊關，防止蠶種流出。碰了釘子，瞿薩旦那國的國王並不氣餒，欲借聯姻獲取蠶桑。他呈謙恭書信，向東國國王請求聯姻。東國皇帝以為有利，遂應充。瞿薩旦那的國王緊抓機會，命使臣傳話給東國公主，望她出嫁時自帶蠶種，以備來日自做衣服。公主暗集蠶種，藏於帽內。到了邊關，隨行人員皆受嚴查，唯公主的帽子象徵高貴，免於檢查，蠶種於是順利傳入了瞿薩旦那國。

此故事發生得早，其時絲綢之路尚未出現。一九一四年，斯坦因在丹丹烏里克遺址中，挖掘出一塊壁畫。畫中有一婦人頭戴高冕，一侍女用手在指婦人之冕。斯坦因斷言，侍女手指貴婦人之冕，是暗示冕下隱藏著蠶種。

其實斯坦因錯矣，那畫中女子頭頂的圓圈，是佛教菩薩的頂光。其他幾人或手持金剛杵，或穿長筒靴，或蓮花跏趺坐，是佛教中的護法或明王。整個壁畫，乃佛教中的護法故事畫。可見，斯坦因不懂佛學。

關於桑葚，在歷史上曾有一件趣事。西漢末年，劉秀征討篡位的王莽，在幽州與王莽手下大將蘇獻交戰時失利，最後只剩下劉秀一人，而且左腿中了毒箭，胸前還有刀傷。他包紮完傷口躲過追兵，忍著疼痛爬進一座廢棄的磚窯。因疲勞過度，加之箭毒發作，剛靠著磚窯坐下就暈了過去。醒過來後渾身無力，饑餓難忍，他爬出窯門，期望借著月光找到野果充饑。但他尚未爬遠便已無力，遂躺在一棵大樹下休息。沒有想到，隨著一陣風吹過，那棵樹上居然有熟透的果實跌落下來，有一顆恰巧落入他嘴裡，他本能地一咬，有一股甘甜的味道。他一陣欣喜，在身邊又摸到幾顆放入口中。那果實酥軟、甘甜、多汁，他顧不得身上的傷痛，在身邊的草叢中找到一顆又一顆，一直吃再也摸不到一顆，才爬回窯中睡下。就那樣，他白天躲在窯裡養傷，晚上便去那樹下撿拾果實充饑，挨過一個月後，傷口竟好轉了不少，並終於等到了救兵。救他的人正是他的手下大將鄧禹，鄧禹告訴他，這是一棵桑樹，它的果實是桑葚兒。劉秀聽聞沉吟良久之後說，日後光復漢室，一定要冊封此樹為王。

劉秀在後來是否將那桑葚樹封為樹王，史無記載，今人不得而知。

無花果

無花果有一個有意思的名字：樹上的糖包子。

南疆的和田、喀什和阿圖什三地，以盛產無花果出名。新疆人吃無花果，如果要問其出處，不會提別的地方，只會問：這無花果是來自和田的，還是來自喀什的？如果知情者對這兩個提問均搖頭，那就不用問了，一定是來自阿圖什的。較之於和田和喀什，阿圖什的無花果明顯勝出一籌，其果汁濃甜，果肉糯軟，以至於常吃無花果的人去買無花果，開口就問，阿圖什的無花果有嗎？如果有，則不挑選，讓攤主稱過後，付錢裝入塑膠袋提走。

無花果一名的來歷很有意思。它們雖然開花，卻隱藏在果實的囊狀花托中，不仔細看，便只能看見果實而難以發現花，所以得名「無花果」。

無花果皮薄，待到成熟期，用手一捏便可發現，其肉厚無核，可放心地吃。

無花果以甜著稱，吃一口在嘴裡，把果肉嚼幾口，便有濃濃的甜味浸入口腔。有人把無花

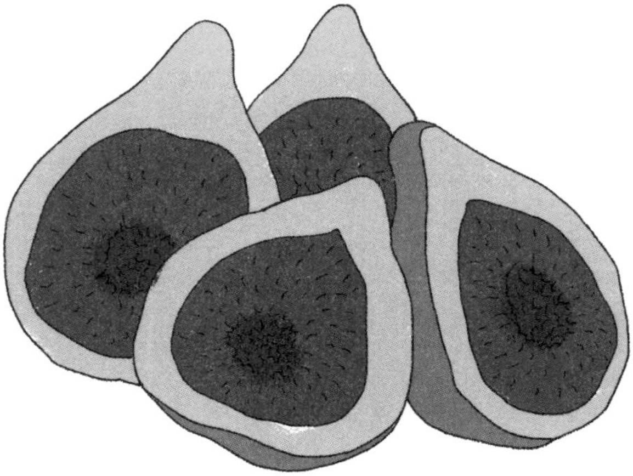

果和蜂蜜做比較，說蜂蜜是流動的甜，一入口，從口腔到腹中都是甜。而無花果是停留的甜，一口咬開果肉，便有一股甜味在嘴裡久久不散，以至於把果肉吞下了肚，那甜味還長久存留。有人吃了無花果後不吃別的，問及原因，說什麼也比不上無花果，他想讓那甜味在嘴裡多留幾天。留幾天是不可能的，但留一兩個小時沒有問題。

新疆人吃無花果，常用一種固定的方法，即把無花果放在掌心，用另一隻巴掌拍一下，果皮便破裂，果肉亦被擊打得鬆散開來。此時吃起來，口感更加酥軟，味道也更加濃烈。

南疆人常說：因為無花果太甜，害得我都忘了吃最好的蜂蜜。無花果除了甜之外，還有養生的諸多好處，所以南疆人又常常說：吃無花果害得我們本來是四十歲的人，卻經常被誤認為是二十歲的小夥子。害得我沒有機會和咽喉病、高血糖、高血壓、高血脂那些病較量。害得我的消化好得不得了。害得我身上要長就只長力氣。害得我要瘦就只瘦該瘦的地方……說到最後，因為吃無花果的好處太多，他們索性用一句話總結：無花果害得我們的身體太健康了。

無花果在水果界有一個洋氣的名字：水果皇后。它原產於地中海沿岸，唐代傳入中國，後在當時的阿圖什、和田和喀什等地大量栽培。它曾被稱為「隱花果」，史籍記載時又稱其為「阿驛」，但因無花果一名好記，亦很親切，所以便一路叫下來，無人再去叫它以前的名字。阿圖什是一個很安靜的地方，而無花果猶如暗暗遊動的光芒，讓這個地方顯得從容、自足和安詳。阿圖什人們在無花果的產果期到了阿圖什，不論是在飯店還是在家庭吃飯，必先吃無花果。阿圖什人會幽默地說，只有讓你吃上無花果，才算是真正到了阿圖什。

一般來說，經由味蕾培養出的感情，往往能追隨人的一生。無花果以營養豐富廣受新疆人喜愛。阿圖什的一位老人每天早上在面前放一個核桃、一個雞蛋、一個無花果乾果、一把葡萄乾，這便是他的早餐。別人問他能吃飽嗎？他不屑地說，不是能不能吃飽，而是能不能吃好的問題，你們不知道怎麼吃，吃來吃去把病都吃到了身體裡。

有一說法，一棵無花果樹，就是一個繁忙的甜蜜工廠。無花果一年有三次採摘季，七月是第一次成熟期，八九月是大規模採摘期，十月為最後的收尾期，最好的無花果往往在最後的採摘中誕生。

天賜一物給一個地方，那個地方必然就會揚名。阿圖什是種植無花果最多的地方，不但上百畝的無花果園比比皆是，而且各家院子裡也栽無花果樹。每到夏天一進入院子，其濃郁蔥綠的景象，令人賞心悅目。

無花果之所以在阿圖什的庭院中紮根，得益於一個人無意間的播種。他有一天把幾株沒栽完的無花果苗帶回家放在後院，之後便忘記了。等到他想起時，不免一陣懊悔，心想它們一定已經乾枯。不料到後院一看，它們居然已經發芽。於是他斷定，無花果苗只要沾地就可成活，便把那幾株栽在了院中。這幾株無花果就當年就長高一大截，第二年還結出了果實。

在阿圖什人家的院子裡，到了無花果成熟的季節，人們坐在院中喝酒的間隙，一伸手從樹上摘下一個無花果，剝皮後用手拍軟，便可品嚐到甜美的果肉。

無花果除了可做乾果外，還可做成果汁、果醬，並且還可用來燉雞，做雪梨茶、米粥、瘦肉湯、綠豆湯和番茄湯等。甜味浸出，或入湯，或入肉，會讓人體味到奇妙的感覺。有一年在阿圖什，喝了一碗放了無花果的米粥，其香甜的味道在口腔浸開，讓人覺得非常幸福。甜乃幸福之味，讓無花果驗證這一說法，確切無疑。

和田有一棵四百多年的無花果樹，被新疆人稱為「無花果王」。它龐大繁複的枝條貼地伸展後長進土裡，又生出根鬚繁殖的新枝，像是長出了無數無花果樹，最後竟占地一畝有餘。有人說它是一棵獨一無二的大樹，也有人說它是一個龐大的家族。

在和田，無花果王與桃樹王和梧桐王被合稱為「和田三棵樹王」。有一年在和田，我進入無花果王巨大的濃蔭下，頓時像是進入了茂密的森林，日月光輝猶如被隔離到了遙遠的另一世界。等我揉揉眼睛適應後，才看見無花果王的樹葉碩大渾圓，密密匝匝的無花果擠在枝頭，讓人疑惑它並不是一棵果樹，而是一幅美麗的圖畫。後來才知道，無花果在《聖經》中曾被提到，是神聖的果實。

出了無花果王所在的果園，聽人說，這棵樹王至今一年仍能結出四五百公斤無花果。大門口有賣無花果者，說就是無花果王結出的，便買了幾個。不料當晚一嚐，卻不好吃。

沙棗

沙棗有一個好聽的別名，叫七里香，意即沙棗花開，可香飄七里。臺灣詩人席慕蓉喜歡「七里香」這個叫法，便用作她一部詩集的名字。不知臺灣有沒有沙棗，但席慕蓉是蒙古人，她祖上的生存之地應該也有沙棗樹，她之選擇乃血脈之情。

沙棗樹有一個特點，幼枝會裹上一層銀色鱗片，稍微長粗，那鱗片便自動脫落，呈現出一片紅棕色。如果樹上結了沙棗果，便讓人驚訝，果與枝都是紅棕色，有豐碩的收穫之感。有人為沙棗樹的變色詫異，覺得那樣鮮麗赤紅，似是預示不祥。南疆人卻不那樣認為，他們說，這裡面有一個道理，會變色的沙棗樹才結果，不會變色的沙棗樹光禿禿的，一顆沙棗也不結。人們仔細去看，果然如他們所說，但凡樹上顏色鮮豔者，皆先是一樹繁花，後又一樹碩果。而不變色的沙棗樹，則長得歪斜難看，而且不結一果。看來顏色是沙棗樹的生命展示，而非單純的外表色彩。

沙棗樹都不大，亦不高，最高的也就兩米左右。但就是如此低矮的沙棗樹，在風中卻會展示出令人驚愕的風姿。有一人在某一日遇一場大風，他抱頭躲風的間隙無意一瞥，見一棵棵沙棗樹竟然紋絲不動。他心中掠過一絲驚歎——看來，沙棗樹枝堅硬如鐵，再大的風也奈何不了它。待風停後，他走過去用手搖沙棗樹，果然堅硬不動，便感嘆說，沙棗樹看上去是女人，摸上去是男人，是最厲害的樹。

一棵小小的沙棗，值得細說的地方有三處：花、果實和樹。

南疆多沙棗樹，每到春天沙棗花開，香飄開來。很多人都說，聞到了沙棗的味道，也就等於聞到了春天的味道。我在葉城當兵時，部隊大門外曾有沙棗樹，起初以為那是幾棵枯死的樹，加之又那麼低矮和細小，便沒有多看幾眼。不料，到了春天，卻突然發現它們泛綠發芽，一夜間便長出了嫩綠的葉子。在不可能有生命的地方，出現了意想不到的生命，這不啻為奇蹟。

之後便聞到了濃烈的沙棗花香。那幾棵樹乾巴巴的情景一去不返，代之而來的是一樹嫩黃的花朵，翠綠的葉子也迎風飄動了起來。有一晚，我在部隊大門口站崗，突然聞到一股濃烈的花香，孤寂的夜晚便變得溫馨了很多。後來，見那幾棵沙棗樹下有一人影，站過一陣後轉到另一方向，像是一直在聞著什麼。我估計那人是部隊旁邊的阿里辦事處的職工，許是聞到了沙棗花香，便趁著黑夜，一個人悄悄來聞。在黑夜獨自聞沙棗花香的人，其內心有著怎樣的柔情？我站立於崗哨的位置，浮想聯翩。我還曾看見幾位少女，她們走近那幾棵沙棗樹時精神一振，繼而跑到樹下，現出沉迷之態。

沙棗花最傳奇之處與香妃有關，亦留下動人的故事。香妃原名伊帕爾汗，隨叔父和哥哥從新疆進京拜見乾隆。乾隆聞到大殿上有一股異香，仔細分辨後發現，那股異香來自跪在殿中的伊帕爾汗。原來，伊帕爾汗自小喜歡聞沙棗花香，每到春天總是在沙棗樹下流連忘返，時間久了，那花香便凝留於她身上，乃至進京入宮也如影相隨。乾隆喜歡伊帕爾汗身上有香味，便把她納入宮中，冊封為妃。後來，乾隆又命人從新疆運沙棗樹進京，栽在香妃的宮前。到了春天，那沙棗樹果然開出滿樹繁花，並像仍處於沙漠中一樣，散發出濃郁的香味。但好景不長，到了第二年，沙棗樹卻一一枯死，香妃也不幸去世。

除了用於聞嚐，沙棗樹還有其他作用。一位朋友說，可別小看這小小沙棗樹，它們可是很好的蜜源植物，其花朵還可以提煉出芳香油、香精和香料等。還有那沙棗粉，可以釀酒，釀醋，製醬油，果醬等，糟粕還可當飼料用。

有一人，種了一大片沙棗樹，但既不採果，亦不集粉，那沙棗樹一年一年便歪長，不要說對他有所回報，連看都不那麼好看。有人問他，你種下沙棗樹不管，圖什麼呢？那人一笑說，沙棗樹不結果，一定忙別的事情了。問話的人知道那人是說，不結果的沙棗樹也一定是有用處的。但是到底有什麼用處呢？幾經請求，那人才指著一邊的田地說，沒有沙棗樹擋著風沙，莊稼能長這麼好嗎？

沙棗樹枝密葉茂，擋風沙是其最大的功勞。問話的人被感動，讚歎沙棗樹了不得。那人卻說，沙棗樹活著時擋風沙，死了還有更大的作用。問話的人疑惑不解，便告訴他，用沙棗樹做出的傢俱，經久耐用，如果你到了居住在沙漠中的人家，一定會發現，他們用的傢俱和農具，都是用沙棗木製作的。

當然，沙棗的果實也值得品嚐。

秋天，沙棗樹掛了果，一顆顆圓潤飽滿，讓人忍不住一手揪著樹枝，另一手往下一捋，手裡便是一把沙棗。沙棗本身甜酸各半，但人們吃沙棗往往不在意它的甜，而是直接奔它的酸而去，因為它的酸開胃，有助消化，還能起到減肥作用。據說，沙棗加工後很甜，但從沒見過加工後的沙棗的樣子，倒是那一把抓起來就吃的新鮮棗粒更吸引人。

除了直接吃之外，我還吃過沙棗發糕。那發糕是用玉米麵做的，加了沙棗後不但外觀好看，並且使發糕的味道甜酸交匯，分外獨特。

新疆人熟知沙棗，看到一棵沙棗樹，便能分辨出是小沙棗，還是大沙棗。小沙棗的枝多刺，花小，果實亦很小，一般只有黃豆粒大小，吃起來有酸澀的味道。大沙棗的刺少，花像小鐘，果實較之小沙棗的果實要略大一些，皮薄肉厚，很是可口。

秋天，大沙棗和小沙棗皆結出果實，小孩子爬上大沙棗樹摘果，想吃多少就摘多少，還可帶回送給玩伴。鳥兒也吃沙棗果。南疆人有一個說法：一把沙棗果，就是一隻鳥兒一冬的乾糧。有人從沙棗樹上掰下幾根枝條，用手一捋便是一大把沙棗果，可見沙棗果是鳥兒的口糧一說，果真不假。

有一人的田畔有一棵沙棗樹，常有鳥兒落在樹上吃沙棗果。那人怕沙棗樹的陰影影響莊稼，入冬後便將它砍倒，隨後當了柴火。第二年夏天，一群鳥兒飛來，無奈那棵沙棗樹已經不見影子，它們盤旋嘶鳴好一陣子，才飛離而去。

有一小夥子，本想向心儀的女生表達愛意，但他因為害羞，錯失了機會，那姑娘被另一小夥子追走了。他痛苦至極，悔恨自己開竅晚，錯失了美好的愛情。有人勸他說，姑娘多的是，一個錯過了，還可以去追求另一個。他說，沙棗花開過就凋謝了，沙棗果子熟了就被鳥兒吃了，冬天一來，一場大雪就覆蓋了一切。要想與那個姑娘再續前緣，沒有來年，只有等來生。

葡萄乾

有朋友曾問我，新疆每年的葡萄成熟後，人們是吃新鮮葡萄多呢，還是做葡萄乾的多？我估計了一下，大概有一半葡萄被運往各地銷售，另一半則會被送入晾房，一串串掛起來晾乾，然後就成了葡萄乾。

葡萄乾肉軟清甜，營養豐富。最重要的是易於貯存，放一兩年都不成問題。有一句諺語說：去年的葡萄，屬於去年的嘴。去年的葡萄乾，能和今年的嘴見面。有一次見一人買葡萄乾，他嚐了一顆後說，這是前年的葡萄乾，好是好，但水分不夠了，只剩下甜，沒有了營養。攤主又端出一盤葡萄乾，他嚐過後大聲稱讚，認為那是去年的葡萄乾，水分和糖分都足，正是吃的好時候。

做葡萄乾少不了晾房，在吐魯番等地隨處可見外觀像蜂窩，多有細密透氣孔的葡萄晾房。每年八九月份，葡萄成熟後，人們選擇皮薄，外觀豐滿或頎長，果肉柔軟，含糖量高的葡萄，剪去損壞的部分，在清水中沖洗乾淨，然後放在曬盤上曝曬十天左右，提進晾房掛起陰乾成葡萄乾。如果天氣好，全部過程用二十天左右即可完成。

晾房的關鍵是避開酷熱的陽光，同時又通風透氣，可保證葡萄的水分被適當晾乾，同時又保持糖分，那樣的葡萄乾吃起來才柔軟甘甜。葡萄晾房的專用期並不長，其他時間均為閒置。

吐魯番的一位農民說，晾房發揮出的作用那麼大，像出了很大力氣的男人一樣，空閒下來讓它們好好休息一下不行嗎？另一個種葡萄的農民則說，其實它們也沒有閒著，它們的那些眼眼（透氣孔）不是讓風在認路嗎？明年的葡萄下來了，風不就像最好的朋友一樣來了嗎？

葡萄乾有近百種，比較出名的有無核白、紅馬奶、紅香妃、綠香妃、玫瑰香、千里香、黑玫瑰、黑加侖、沙漠王、巧克力、優酪乳子、梭梭葡萄乾等。包括有籽、無籽、綠的、紅的、金黃的、黑的、黑紅的、紫的，口味有香甜、酸甜、特甜等，各種各樣。葡萄乾每公斤從十元到五百元不等，有經驗的人買葡萄乾不選最貴的，亦不選最便宜的，選中間價的便可吃得稱心如意，也不至於花太多的錢。

葡萄乾的吃法有多種，除了洗乾淨當零食吃之外，還可用於做抓飯和清燉羊肉，受其影響，食材的味道會大為改觀。另外，還可用於奶酥、乾瑪芬、麵包、蛋糕、月餅、粽子、優酪乳、沙拉、冰淇淋和乾司康（酵母）、稀粥等食品的製作。葡萄乾的好處可多了，是養生上品。它對神經衰弱、疲勞過度、消化不良、心悸盜汗、手腳冰涼、水腫、貧血、腰疼、高血脂等均有療效。但糖尿病患者則需忌食，否則充足的糖分會凶如猛虎，讓他們招架不住。

我曾見過一人抓一把葡萄乾放入碗中，然後倒醋進去浸泡一晚，次日早上用筷子一顆顆夾著吃。細問之下才知道，醋泡葡萄乾可調理腸道。我回家嘗試了一次，被醋浸泡過的葡萄乾仍不失甜味，但又多了一股酸爽，口感頗為獨特。因為是第一次嘗試，沒敢多吃，僅吃了七八粒，第二天便感覺腸道蠕動，果然效果明顯。

葡萄乾可以做甜湯、甜粥、抓飯、燉肉、優酪乳、蛋糕、饟、麵包、包子等。有一次與一位朋友聊天，分析葡萄乾能夠千搭百配的原因有兩個，一個是果肉柔軟香甜，二是其顆粒大小合適。猶如指甲蓋那麼大的葡萄乾，剛好用於調解口感，增加趣味。如果是大形狀，入了飯菜便喧賓奪主，如果小如芝麻，又常常會被忽略，放了等於沒放。

有一年在和田，連續多日在農民家吃飯。早上吃得簡單一些，核桃、饢、黑磚茶，一份小菜，或一碗麵條，吃完出門去辦事。到了中午，便要吃一頓扎實的飯。如果前一天中午是拌麵，那麼第二天中午便會是抓飯，第三天中午則是炒麵。一天中午，得知要吃抓飯，便想，今年的葡萄乾已製作完畢，會不會放葡萄乾進去？等抓飯端上來，見上面有一大塊羊肉，還有兩顆紅棗，但不見葡萄乾。主人發現了我失落的神情，笑著說，我想讓你的嘴甜一下，能不給葡萄乾嗎？他說的給，是放進去的意思。我聽得明白，用勺子一翻，便看見裡面有瑩潤飽滿的綠色葡萄乾，盛一顆放在嘴裡咀嚼，溫熱的甜立馬浸漫開來。

葡萄乾來自鄉間，最會吃葡萄乾的是種葡萄的人。他們吃葡萄乾什麼也不搭配，說吃葡萄乾，便只是吃葡萄乾。二十世紀八九十年代，南疆上了年紀的老人都習慣在口袋中裝一把葡萄乾，走在路上口渴了或餓了，掏出幾粒吃下後精神倍增。如今仍有人保持這一習慣，他們聽說城裡人在口袋裡裝的是速效救心丸，便說裝那東西幹啥，換成葡萄乾，沒事的時候吃幾顆，啥問題都解決了。

我曾在吐峪溝見過一位姑娘在院子裡分揀葡萄乾。當時陽光暴曬，我問她為什麼不到屋子裡去分揀，她笑著搖了搖頭，告訴我，挑揀葡萄乾最好在光線明亮的地方，那樣才能把好葡萄乾挑出來，並拿到巴扎上去賣。次一些的要留下，讓家裡人吃。雖然在屋子裡挑揀葡萄乾不用曬太陽，但因為光線昏暗，難免會把不好的葡萄乾混進要賣的筐子裡。我看著小姑娘認真挑揀的樣子，不由得在內心感嘆，每一顆葡萄乾後面都蘊藏著辛勞的汗水。

與那個小姑娘的真誠形成鮮明對比的，是吐魯番葡萄園景區的一個商販。有遊客在他攤位上買了「黑玫瑰」和「綠香妃」葡萄乾，晚上在賓館準備洗一些品嚐，不料一洗「黑玫瑰」便流黑水，一洗「綠香妃」又流藍水。那人驚呼買了假葡萄乾，遂向當地旅遊部門投訴了那位商販的不齒行為。

這件事迅速傳開。第二天，葡萄園裡其他賣葡萄乾的人氣不過，掀翻了那黑心商販的攤位，並將他趕出了吐魯番。為挽回聲譽，所有賣葡萄乾的人聲明，那位受損的遊客可在他們的攤位隨意挑選，需要多少都免費贈送。

薄皮核桃

南疆是一個奇特的地方，幾乎每一個地方，都至少有一種出名的瓜果，譬如庫爾勒的香梨，阿克蘇的冰糖心，阿圖什的無花果，喀什的石榴，和田的紅棗等。這些瓜果給人留下了深刻印象，但凡要吃，必先問其出處。只有確定了出處，才能放心地買，放心地吃。

薄皮核桃出在和田，因殼薄如紙，一捏即碎，所以又叫「紙皮核桃」、「一把酥」等。有一外地人到了和田，買了一公斤薄皮核桃裝入塑膠袋，上車後往行李架上一扔，下車提進賓館後又扔在了桌上。結果，等他拿了小錘準備砸殼吃果肉時，卻發現那核桃殼早已被摔破了。那人美滋滋地想，看來，吃薄皮核桃不用費勁，一提一扔就能解決問題。

核桃每到一地都可生長，到了今日，已具有殼薄、果大、含油量高等特點。核桃在國外被稱為「大力士食品」、「營養豐富的堅果」、「益智果」等等，在中國也享有「萬歲子」、「長壽果」等美稱。

俗話說，「桃三杏四梨五年，要吃核桃得九年」。核桃樹從栽種到結果需要經歷漫長的時間，但是如今和田的核桃通過技術改良，在下種後的第二年就能掛果。和田人，乃至新疆人吃核桃，大多都選薄皮核桃。當然並非只是圖破殼時省事，薄皮核桃最大的好處是果仁橙黃飽滿，味道醇香甘甜，營養價值極高，有補氣益血，溫補腎肺，定喘化痰，補血生髮，益腦健腦等功效，屬老幼皆宜的滋養佳品。

長期吃核桃的最大益處，是能讓人長壽。南疆一帶多百歲老人，皆因長期吃薄皮核桃而受益。且末縣有一位老太太，別人問她有沒有七十歲時，她笑著說，七十歲是他孫子的年齡。又問她有沒有九十歲，她又笑著說，九十歲是他兒子的年齡。最後，人們才知道，她已經一百一十歲了。她的長壽祕訣是吃核桃，而且專挑二三百年的核桃樹結出的薄皮核桃吃。問她如何區分二三百年的核桃樹，她說年齡小的核桃樹結不出圓的薄皮核桃，只有年齡大的核桃樹，果實才又大又圓。

我見到她時，她說她要繼續吃薄皮核桃，最後要變得像二三百年的核桃樹一樣。先前聽人說過吃啥補啥的觀點，但這位老人家的話題，是吃什麼變成什麼，更有意思。

薄皮核桃獨在和田生長，看似是奇事，但經當地人一解釋，便又覺得合情合理。我發現，但凡用理論或科學方式介紹一種事物，可信是可信，但接受起來卻比較困難，要麼難以理解，要麼記不住。反而是當地人的通俗說法，好理解，也容易記。譬如，他們解釋薄皮核桃的習性，說它們喜歡生長在有陽光的地方，和田一年四季見不到幾個陰天，在這一點上好得不能再好。人們聽得明白，他們是在說，薄皮核桃要長得好，光照充足是必不可少的條件。

再譬如，理論上，薄皮核桃的生長要保持水性穩定，本地人則說，和田的表面看不到水，但卻被昆侖山的雪水滋潤，水都在地下，穩穩地被核桃樹喝著。不管是用什麼語言，無外乎說明一個問題，一物生一地，必是那個地方適合它生長，否則活不成。

我有十餘年沒有吃薄皮核桃了，有時候想起，也想吃，但過後一忙就又忘了。直至前天與一同事談及睡眠問題，她建議我一早一晚吃核桃，尤其是和田等地產的薄皮核桃，每天吃幾個可有效改善睡眠。那一刻我才意識到，該吃薄皮核桃了。同事小時候在南疆長大，深諳吃核桃之益處，所以她猶如醫生對症下藥，直接給我開出了「方子」。

我在二十餘年前對薄皮核桃就有接觸。當時，我在南疆軍區機關當兵，與一位幹事關係甚好。他在喀什出生並長大，常常給我宣傳吃核桃、石榴、紅棗和葡萄的好處。他強調的並不是單純的營養攝取，而是對身體的裨益。當然，吃水果有吃水果的方法，而滋補則有滋補的方式。

正是他對我的引導，讓我熟悉了新疆水果和食物，知道哪些東西要多吃，哪些東西要少吃，並很快適應了新疆生活。

週末早上，我去他宿舍喝奶茶，吃核桃，他給我灌輸吃啥補啥的道理。我略有疑惑，他便拿吃核桃補腦子舉例，並剝出一個完整的核桃仁，問我像不像人的腦子？我一看大為吃驚，那個核桃仁與人的大腦結構驚人相似，我頓時對他刮目相看。當時，他給我展示的就是薄皮核桃，因其外殼極薄，他說要用小姑娘的力氣剝殼，即兩指輕輕一捏即可，如用力過猛會將核桃仁捏壞。

和他吃過幾次薄皮核桃後，我去疏勒縣的菜市場買了一公斤薄皮核桃，每天早晚各吃三四個。當然，當時二十出頭的我不存在睡眠問題，吃不吃核桃都無關緊要，吃過一陣子後，便因麻煩而作罷。

後來，隨著我去和田的次數越來越多，關於核桃的故事便聽了不少。譬如，大多核桃都經西域傳入了中原，唯有薄皮核桃卻紮根西域不肯挪窩，以至於除了和田，在別處見不到一棵薄皮核桃樹。

前些年，有人將薄皮核桃引入內地省份，它們倒是生根發芽並茁壯成長，卻並不掛果。看來，它們只適應和田等地的氣候。新疆人每每提及，都會自豪地說，新疆的薄皮核桃哪裡都不去，它們把自己留給新疆！

和田有一棵核桃樹王，據說有兩千餘年的樹齡。因其龐大，二十人手把手也合圍不攏。我有一年去和田，請朋友帶我去看了核桃樹王。遠看，它有王者風範，碩大的樹冠高聳於所有樹之上，像是個統領，亦像是在俯瞰大地。這塊土地在兩千餘年中發生了很多故事，唯有它巋然挺立，不動聲色地見證了時光。

細看核桃樹王，見每個枝頭都有掛果。其葉片更是碩大，勃發出一派蓬勃的氣息。朋友說，核桃樹王每年結出近百公斤核桃。因為它的王者地位，結出的核桃分外受歡迎。

但核桃樹王卻也有讓人詫異之處，它碩大的濃蔭下寸草不生。據說，核桃樹屬陰性，生長於它底下或近處的小草，往往因陰寒侵襲而不幸死去。

後來知道，和田人從不在核桃樹下乘涼或睡覺，他們說「核桃樹下埋活人」，可見核桃樹的陰性，厲害到了什麼程度。

好食材在眼裡　好味道在嘴裡

缸子肉

缸子肉，就是用喝水的搪瓷缸子煮出的小份羊肉。

新疆人吃缸子肉的時間不長。二十世紀六十年代，喀什興修水利，一個公社考慮到社員們的伙食有些簡單，便送去羊肉和胡蘿蔔，讓大家改善生活。但工地上的鍋有限，無法一次燉那麼多。一位幹部無意間看見社員們腰間都掛著一個喝水的搪瓷缸子，靈機一動，讓炊事員按照社員人數，把羊肉和胡蘿蔔切好，每人分了一份。大家用搪瓷缸子煮羊肉，人人有份，皆大歡喜。那天用搪瓷缸子煮羊肉的方法，被人們叫作「缸子肉」，並很快在新疆傳開。

缸子肉被創造出來以後，很快成為南疆家庭的早餐之一。它其實是清燉羊肉的縮小版，一家三四口人，每人一份，一份一個搪瓷缸子，一天便從這獨特的早餐開始了。老人牙不好，將饢掰開蘸入缸子肉湯中，軟和，易消化。後來，缸子肉進入巴扎，配上饢，成為逛巴扎的人的午餐。有一句話說得好，再好的東西，只有在巴扎上站住了腳，才算是得到了公認。缸子肉能夠廣為傳播，亦與巴扎無所不傳的功能有很大關係。

過去常見的搪瓷缸子，皆用於喝水，在二十世紀六七十年代尤甚。但將搪瓷缸子用於煮肉，卻是新疆獨有。自從有了缸子肉，新疆人便對缸子的概念做了延伸，如果見到有人手持搪瓷缸子，就會問，這個缸子是喝水的，還是吃肉的？如果說是喝水的，便給他倒水，如果說是吃肉的，便給他一塊羊肉，讓他自行動手。久而久之形成一個規律，喝水的缸子，可以做缸子肉，但做缸子肉的缸子，從不會用於喝水。問及原因，南疆人說，喝的嘛是次要的，吃的嘛是主要的。做缸子肉的缸子，其重要性便在於此。

做缸子肉，與任何一種煮肉的方式不同，一個缸子中只放一塊肉，再放幾顆葡萄乾、紅棗和枸杞，兩三塊胡蘿蔔，把缸子蓋往上一蓋，讓它慢慢去燉。做缸子肉的羊肉，往往選用肥瘦相間的，太肥太油膩，太瘦又過於清淡。只有肥瘦相間的羊肉煮熟後，才會肉嫩湯鮮，連吃帶喝，喜笑顏開。缸子肉的湯，除了喝之外，大多人都把饢掰碎，蘸著羊肉湯吃。饢被羊湯浸泡後，綿軟易嚼，味道醇正，形式完美。

吃缸子肉，必須勺子和筷子齊用，勺子用於喝湯，筷子則用於夾羊肉和胡蘿蔔。大多數人都會先喝湯，一勺一勺慢慢喝，比喝大碗羊湯更為愜意。喀什有一家缸子肉店，人們吃完一份缸子肉後，可以加湯繼續喝，亦可繼續把饢蘸著羊湯吃。那家店因為多了加湯步驟，生意出奇的好。有人問店主的經營祕訣，店主說，肉嘛給不了，湯能給了，因為湯是雪山給的雪水，人人都能用嘛。

有人喜歡先吃胡蘿蔔，有人則喜歡先吃那塊羊肉。有一年輕人第一次吃缸子肉，只吃那塊羊肉，而不吃胡蘿蔔。開缸子肉店的老人嘖嘖搖頭說，年輕人不懂吃嘛，光吃羊肉不吃胡蘿蔔，把油膩都留在了肚子裡。老人的意思是，胡蘿蔔不但有助消化，而且還降血脂，做缸子肉把羊肉和胡蘿蔔搭配在一起，原因便在於此。

前幾天，路過一家小飯館，很意外地碰到了缸子肉，便點了一個。自從離開南疆，十餘年沒有碰到缸子肉了。碰不到便是吃不到，這一道吃食與我之間，有了十餘年的空白。但是，等服務員端上來才發現，缸子中的肉已被倒入碗中，配的饢，也被他們切成了方塊，頓時便沒有了興趣。

我第一次吃缸子肉，留下難忘的記憶。當時，因為不知道湯太燙，加之受餐館中濃烈的香味誘惑，端起缸子便先喝了一口，結果被燙得嘴皮一陣灼痛。我頗為窘迫地放下缸子，老老實實等湯涼了後才開始喝。

後來進來兩位老人，各自要了一個缸子肉，也像我一樣端起就喝，我想提醒他們小心燙嘴，但沒來得及開口，他們卻一口接一口地喝開了，從容愜意，並不見像我一樣的狼狽。我在一旁暗自吃驚，同樣的缸子肉，我喝燙嘴，他們卻一點事也沒有。

就那樣第一次吃了缸子肉，其中的羊肉和湯給我留下了深刻印象。只見那塊肉燉得爛熟，一口咬下去，散發出酥鬆的肉感。那湯就更好了，不僅有羊肉的鮮美，而且還有黃蘿蔔、恰瑪古（俗稱大頭菜）和香菜的濃郁，讓人僅僅從一口湯中就品出了多種味道。

缸子肉至今使用的仍是五六十年代留下的搪瓷缸子，上有雷鋒、草原英雄小姐妹和黃繼光用胸膛堵機槍、董存瑞捨身炸碉堡之類的圖案。

搪瓷缸子在八十年代已退出人們的生活，但新疆的缸子肉卻流傳至今，並廣泛地出現在巴扎當中。一般來說，巴扎裡的缸子肉，用的都是大號搪瓷缸子。擺攤者用缸子盛上清水，然後放進羊肉、番茄、恰瑪古、黃蘿蔔、皮芽子、孜然、香菜、黃豆、鹽等，一大早就放在爐子上熬燉，等人們從四鄉八鄉到達巴扎，缸子肉已煮酥燉爛，散發出濃烈的香味。

也有人喜歡把羊肉從缸子中夾到小盤裡，而缸子中的湯則專用於泡饢。近年來，新疆人發現鷹嘴豆好，缸子肉中也跟著出現了鷹嘴豆。

賣缸子肉的小攤常常會出現蔚為壯觀的景象——數十個缸子或擠成一堆，或排成一長溜，冒出的熱氣把攤主遮蔽得若隱若現。至於缸子肉散出的香味，則遠遠地就能把人的腳步吸引過去。攤主招攬生意的方法也很特別：來嘛，缸子肉吃一下嘛！我的缸子肉好得很嘛！你的眼睛已經享福了，你的鼻子也享福了，就剩下嘴了，你還狠心讓它當一回可憐的嘴嗎？

除了被招攬來的食客外，大部分人是逛巴扎逛餓了後，自行到小攤前要一個缸子肉和一個饢，慢慢掰，慢慢泡，慢慢吃。在巴扎上吃缸子肉者多為老人、婦女和兒童，壯年人或小夥子則往拌麵或抓飯的攤位上跑。他們的飯量大，一份缸子肉無法讓他們吃飽。

坐在那兒吃缸子肉的人，不論是來巴扎上賺錢的，還是閒來無事散心的，從他們吃缸子肉的神情便可知道，他們在這一刻最為愜意。

幾年後，我又去第一次吃缸子肉的那家餐館，點了一個缸子肉，因為怕嘴巴挨燙，等到湯涼後才吃。後來又點了一個小窩窩饢，掰碎放進湯中泡軟，吃得乾乾淨淨。吃完離開那個餐館，在路上一直想不明白，以前是同樣的缸子肉，我的嘴被燙了，為何那兩位老人卻安然無恙？

這些年，一直想知道答案。

過油肉

過油肉，用的是牛肉，配以辣椒、皮芽子、木耳等爆炒而成。

過油肉是山西的傳統菜肴，號稱「三晉一味」，其起源有多種說法，各地的做法也不一。山西過油肉的色澤金黃鮮豔，味道酸辣鹹鮮，質感外軟裡嫩，汁芡適量透明，看上去不薄不厚，具有濃厚的山西地方特色。其中較為著名的有大同、太原、陽泉、晉城等地的過油肉，例如晉城的白米過油肉，其特色是多湯水，搭配剛出鍋的白米飯一起吃，堪稱一絕。

新疆的過油肉，以奇台縣的最為出名，且因為是在新疆，肉用的是牛肉。如果用別的肉做過油肉，一定不正宗，新疆人一眼就能認出來，絕不吃一口。

新疆過油肉的來歷，有多種說法。

有人說，以前奇台有一位獵人，捕到一隻大獵物後犯愁了，因為那獵物的肉他一時吃不完，如果存放必然會腐壞。好不容易捕到一隻大獵物，怎麼能眼睜睜地看著它腐壞呢？他想了一個辦法，便將那獵物的肉切成薄片用油炒熟，然後裝入木罐中藏於樹洞中。樹洞裡溫度低，被炒熟的獸肉禁得起長時間貯存。那獵人過些時日取出一些，放入蔥薑蒜和辣椒，爆炒一番，吃起來味道不錯。那人將那隻獵物的肉吃了整整一個冬天，期間還送給了同村人一些。他的那種吃法遂被傳開，人們依照他的方法去做牛肉，因其肉香味醇，一時成為人們喜愛的菜品。這就是過油肉的雛形，但與過油肉來自山西一說沒有關係，不知是否是那位獵人的親身經歷。如果是，倒也符合新疆特點，因為民國時期的新疆，多有專以打獵為生的人，他們根據現有條件創造了不少美食，譬如將呱呱雞包入泥巴中，放入炭灰中燜熟。或者將魚在河邊開腸破肚洗淨後，生火烤熟食之，都不失為味鮮肉美的吃法。

另有一說，以前的奇台被稱為「旱碼頭」，當地民謠曰：「金奇台，銀綏來，走來走去又回來。」綏來指今天的瑪納斯，當時盛產白米。另有一說：「要想掙銀子，走趟奇台古城子，滿地都是刀把子。」這裡說的「刀把子」，是指奇台的饅頭。奇台又以駱駝客多而出名，他們多從奇台上路去口內馱運貨物，一年四季走南闖北，必然會帶回他鄉食物，過油肉便是駱駝客從山西帶回的一道菜。

還有一說，奇台多出小麥，麥麵做得最多的是拌麵，過油肉遂成為拌麵的拌菜。過油肉中的牛肉外軟裡嫩，加上青辣椒、番茄和皮芽子等配菜，牛肉瓷實，油大味濃，很符合新疆人的性格，遂成為拌麵的固定配菜。奇台因為一道吃食而揚名，但過油肉的傳播得益於開貨車的司機，他們到奇台拉運糧食，被當地人用「一份過油肉兩份麵」（其中一份是加麵）招待後，將過油肉傳遍南北疆，甚至傳到了甘肅和陝西等地。

在拌麵中，過油肉拌麵的是最貴的，其價格要比別的拌麵貴三五塊錢，但吃的人仍然很多。在新疆人的感覺中，吃過油肉拌麵最管飽。尤其在奇台，如果不吃過油肉拌麵，就等於沒有吃拌麵。因此，配拌麵成為過油肉的第一大選擇。

奇台距烏魯木齊有半天路程。我這些年去奇台，早上出發中午到達，午飯必然是一盤過油肉拌麵。有一次車子在路上出了故障，趕到奇台時過了飯點，進入一家拌麵館，被告知麵已經賣完，大家便發出失望的嘆息。老闆知道我們專門來吃過油肉拌麵，便與另一拌麵館商議，由那家負責做拉條子，他則專做過油肉，不一會兒便把過油肉拌麵端上了桌。我們吃完向老闆道謝，他說奇台過油肉的牌子不能倒，你們在奇台吃不上過油肉拌麵，是奇台的遺憾。

也就是在吃過油肉拌麵時，得知奇台人做過油肉時多用牛肉，也有用羊肉者，但不是主流。牛肉軟硬適度，吃在嘴裡口感好，最主要的是其湯汁獨特，可將麵拌出香脆滑嫩的味道，這也是過油肉拌麵最受歡迎的原因。

過油肉的第二種吃法是當菜吃，配以饅頭和花卷等，這其實才是一種古老的吃法。古人吃饅頭，往往配一盤菜、一碗湯，就是好日子。僅從這件事便可看出，奇台傳統深厚。前些年，奇台縣曾想把過油肉打造成品牌，但因為它已成為拌麵的最佳配菜，最後只能不了了之。

在奇台見過一次做過油肉。朋友將牛肉切成薄片，用醬油、澱粉、花椒粉和味精等拌勻，醃製半小時後，用高溫油將肉片炸成金黃色，撈入漏勺中放一邊，再放底油，將蔥絲、薑末和青椒絲爆炒一下，將肉片入鍋一起翻炒兩三分鐘後起鍋，一盤誘人的過油肉就擺在了面前。

我回家試做了一次，卻不成功。首先是肉切不薄，用武火油炸過後不好看也不好吃。後來我想了一個辦法，把肉塊放在冰箱中凍硬一小時，切出了稱心如意的肉片。但很快又遇到了麻煩，因為油溫太低，肉片連在一起脫形，糊在了一起，出鍋後一嚐，不但硬，而且外焦內生不好吃。我與奇台的那位老闆有聯繫，一個電話打過去，他告訴我，不要怕油會燒壞，油溫一定要高。我把油燒得很熱，然後把肉片放進去，炸出的肉片平整舒展，光滑俐落，不乾不硬，色澤金黃。掌握了切肉片和油溫要領，我便會做過油肉了。

去年參加奇台美食節比賽，見參賽名單上有那位老闆的名字，但場內卻不見他。比賽開始後他才匆匆趕來，但因為時間原因他已不能參賽。我看見他面露遺憾之色，一問才知道，他臨出門時遇到一位客人，說他飯館中的過油肉不好吃。他一看，果然有問題，便批評了大師傅，並親自做了一盤過油肉，等客人認可後才出了門。我問他是否覺得遺憾，他說不遺憾，沒有參加比賽，丟的是名次，如果沒有給客人做好過油肉，丟的是尊嚴。他說的是得失，但我覺得有光芒在隱現，如果抓不住，便一閃即逝。

人不同，做事便也不同。我有一年冬天在烏魯木齊，去一家飯館吃過油肉拌麵，久久不見上飯，便催了服務員一句。那服務員眼睛一瞪，問我點的什麼餐，我以為他不知我已點過餐，便說我點的是過油肉拌麵。不料他卻等著挖苦我，嘴一撇說，你就點了個十塊錢的過油肉拌麵嘛，還以為你點了什麼了不得的大餐。我氣得要發作，無奈那賊眉鼠眼的服務員，身影一閃已不見了。

等過油肉拌麵上來，吃了一口，拌菜發酸，有異味，讓人疑惑是剩菜。那拉條子粗細不勻，硬得難以下嚥。我放下筷子，掏出十塊錢扔在桌子上，起身離去。

爆炒黑白肺

有一陣子在夜市上吃東西，看見有格瓦斯，便要點一紮。夏天去夜市吃東西，有一個好處是被涼風吹著，吃起來會舒服很多。而能讓人儘快涼快下來的另一個辦法，就是喝格瓦斯，其冰爽沁涼的口感直抵五臟，會讓人馬上從燥熱中平靜下來。

我不喜歡喝啤酒，但卻喜歡喝格瓦斯，往往一紮不夠，喝完後又點一紮，與朋友各分一半，不多不少喝得剛好。

當然去夜市上不能只喝格瓦斯，還得吃東西。十餘年前，偶爾吃了一次爆炒黑白肺後，便覺得格瓦斯配爆炒黑白肺，絕對是最佳。格瓦斯涼甜，爆炒黑白肺脆爽，二者帶來的口感一柔一烈，是盛夏最美的享受。

說起爆炒黑白肺，很多人都會誤認為，黑白肺是羊的一黑一白兩種肺，其實不然，羊沒有白色肺，所謂黑白肺中的白肺，其實是麵肺子，也就是人工做出的一種麵食。新疆盛產牛羊，牛羊肉風味小吃繁多，以羊的內臟做原料，亦能烹製出鮮香異常的美味，米腸子與麵肺子便是其中的代表。麵肺子的製作方法很簡單，選一個完好無損的羊肺洗淨，然後將洗得接近麵筋的麵團放入進去，入沸水煮熟，再從羊肺中取出的即是麵肺子。人們做爆炒黑白肺時，選羊肺和白肺子各一半，用大火燒熟即可入盤上桌。做爆炒黑白肺必須用大火和熱油，否則出鍋後不脆不酥，食之不過癮。

後來聽說，最好的爆炒黑白肺在昌吉，是昌吉民間日常的一道主打菜，便想有機會去昌吉嚐嚐。說到昌吉，首先想到的是那裡的美食，如果想到某一種菜品的味道和顏色，味蕾便會忍不住湧出一股饞涎。昌吉的美食以回族風格為主，其特點是鮮美、乾淨、素雅和豐富，但凡在昌吉吃過飯菜的人，如果找不到總結的詞語，就會說，昌吉的美食說起來就一句話：吃得舒服。舒服是廣泛詞，雖然含糊，卻是一種表達方式。

一次在昌吉與朋友們說到爆炒黑白肺，他告訴我，爆炒黑白肺雖然是一盤簡單的菜，但前期工作卻很費時，僅僅清洗羊肺便不能馬虎。如果去不淨附著在氣管上的雜物，便會留下異味，食客聞到會敗了胃口。所以要用清水將羊肺沖洗無數遍，直至洗淨方可。而檢驗是否洗淨的方法，則是羊肺子煮熟後是否能變成黑色，變不成黑色便一定是沒有洗到位，而變黑者則一定是洗乾淨了，即所謂的「黑肺子」。

做黑肺子也需要下功夫，功夫用到了自然能夠成功。但白肺子卻不易得，其製作過程需要技巧，才能突出其「白」的效果。所以說，白肺子是出自人的雙手，具體做法亦是把羊肺洗乾淨，才能往裡面灌麵，如果煮熟後發黃或有異色，那一定是沒有把羊肺洗乾淨的緣故。那樣的東西不但不能稱為「白肺子」，而且萬萬不能下鍋爆炒。

一次在一位朋友家中，他要親自給我爆炒一盤黑白肺。我對做飯感興趣，碰上機會便要全程「圍觀」。有些飯菜的做法看過一次就學會了，想吃時自己親手實作，倒也方便。那天，朋友先準備了熟羊肺、白肺子、皮芽子、乾紅辣椒、青紅辣椒、花椒粒、薑、白酒、雞精、大蒜、胡椒粉，在菜板上堆了一堆，讓我覺得他做出的爆炒黑白肺，一定味道猛烈。接下來，他將皮芽子切成段，將青紅辣椒切成塊，而乾紅辣椒則用涼水浸泡後切成段，又把薑切成絲，大蒜切成末，黑白羊肺切成片，前期工序便宣告結束。然後開火，把鍋裡的油燒熱，加花椒粒、皮芽子、薑絲和乾紅辣椒進去翻炒爆香，加黑肺片和白肺子翻炒幾分鐘後加鹽，加青紅辣椒塊進去，加大蒜末和胡椒粉翻炒均勻，加雞精翻炒兩下，用鍋鏟子鏟一塊黑肺片嚐了一下味道，便出鍋了。

他把那盤爆炒黑白肺端上桌後，強調說，昌吉的爆炒黑白肺並非只是由黑肺子和白肺子組成，必須要有四種顏色——黑、白、紅、綠。黑白不用說了，自然是指黑白肺，而紅綠指的是應季的紅辣椒和綠辣椒，只有這四種東西配在一起，炒出的肺片才四色相映，色澤亮麗。朋友在裡面放了孜然、胡椒粉和蔥，第一筷子入口，覺出略帶麻味，但脆滑爽口，味道香辣，吃出了不同的味道。

那次喝了一種叫「小白楊」的白酒，朋友一邊開酒瓶蓋，一邊說這個酒度數低，配上爆炒黑白肺喝，好得很！我先前喝過「小白楊」，記得是出在石河子的酒，很普通的瓶裝，一瓶也就十多塊錢，但其綿柔的口感很好，同時還有糧食酒固有的醇香。朋友說，北疆人這幾年都喝「小白楊」，如果再持續幾年，恐怕會像「二鍋頭」一樣傳出名氣。

那天我們邊吃邊喝，不得不承認，吃爆炒黑白肺，配上「小白楊」是舒服至極的事情。爆炒黑白肺其實是略辣的，尤其是黑肺子經爆炒後，有一點類似於乾煸，吃起來酥脆乾辣，但一杯綿柔的「小白楊」下肚，似乎又調和了感覺，讓人覺得後者消解了前者，吃再多喝再多，都沒有撐脹和醉意。

第一次吃爆炒黑白肺的人，會猶豫是先吃黑肺，還是先吃白肺。以我吃爆炒黑白肺多年的經驗，建議第一次吃的人，不要先吃白肺，因為白肺太軟糯，加之浸入的油質太多，吃一口會有油膩之感，恐怕會很難再吃第二口，甚至會畏怯黑肺，不會再把筷子伸出去。最好的方式是先吃黑肺，其脆爽的咀嚼感，加之辣味的烘托，會讓口感更舒服一些。吃了黑肺後再吃白肺，一硬一軟，一乾一糯，其形式更換，本身就是一種享受。

後來在烏魯木齊的「回府君悅」飯店又吃了一次爆炒黑白肺，與眾不同的是在表面配了不少切成片的生蒜。我嚐了一片，覺出蒜因為錫足了時間，辣味剛好適度。做這道菜的廚師一定做了詳細研究，在一片羊肺中夾一片蒜，混合吃下，有一股脆辣的味道，著實是難得的享受。吃完一問，得知做這道菜的大師傅是昌吉人，便心中欣喜。食物也需要發展，但發展卻極其艱難，若不能把原食物性能吃透，又怎能向前推進一兩步？

後來獲知，爆炒黑白肺的歷史其實不長，僅三四十年而已。據悉，如今「沈派西域老回民飯莊」的老闆，當年只是在昌吉夜市上擺攤的小販。一天，他突發奇想，將黑白肺放在一起爆炒，出鍋後色香味俱全，引得眾食客青睞，遂將爆炒黑白肺的名氣揚了出去。後來許多客人慕名而來，皆為吃一盤他的爆炒黑白肺。再後來，爆炒黑白肺的名氣越來越大，客流量劇增，遂發展成現如今人盡皆知的「沈派西域老回民飯莊」，亦在全疆有多家連鎖店，而爆炒黑白肺一直是他家雷打不動的主打菜。

行文至此，想起有些日子沒有吃爆炒黑白肺了，得了空閒，去昌吉的「沈派西域老回民飯莊」吃一次吧。

黃麵

下班路過科技園路的黃麵館，見老闆在門外打出了「三號涼麵」的招牌。記得他在冬天對外打的是拌麵招牌。也難怪，大雪紛飛的寒冬，沒有人吃涼麵。而天熱了改成主營涼麵，自然好賣。真是會做生意的老闆。

黃麵通常被稱為新疆涼麵，是經手工拉出涼拌著吃的麵，因顏色油亮金黃而得名，是夏令風味小吃。吃黃麵須在酷熱天氣，其涼爽自口舌浸入體內，味道傳遍全身，一下子就涼快了。黃麵的涼，一是來自麵被冷置過，二是麵上抹有清油，吃起來滑溜。吃到最後，再一口氣把碗裡的湯汁喝掉。那湯汁同樣也是涼的，頓時覺得整個人清爽、通透。黃麵雖然好吃，但不能天天吃，否則會導致體寒，體質不好的人會全身發冷。試想在大熱天，你渾身又冷又熱，那滋味能好受嗎？

科技園路的這家黃麵館，我在去年夏天去過兩次，一次因為天氣熱到四十一度，只吃了碗裝的小份，但吃出了麵中的蓬灰味道，同時對澆在麵中的芝麻醬印象深刻。另一次去亦是大熱天，發現老板推出了盤子裝的黃麵，在上面覆蓋了一層烤肉，美其名曰「黃麵烤肉」。此烤肉與常見的烤羊肉串並非一物，而是先切成小塊，在熱油中爆炒而成，因為加了孜然、花椒和辣椒面，其顏色較之於烤羊肉串要更加鮮嫩一些，食之沒有烤羊肉串那樣酥脆，可明顯品出爆炒的香味。因為是配黃麵吃的，所以此類烤肉都只為指甲蓋般大小。這小小的改良，使這頓飯變得有素有葷，有涼有熱，實在是愜意。

一份黃麵好不好吃，取決於和麵時使用的蓬灰是否適量。蓬灰來自戈壁上的臭蓬蒿，此物名字中雖然有一個「臭」字，但卻一點也不臭，反而是做黃麵的必備品。臭蓬蒿在秋季已經長成，其葉鮮嫩，其枝纖長，人們將其收集起來，去葉片後將枝條放進火坑，蓬蒿會被燒得流出汁液，那汁液正是人們所需。他們將汁液接入盆中，待冷卻凝結成塊便是蓬灰。在新疆，人們做麵食時把鹽、堿和蓬灰一併放入水中，攪勻溶化後用於和麵。此方法多年不變，做出的麵亦一直保持勁道柔滑的特點。

黃麵也是拉出的細條，但比拉條子細，粗細程度與常見的牛肉麵差不多。做黃麵不難，但澆黃麵的鹵汁卻頗為講究，首先要把西葫蘆、雞蛋花和菠菜等煮熟，加濕澱粉勾芡成澆鹵汁，再把芹菜段入油鍋炸熟，備好油潑辣子、蒜泥和芝麻醬等，等到黃麵煮熟出鍋後過兩遍涼開水，淋少許燒熟的清油拌開，將鹵汁、醋、蒜泥、油潑辣子、芝麻醬、芹菜段等一併入麵，攪拌開後就可以吃了。有的人為了讓黃麵好看，會在上面放一把黃瓜絲，起到綠黃搭配的效果。其實爽脆的黃瓜絲，拌以黃麵同吃，亦是相得益彰。

黃麵因為汁濃、麵細，吃起來軟而筋道，酸中帶有香辣，所以受到口味雜的新疆人的喜歡。我曾聽說烏魯木齊出過一位叫馬文義的「黃麵大王」，他祖輩以製作涼麵為生，積累有不少豐富的經驗。據吃過馬師傅涼麵的老人講，他拉的麵均勻，細而不斷，下鍋後注意火候，吃起來軟硬適度，有嚼頭，實在是一種享受。烏魯木齊喜歡吃黃麵的老人，都記得馬文義的黃麵。一次聽一位老人講，烏魯木齊河乾了以後，就沒有好水了，從此馬文義的黃麵也就沒有以前那麼好吃了。烏魯木齊市內是沒有河的，那老人說的烏魯木齊河，指的是現在的河灘路。那曾經是一條河，後來河水乾枯，只留下一個河道，被改建成了一條河灘快速公路。有一年初春，我乘車經過河灘路，突然看見桃花已經開了，而當時別處的桃花只冒出了小花蕾。我想，看來曾經流淌過河水的地方，對植物的養育仍不乏力。烏魯木齊這座城市很缺水，前些年還有一條和平渠，在夏天流淌著從雪山上流下的雪水，如今也已乾涸了好幾年。馬文義的黃麵在當年用的正是這樣的雪水，後來河灘中的水一乾，他的黃麵便喪失了最初的味道。

我後來在《烏魯木齊掌故》中看到過記錄馬文義的文字，他們家的黃麵飯館在一九五六年參加公私合營，併入了烏魯木齊市飲食公司。他本人成為清真合作食堂的掌勺，在烏魯木齊享有盛譽數十年。

我之所以懷念馬師傅，是因為我有一次在人民電影院的夜市吃黃麵時，朋友指著一位賣黃麵者說，他就是涼麵大王馬文義的孫子。我特地要了一份他的黃麵，果然獨具特色，尤其是盤子裡油亮的黃麵，猶如盛開的金菊，讓人覺得賞心悅目。朋友向他詢問涼麵大王的往事，他卻一臉不悅地說，你們吃飯就吃你們的飯，打聽那麼多無關的事情幹什麼？我們便不好再問。後來從別處知道，涼麵大王的後人皆在食品公司工作，不料某一日都接到下崗通知。他們無奈之下重操祖上傳下的手藝，到夜市上賣黃麵，用他們的話說，是吃不飽也餓不死的光景，勉強維持生計而已。

十餘年前，我有一戰友在紅山路開了一家專賣黃麵的小飯館。他妻子是昌吉人，做出的黃麵細如遊絲，柔韌耐嚼，輔以蒜、醋、辣椒調味，深受食客們歡迎。旁邊的一個烤肉攤主看見他的生意好，便湊近他的店賣烤羊腰子、烤板筋、烤羊肉串等，吃的人很快就多了起來。一個大熱天我去吃黃麵，聽見有人勸那位戰友也應該擺上烤肉攤，那樣的話就不會讓別人賺走本該他賺的錢，但他一笑，並沒有說什麼。

不久便聽說他因為患癌症去四處求醫，一年後傳來消息說他已離開人世。之後我每每經過那個小飯館，看見仍有人在賣黃麵，但不知道是何人。我心中痛惜戰友英年早逝，便打消了進去吃一碗的念頭。

我有另一戰友受一朋友委託照顧他在部隊的孩子，戰友找到那孩子所在的部隊，叫他出來瞭解情況，然後問他想吃什麼好吃的，戰友請他便是。但是，這孩子想吃的，不過是一碗黃麵烤肉。他說，去年夏天吃過一次後，一直盼望能再吃一頓。戰友覺得黃麵烤肉太過於簡單，便帶他去青年路的一家飯館吃了一頓湘菜。

分開時，他告訴我那戰友，他第二天將去山上執行一項任務。戰友強調回來後再請他一次，以彌補這次吃得匆忙的遺憾。他笑著說，要請的話還是吃黃麵烤肉為好，因為他太喜歡吃，不吃一次終生遺憾。令人悲痛的是，他和另幾位戰士上山後，在一山谷中駐紮。半夜，雪山上融化的雪水流下來變成洪水，把他們全部沖走淹死了。我那戰友每每提及此事，總是悔恨讓那孩子少吃了一頓黃麵烤肉。

唉，想寫黃麵，卻不覺間引起莫名的傷感。沒想到，我關於黃麵的記憶中，竟然有如此之多的艱難和生死。

馓子

路過單位以前的那棟樓，覺得親切，便停下多看了幾眼。這一看，發現有一位老大娘在擺攤，賣的是馓子，這才想起，古爾邦節快到了，她多做了些馓子，便拿出來賣。

我想看看馓子的成色，走近才認出，擺攤者以前在這裡賣過菜。那時候不論是大雪飄飛的冬天，還是烈日灼烤的夏天，她都在樓道出口的拐角處擺一個小菜攤，神情安然地等待買菜的人來光顧。我被她周圍幽暗的光線，逼仄的處所，以及忙碌喧鬧聲中的堅守感動，便買過幾次她的菜。後來很久沒有再看見她，以為她不再擺攤了，不料今天又碰到。這一次，她賣的是饊子、油香和饢等，都是能長時間存放的食物。

我仔細觀察她的饊子，油炸得顏色純正，逼仄質柔韌有度，饊條也粗細一致，讓人很想掰一根嚐嚐。我站在一旁看了一會兒，發現路過的人都會注意到她的饊子。有一個人看了幾眼，便選中其中一疊裝入塑膠袋，過秤後付了錢，一甩一甩地提走了。我不知道他為什麼會那麼甩塑膠袋，如果塑膠袋被甩出去，裡面的饊子撒於一地該多麼可惜，又多麼讓他尷尬。但我的擔心對人家沒用，他就那樣甩著塑膠袋走了。我發現擺攤的老大娘也注意到了那人，她盯著他的背影看了一會兒，笑了笑又低下頭去。我突然就釋然了，人活得自在不自在，就看是否能在日常細節中隨意、坦然和灑脫，那人提著饊子一甩一甩地走路，一定是內心輕鬆，腳步便也灑脫。

有一個小姑娘在攤位旁停留了很長時間。她想吃，但沒有大人給她買，便只能眼巴巴地看著饊子咽口水。老大娘發現了小姑娘的反應，拿起一疊饊子遞過去，笑著讓她吃。小姑娘吃著饊子笑了，老大娘臉上也有了笑容。

饊子是古老的食品，在春秋戰國時有「寒具」為一名，是禁火時的食品。當時，為紀念春秋時期晉國名臣義士介子推，在清明節前禁火三天，稱為寒食節。人們在禁火前炸好一些環狀麵食，作為禁火期的速食，寒具一名便由此而來。關於寒具，還出現過一件有意思的事，屈原在《楚辭．招魂》中寫下的「粔籹蜜餌，有餦餭兮」，好像是在說寒具，但卻沒有依據。宋代詞人和美食家林洪，因為喜歡寒具，考證屈原的說法後得出結論：「粔籹乃蜜麵而少潤者」「餦饃乃寒具食，無可疑也」，斷定屈原指的就是寒具。

文人墨客對寒具情有獨鍾，蘇東坡專門為此寫了一首《寒具》：「纖手搓成玉數尋，碧油煎出嫩黃深。夜來春睡無輕重，壓褊佳人纏臂金。」按理說，李時珍應該看重食物的食療作用才對，但是他好像對寒具喜愛有加，所以在《本草綱目．穀部》中說：「寒具即食饊也，以糯粉和麵，入少鹽，牽索紐撚成環釧形……入口即碎脆如淩雪。」李時珍確實是動了感情，所以他的這幾句話，活脫脫是美食介紹。

饊子在西漢時也留下過佳話。當時有一位叫孫寶的人任職京兆尹，有個賣油炸饊子的人不慎與一村民相撞，饊子被撞碎後散於一地。村民認賠五十個饊子，賣饊子的人卻堅持要三百個。因為饊子碎了，無法證明究竟有多少，孫寶就命人另外買一個饊子來稱出分量，再將破碎的饊子聚集在一起，仔細折算重量後進行賠付，賣饊子的人非常服氣。孫寶作為京都大員，能夠親自決斷一個關於饊子的糾紛，而且極為認真，可見當時的親民之風甚濃。

如今，禁火寒食的風俗已不存在，但與這個節日有關的饊子，卻深受世人的喜愛。現在的饊子有南北差異，北方饊子大方灑脫，以麥麵為主料。南方饊子精巧細緻，多以米麵為主料。在少數民族地區，饊子的品種繁多，風味各異，尤以維吾爾族、東鄉族、納西族以及寧夏回族的饊子最為有名。

饊子以白麵為原料，和麵時加進雞蛋和清油，揉好後擀成麵餅狀，然後切成條，再搓成長條，一根根扭結成環釧形狀的細條，放進油鍋中煎炸而成。

做饊子的功夫在於搓細條的長度。本領高超和技術嫻熟者，搓出的細條繞圈疊加起來，一層層呈塔狀，被稱為盤饊。也有專門搓成短條並緊擰在一起的饊子，因為可隨拿隨吃，有一個更直接的名字——酥饊。

我老家天水有一個張家川回族自治縣，應該是有饊子的，但我那時候太小，沒有接觸的機會，即使接觸了也不會留下深刻記憶。我真正接觸饊子時，已到了新疆葉城。一位老兵帶我去一戶回族人家做客，一進門便看見女主人雙手纏滿了盤條，一邊拉一邊用左右手交替，不一會兒便將盤條拉得又細又長，已是原來的兩三倍。她用大拇指按住盤條頭，繞了七八圈後放入了油鍋。鍋中的油溫很高，盤條一入鍋便翻滾起來，她用筷子將盤條疊成扇狀、梳型、花朵型和帚型，不一會兒，饊子便在鍋中成型了，但她仍用筷子在油鍋內翻動，慢慢地，饊子便色澤均勻一致，變成了金黃色。她一笑，把饊子夾出了鍋。

我吃饊子留下的最深記憶，是在疏勒縣的一戶人家。當時，南疆軍區在一個村莊搞援建，分配的任務是栽樹。機關的二百多名幹部一上午就栽完了全村的樹。老鄉們把我們迎接到家裡，端上了事先備好的饊子，並泡上茯茶，把白糖也放在了一邊。我從白糖的包裝紙上發現，那是石河子產的方塊白糖，在當時深受新疆人喜歡。

主人掰開饊子，一一遞到我們手中，大家一邊吃一邊喝茶。在閒聊中知道，他們做饊子之前，會先把紅糖、蜂蜜、花椒和紅蔥皮等放在一起熬湯，然後用於和麵，那樣做出的饊子才勁道，拉多長多細都不會斷。

後來我們又聊到村裡的一些有意思的事情。男主人說，幾年前，部隊也來村裡種過樹，但只活了一棵，現在都長得好高了。怎麼就只活了一棵呢？這件事好奇怪，我們吃完饊子後便去看樹。走到那樹跟前發現，它長得真是不易，與它一起栽下的樹都被大風刮倒，然後乾枯死去，唯獨它把根紮進土中，活了下來。

有人說它是一棵堅強的樹，不料一位老人卻說，不是它堅強，而是因為它的運氣好，栽下它的地方以前是一口井，現在雖然被填平了，但下面一定有水，不然這棵樹也活不了。有人問他為什麼記得這麼清楚，他說，吃了這麼多年的饊子，還記不住幾件事嗎？

後來，我在伽師縣吃了一頓饊子煨牛肉。當時伽師地震，我們參與了搶險救災。到了中午，老鄉們搬來鍋，把牛肉下鍋爆炒，然後放進番茄和馬鈴薯煸香，再加入鹽和水，用大火煮沸。過了四五十分鐘後，牛肉熟了，老鄉們把饊子放進牛肉湯，煮少許時間後撒上菜葉，盛入每個人的碗中。大家一嚐，饊子煨牛肉，味濃醇香，風味獨特。

吃過那一次後，我便向很多人推薦饊子煨牛肉，希望這種鮮為人知的做法能夠得到普及，但大多數人都不相信饊子會放進湯中煮，而且還能和牛肉弄到一起。也難怪，饊子一直是取之即吃的食物，人們已習慣從盤子裡掰下直接往嘴裡送，至於別的吃法，已懶得去琢磨。

如此感慨一番，便又想起那棵唯一活下來的樹，以及它根底下的隱祕之水。有很多我們不知道的事情，就像獨自存活下來的樹，它生根發芽或者開花，在隱祕中完成生命，或者在隱祕中走向消亡。我想起在南疆聽到的一句諺語：丟失的刀子最鋒利。

油塔子

顧名思義，油塔子形狀似塔，是新疆麵食中最為美觀的一種。

初看，油塔子像花卷。細看，才發現是由薄如紙的一層層麵片疊加而成的。這樣的形狀，不是花卷的做法，花卷沒有這麼多層次，亦沒有這麼薄。整體看上去，油塔子既形似塔，又像是朵朵欲放的花蕾。

油塔子一般都不大，也就拳頭的一半。因為放了菜籽油和花椒粉，表面呈黃色，間或有外露的花椒粉粒，看著很是饞人。沿層撕開吃一口，可嚐出油多而不膩，香軟而不沾。如此方便食用的食物，老少皆宜，廣受歡迎。

油塔子的由來，不但悠久，而且很有意

思。一百多年前，有一人做蒸油香。當時正逢冬宰，家家都有多餘的牛羊肉，他便嘗試把剩餘的麵擀薄，加入羊油準備蒸熟。但轉念一想，只放羊油恐怕吃起來太膩，於是便又放入清油、精鹽和花椒粉等，再疊壓在一起，入籠蒸出，一嚐，非常好吃。那人無意間創出的這一做法，被很多人效仿，「油塔子」一名很快叫開，成為人人喜歡的麵食。

新疆人喜歡吃油塔子，除了將羊油、清油和進白麵的固定做法外，還可以將黃蘿蔔切成細絲摻入麵中，做成黃蘿蔔油塔子。黃蘿蔔油塔子的特點是甜而香，比一般的油塔子多了一重味道。有一次，在塔里木河邊吃油塔子，其中有一盤是黃蘿蔔油塔子，結果別的油塔子都剩下了，唯獨那盤黃蘿蔔油塔子被一掃而光。

油塔子多作為早點，但不單吃，一定要配上湯類的東西，邊吃邊喝才過癮。在昌吉、奎屯、烏蘇、石河子一帶，人們的早餐多為油塔子配粉湯或奶茶。油塔子配粉湯，是新疆人的固定吃法。油塔子雖略油膩，但因有椒麻味的調味料，加上粉湯的沖和，搭配著吃起來也是一種享受。在牧區，人們吃油塔子時多配奶茶，一壺剛燒出的熱奶茶，散著酥油和茯茶（黑磚茶）的獨特清香，再配以油塔子的酥麻和醇香，一下子就讓人醒過了神，待吃畢喝畢，便精精神神地去放牧或幹活。

我吃過多次油塔子，一直留意油塔子的製作方法。後來，我在白哈巴村附近的一戶牧民家，見到了做油塔子的全過程。他們家在小山窪中獨為一戶，房前屋後圍了木柵欄，看上去既自然也美觀。有烏兒在屋後的山岡上鳴叫，女主人不回頭，樂呵呵地做著手裡的油塔子。她先用溫水、酵麵和堿水和麵，揉好後餳一會兒，再揪成一個個小麵團，把清油抹在外面，又餳一會兒，然後用擀麵杖擀薄，再慢慢抻開。抻的這個環節很重要，要把握好麵的伸縮性和韌性，抻出來才薄似透明，品質上乘。

後來才知道，做油塔子，最為講究的是抹油環節。盛夏季節，要將羊尾油和羊肚油混合在一起，因為羊肚油有利於凝固，可以防止油從麵層流出。天寒地凍時，則要在羊尾油中加一些清油，因為清油易於浸潤，可以均勻滲透進油塔子中。

油抹好了，她撒上少許精鹽和花椒粉，將麵一邊拉一邊卷，卷好後搓成細條，再切成若干小段，快速擰成塔狀，便做成一個油塔子。蒸鍋裡的水已經燒開，她把油塔子輕輕擺放進蒸籠，加木柴燒起大火，蒸十分鐘左右揭開鍋蓋，對我說，讓你等饞了的嘴動起來，吃吧。她做出的油塔子看上去飽滿浸潤，嚐之又極為糯軟醇香，我一口氣連吃兩個，才顧得上喝了一碗奶茶。

幾年前在木壘，朋友說有一戶哈薩克族人家的油塔子做得好，還可在家中招待食客，如果想吃的話打個招呼，明天早上過去吃一頓。我一聽有了興趣，一般吃早點，隨便找個地方就解決了，但如此隆重地提前預約，而且還有幾分家宴的意思，自然要去品嚐。

第二天一早便過去，剛喝了一碗奶茶，主人就端來了油塔子。第一眼看過去，油塔子的顏色潔白油亮，麵薄似紙。細看，發現其層次很多，因為剛出籠屜，還冒著熱氣。朋友說，油塔子要趁熱吃，我嚐了一個，香軟酥麻，麵質油而不膩。朋友還告訴我，也可以沿著塔形線抻開吃，我照他說的方法，用手拎起「塔尖」，「塔身」便立馬被抻成一串絲線狀。看來，油塔子在吃法上也很獨特，可吃出情趣。

大家一邊吃一邊閒聊，經主人介紹後得知，油塔子因為麵質綿軟，味道醇美，是老少皆宜的食物。人們常用油塔子待客，客人進門不久就能端上來，並對客人說，騎馬跑了那麼遠的路到我的氈房裡來，馬都餓了，人咋能不餓呢？吃幾個油塔子墊一墊，一會兒從從容容地喝酒吃肉。我們只是吃早餐，自然不喝酒吃肉。其實在新疆的酒桌上，是見不到油塔子的，這一類食物只適於早餐或家庭食用，上了酒桌反而沒有人吃。

那天吃到中間，主人又端來一盤油塔子，一嚐有甜味，便知道這就是黃蘿蔔油塔子。但木壘人卻不把此類油塔子叫黃蘿蔔油塔子，而是稱其為甜油塔子。嚐過後發現，較之於別處的黃蘿蔔油塔子，此油塔子確實要甜出很多，看來叫甜油塔子倒也沒錯。我之前只是知道黃蘿蔔油塔子一說，不知其具體做法，現在碰到了便趕緊請教，得到的答案是，做甜油塔子，要先把黃蘿蔔洗淨去皮，切成像掛麵一樣的細絲，在麵擀薄抻開後放進去，在蒸的過程中便散出了甜味。

據說，在伊犁、喀什、和田等地，油塔子的做法各不相同，看來只有等我一一品嚐過後，才會心裡有數。

刀把子

刀把子是新疆的一種饅頭，以奇台一帶為多見。「刀把子」一名先前在集體所有制時代，人們每天同勞動、同吃飯，刀把子是主要糧食，亦被叫得很響。後農村承包到戶，刀把子隨時代潮落，退出了歷史舞臺。其實，作為物質形式的刀把子還在，只不過不再叫刀把子，而是恢復了以前的名稱：饅頭，或者饃饃。做法也漸次發展，變成了如今的大蒸籠。

一個時代迅速終結，沒有留下任何痕跡，唯有作為食物的刀把子，經歷了歷史的陣痛後被保留至今。因為奇台人對刀把子有感情，便將這一稱呼保持下來，一直叫到現在。

奇台這個地方，在很多年裡都是美食薈萃的地方。人們但凡說到奇台，順口就會說出一連串好吃的東西——刀把子、大餅、菜籽油、大蒜等，但凡去了奇台的人，都要帶一些回來。

有一次，聽到一個用新疆老話說唱的節目，把奇台帶「子」的美食說得情趣生動，聽起來好不過癮：

洋芋切成片片子，
素葫蘆切成疙丁子。
解饞的肥肉夾餅子，
再來上幾盅子「燒娃子」（白酒）。
伊黎河帶來的醬筍子，
三道壩的白米有牌子。

吃飯喝茶的木碗子，
發麵、和麵的卡盆子（木盆）。
茯茶熬成熟湯子（久熬），
開水是個雨煎子（還未開）。
窩丟丟的茶盤子，
光揪揪的白瓷茶碗子。
西瓜切成牙牙子，
餅子摞成遝遝子。
褊起來胳膊碼袖子，
放歡哩喋（吃）他一肚子。
大豆娃的炒大豆是名牌子，
炸油糕的大師傅楊麻子。
騎走馬的掌櫃子，
進城下館子，不掏現錢用摺子。
麻食子（肉湯飯）、甜胚子（青稞芽製成），
滿碗刨不出個肉蛋子。
謝勞（酬謝）人的茶飯就是這樣子？
脆脆的風乾刀把子，

刀把子這個名字，有趣，好記，一聽就知道是來自民間。有一人猜測，刀把子一說，是把揉好的麵用刀切成塊狀以後，直接上籠蒸出的方形饅頭。知情者馬上糾正，不是，所謂刀把子，又大又圓又白，不見任何刀切的痕跡，亦無一絲稜角。

人們疑惑難消，又問：刀把子一說因何而來，是否有好聽的典故？關於刀把子的說法有很多，我覺得最合理的有兩個。其一，麵發好後，須用刀切成塊狀，再揉成圓形。因為要用刀切，所以每做刀把子必需備一把刀在旁邊，隨用隨取，所以叫刀把子。

其二，麵發好後，搓成長條，用刀切好，放到蒸把子（箅子）上蒸熟。因為既用了刀，又用了蒸把子，所以叫刀把子。農村吃大鍋飯的時候，經常這樣做，不用揉，省工。

先前的那人猜對了，最早做刀把子，確實要用刀，切成塊狀後不用揉圓，而是直接上籠。但那樣的做法是數十年前的，如今的刀把子不但要揉，而且要反覆揉，直至揉到麵質不暄（鬆軟），不尖（硬），蒸熟後才不發（太大），不縮（太小）。所以說，現在人吃的，與其叫刀把子，還不如叫大饅頭。

既然刀把子要那般揉，必是好麵才行。不用擔心，奇台出麥子，且麵質之好，在新疆數一數二，所以在奇台做刀把子的人，從來沒有顧慮。

奇台的好麥子，多出在一個叫江布拉克的高山大麥地。那麥地之大，確實讓人震驚。我第一次去江布拉克，剛到山腳下，便見那麥田從山腳一直延伸到了山頂。再往上看，直接湧到了天邊。江布拉克的麥子產量高，不論以前還是如今，在此種小麥的農民，每年都穩獲豐收。三年困難時期，新疆不但從未缺過糧食，而且還接濟了好幾個省。更早時，奇台是絲綢之路上的旱碼頭，商賈和駱駝客南來北往，糧食貿易是其中重要的支柱。有民謠唱出當時的奇台：走一趟古城子，吃一回刀把子。古城子是奇台從前的名字，而刀把子在當時就已是常見的食物。

江布拉克的一側是麥田，另一側則是斷崖、松濤和雲海。因山體長，山頂尖，形似一把橫臥的長刀，故得名刀條嶺。

刀把子、刀條嶺，奇台人起名字，都有一種霸氣。

刀把子的個兒大，表皮細膩，掰開吃上一兩口，便可感覺出暄軟、筋道和原始的麥香。刀把子好吃，卻不易製作。有一人蒸出一籠刀把子，有兩個比別的小了些許，他怕被人看見，便抓起迅速吃掉。那可是剛揭了籠蓋的刀把子，他當時硬撐著咽了下去，但嘴巴卻被燙得起了泡，三天都吃不好飯。他暗自思忖，是自己的眼力不夠，便只能讓嘴巴遭受連累。

今人吃刀把子，多在早餐，配奶茶、羊雜碎湯、骨頭湯、粉湯等。刀把子比常見的饅頭大，所以一人一個足矣。如果在午餐桌上，常見的是配饃饃菜。雖然是叫饃饃菜，但端上來的還是刀把子。

奇台的過油肉很有名，別的地方多把過油肉當拌麵菜。奇台人多將刀把子配過油肉吃，多年下來，已養成習慣。

在過去，人們常把刀把子切成片風乾，下地幹活到中午，把風乾刀把子泡在西瓜汁裡，美其名曰「西瓜泡刀把子」。風乾刀把子還可烤製和油炸，放入湯飯裡泡軟後再吃，口感獨特，別有風味。

也有人把剛出籠的刀把子掰開，用來蘸西瓜汁吃，其味道甘甜涼爽。奇台有俗語道：「老婆子害娃娃（指懷孕），想吃個刀把子蘸西瓜。」說的是刀把子蘸西瓜汁之於孕婦，有著難解的口福慰藉。

有一人進山放羊，背了十餘個刀把子，卻因為沒有西瓜而十分不快。另一牧羊人雖然帶了西瓜，但他老婆給他準備的卻不是刀把子，他亦連聲嘆息。二人碰到一起，一拍即合：你有刀把子，我有西瓜，豈不是剛好？於是，二人在那兩三天中，天天在一起放羊，頓頓吃刀把子蘸西瓜，著實高興得很。

九碗三行子

小時候在甘肅天水，凡鄉間紅白喜事都叫「過事情」，而親戚與鄰居前去道賀則叫「跟事情」。主家待客均要準備酒席，且有專門稱呼——坐席，也就是吃席的意思。記得天水一帶的席有四盤子、六君子、八大碗、九子梅、十全席、十三花等。坐席最多的是十三花，意思是涼菜和熱菜加起來一共有十三個。

我最喜歡吃十三花中的「滑肉」，每次跟著大人一進過事情的人家的大門，鼻子就能聞到滑肉的味道。那時候的十三花都用大籠蒸，常常把大籠置於院子一角。從籠中散出的香味讓吃的人嘴巴享福，讓聞的人鼻子享福。滑肉是所有菜中味道並不重的，但我卻遠遠就能聞到，而且不論上次吃過以後隔了多久，都能敏感地聞到，足見我當時對滑肉喜歡到了哪種程度。我後來曾長久琢磨過滑肉是應該用「滑」還是用「花」，經過對其形狀及其口感的判斷，我認為還是用「滑」字比較確切。因為滑肉最明顯的特點就是柔滑，吃進嘴綿軟得似乎真的能入口即化。滑肉其實是一種油炸的麵果，因為在麵中放了雞蛋，炸出後放入大蒸籠，讓調料味道隨蒸氣入味，吃起來會比肉多一些酥軟的口感。我小時候雖然知道滑肉不是肉，但卻認為比肉好吃。

那時候我跟隨大人到過事情的人家，到席上被安排一個位置坐下，專門負責上席的人一聲吆喝，報上座席的序號，很快就會端上來幾個涼菜。大人們吃一口涼菜喝一口酒，如果碰上對路的朋友還要划拳。大人們划拳喝酒，小孩子面前的酒杯很快就被他們拿走喝了，但他們顧不上吃的東西就全進了我們嘴裡。

等端上十三花，按照葷素搭配的方法擺上桌子，大人們就不再划拳喝酒，把嘴一抹開始吃菜。十三花是熱菜，人們都認為吃涼菜適合喝酒，而熱菜則應該專心致志地吃。

去年九月回老家天水，一天中午被安排在張家川縣城吃午飯。進入那家飯店時覺得眼熟，一問，果然是九年前參加關山筆會時吃過十三花的那家，心中不免暗喜，既然是老地方，應該又能吃到十三花了。坐下不久，菜上來了，果然不出所料，心裡頓時就樂開了花。

我小時候最盼望的就是吃十三花。到新疆後，發現了與十三花相似的九碗三行子。九碗三行子有九碗熱菜，但要擺成「田字格」，即每邊三碗，正中間還有一碗。這樣，無論從橫向或縱向，從南北或東西方向看都是三行，故名「九碗三行子」。九碗三行子是新疆美食中最講究內容與形式的一種，無論是城裡還是鄉下，菜的數量都一樣多，擺放位置永遠都不變，當然，在味道上也追求一致，酸的絕不會變辣，甜的亦不會變鹹。

九碗三行子用蒸、煮和拌，但不用油炸，主要原料是牛、羊、雞肉和蔬菜。九碗菜在事先或蒸，或煮，或炒，早已準備好了，所以上菜速度快，哪怕有數十人坐七八桌，也可同時開餐。

第一次吃九碗三行子只是匆忙一嚐，後來在焉耆縣才算是仔細品嚐了一次。我們在一戶回族人家坐定後，主人端上小麻花、油果之類的點心，同時還端上了三炮臺茶。我們喝茶聊天，彼此介紹認識，這才明白主人是讓大家先喘口氣，休息一下。

等九碗三行子擺好後，主人開始介紹其結構和背景。譬如，兩碗對應的「門子」菜用同一名字，如東面的是丸子，那麼西面也必須是丸子，但用料卻不一樣，常常以牛肉丸子和羊肉丸子各擺一邊，吃起來就會不同。兩種丸子中還分別放有白菜、豆腐、粉條、辣子、木耳、黃花、雞蛋、蔥花和其他蔬菜，用以在外觀，配料和味道上有所區分。兩邊的丸子如此這般區別，其實已經是兩種不同的菜了。

上了兩碗「門子」菜，等於打開了九碗三行子的門，接下來會端來四碗肉菜，有夾沙肉、羊肉、雞肉和黃燜牛肉。這四個擺在桌子四角的肉菜，名叫「角肉」。這四碗扎扎實實全是肉，除了夾沙肉有一層裹麵外，其他三種肉看上去均肥瘦相宜，鮮嫩飽滿，似乎一入口便會浸出濃味的汁液。新疆的羊肉多被用去燒烤或燉煮，人們吃烤羊肉吃的是熱烈，吃燉羊肉吃的是飽滿，而九碗三行子讓羊肉變得溫柔，安安靜靜地躺在碗裡，似乎要與你心平氣和地交談。

接下來，主人又擺了兩道「門子」菜，一道以豆腐為主，加了黃花和蔥花。另一道以粉條為主，加了乾辣子和青菜。仔細看，裡面還有少許木耳、蛋捲和其他蔬菜，在外觀上已與其他幾道菜嚴格區分開來。

最後，他讓女兒端上了最後一碗菜。這次他不動手了，而是指揮女兒直接把碗放到了中間。他一邊讓我們入席一邊說，這最後一道菜是涼菜，名字叫「水菜」，一般都用稍微大一點的碗。也有講究一點的人會在「水菜」的位置擺上火鍋，那樣的話，當然也就跟著上了煮火鍋的蔬菜。

九碗都擺上後，他如釋重負，鬆了口氣。我們一看樂了，每邊三碗剛好形成一個正方形，無論從橫向或縱向，從東西南北四個方向看都是三行，這才真正弄懂「九碗三行」的意義。

關於九碗三行子，有很多諺語。如：「九碗三行子，吃了有面子」、「九碗三行子，吃了跑趟子」。關於跑趟子，說的是九碗三行子最早是用來招待媒婆的，她們在提親過程中被男方用九碗三行子招待，吃得高興，跑得便很快，聯繫女方的速度也就提高了。新疆人把跑得快叫「跑趟子」，於是便有了相關的諺語。

焉耆以回族人為多。我在焉耆參加過幾次回族人的婚禮，每次都能看見新郎喜悅，新娘嬌媚。有一次去一戶人家參加婚禮，一進門便感覺人山人海，一問才知道，來客有近千人。真佩服主人平時的為人處世——逢喜事，來的人多，是人緣好的表現。那天大概開席有一百餘桌，場面卻極為從容。

我因為與主人關係好，便多逗留了幾個小時，等離開時，大部分來客均已離去。出了大門，發現主人蹲在牆角吃飯，仔細一看，是九碗三行子的剩菜。我本想過去和他聊幾句，但看到他有意要避開人的樣子，便打消了念頭。他吃完後嘆息一聲，一屁股坐在牆角的石頭上，頭耷拉了下去。

那一刻，我看到在一場婚禮的背後，藏著一位父親的辛苦。

菜比肉好　瘦比胖好

孜然

新疆最常見和用得最多的調料是孜然。

有人說，新疆與美食之間的距離，只隔一粒小小的孜然。也有人說，孜然的味道就是新疆的味道。可見，孜然在新疆人的食譜中頻繁出現，一定有它的道理，那也是新疆人的歲月中不可或缺的滋味。抓飯、饢、烤羊肉串、烤包子、薄皮包子和手抓羊肉等，都靠孜然調味。民間的藥茶也使用孜然，據說療效不錯。新疆有一種「不蘸小料」的火鍋，因為用孜然做湯底，便異香撲鼻，不再需要其他調味佐料。

孜然原產於北非和地中海沿岸地區，當時的人們信奉神靈，會將最好的水果、酒肉和飯菜放到祭臺上，以示對神靈的敬奉。但飯菜容易招引來蒼蠅，加之天熱會腐壞，有人想起荒地中有一種叫孜然的植物，能散發出濃烈的味道，便採來幾束放置在祭品邊薰驅蒼蠅。不料，孜然味道不但可以驅走蒼蠅，而且還能使祭品保持新鮮，於是，這種植物引起了人們的注意。後來，人們覺得孜然濃烈的味道好聞，便嘗試將孜然放入飯菜，結果味道出奇的好，於是孜然便走下神壇，進入了尋常百姓的餐桌。這一說法，愛德華·謝弗在《撒馬爾罕的金桃》（又名《唐代的外來文明》）一書中有詳細敘述。

後來，孜然和胡椒、沒藥、安息茴香等經波斯進入西域，從此紮根於天山南北，尤其符合負海拔的吐魯番一帶的土壤，每種必有收穫，且產量驚人。目前在伊朗、土耳其、埃及、印度和俄羅斯等國，孜然均被大面積種植。因為孜然是製作咖喱粉的重要原料，故在印度深受歡迎，品質均高於別的國家。

孜然是僅次於胡椒的世界第二大調料，歷史中，人們將孜然、胡椒和茴香等統稱為「香料」。馬可．波羅在描述十三世紀的杭州時說，這個城市的人一天運來了一噸波斯香料。他還說，在中國南方，有錢人可以享用好幾種香料醃製的肉。馬斯格勒夫在《改變世界的植物》一書中說，香料滋潤人們的生活，使生活變得更為豐富多彩。它是藥品，可以治病。是調料，使飯菜更加可口。是香水、潤膚劑和春藥，可使人心曠神怡。

我在新疆吃了很多年放孜然的飯菜，但第一次見孜然卻是十餘年前。當時聽人說，吐魯番有一個村莊種植孜然達數百畝，便想那是何等壯觀，到了地頭一看，原來是和玉米、棉花套種，

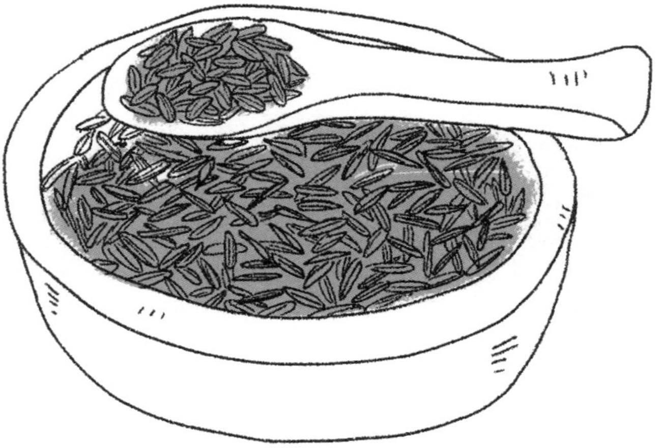

可謂是地盡其用，一舉兩得。孜然易活，隨便撒一把種子，就能長出一大片。當時看見孜然翠綠而整齊，有的正在綻開紫色花朵，有的已經結果，一問才知，孜然是一邊開花一邊結果的。一位農民說，你們現在看見的是孜然娃娃，過不了多久它們就長成了孜然小夥子，就會去征服人的舌頭。

孜然之所以種植得多，與需求量大密不可分。在托克遜的一個農貿市場，一位賣孜然的攤主說，僅他們市場就有十餘個銷售孜然的攤位，一年能賣出三十噸。那麼多孜然都被賣到了哪裡呢？他回答得頗為幽默：有人的地方就有孜然，孜然都進了人的嘴裡。

孜然成熟收割後，人們從枝頭打出顆粒，然後碾成粉，便可使用。常見的使用方法有直接放入飯菜、湯汁和撒於食品外表兩種，提味效果都頗為明顯。在新疆菜中，孜然羊肉是最早將「孜然」用入菜名的，吃過一次的人都知道，那是與紅燒羊肉、蔥爆羊肉、大塊手抓肉等不一樣的吃法。孜然羊肉的做法很簡單，將羊肉切成碎塊後，入熱油爆炒片刻即放入孜然，孜然在爆炒過程中，其濃烈味道會浸入羊肉，出鍋後就是名滿中華的特色菜。當然，這樣爆炒出的孜然羊肉顏色單一，視覺效果欠佳。為此，人們會在孜然羊肉出鍋前放一點香菜，即調味又好看。

孜然羊肉的來歷可以說是非常悠久，北魏的賈思勰和清代的袁枚都曾為此留下過記錄。孜然的味道濃郁、直接、爽氣和熱烈，與新疆的氣氛極為一致，亦與新疆人的性格極其相似。在烏魯木齊二道橋、庫車大巴扎、喀什老城、和田大巴扎等地，只要一腳邁進去便可感覺出孜然的味道迎面彌漫過來，不遠處一定有飯館或烤羊肉攤。我喜歡聞孜然味，沉浸於這只屬於新疆的味道，猶如觸及了這塊土地的靈魂，亦會看到密布於日常光陰中的生命食譜。

有個說法，只要你在新疆活得足夠長，身上就會有孜然味。雖然放了孜然的食物被吃進嘴裡，咽進了肚子裡，但孜然味卻浸入了人的血液，慢慢地便散發出來，變成了人體的異香。唐朝時，來自西域的胡姬就因為體有異香，所以深受人們喜愛。

孜然也會進入人的靈魂。我幾年前去德國的法蘭克福參加書展，同行的一位同事整理箱子時，意外發現了一小包孜然粉，原來是他年邁的母親擔心他寂寞，想用一小包孜然開解他的思鄉之情。幾天後，吃膩了歐洲的牛奶加麵包，他便把孜然粉撒在攜帶的饢上，就著泡麵「大快朵頤」。我想，那包孜然粉本來是他母親讓他消遣寂寞的，他卻因地制宜發揮出了作用，真是聰明。

留意孜然後，聽到過一個與孜然有關的故事。說是有一位牧民去山裡放牧，到了下午趕羊回圈的時候，他的羊還在遠處吃草，沒有回來的意思。他說讓羊多吃一會兒草吧，我先回去了。別人都不解，難道他不怕羊被狼吃掉嗎？他回去後生火做飯，往空中撒了幾把孜然粉，過了一會兒，他的羊群便回來了。原來，羊也熟悉孜然味道，深諳此道的牧民，更是懂得用孜然味引羊群回來。

三十多年前，有兩位新疆商人去了澳大利亞，他們覺得在號稱畜牧大國的澳大利亞會天天吃羊肉，就帶上了孜然。果然，澳大利亞人沒見過孜然，嚐過他們做出的孜然羊肉後大加讚賞，並很快迷戀上了這味調料。偶然間的機遇讓他們抓住了，從此便開始在澳大利亞做孜然生意，沒幾年就變成了大款。

前幾天在單位的班車上，與一位同事說起孜然，她說南疆的烤羊肉串從來不用辣椒面，只用孜然和鹽。而且在烤羊排、烤羊腰、烤牛肉、烤雞肉、烤魚、烤玉米、烤蔬菜時，最注重的還是孜然。那麼多好吃的，她說得很興奮，我聽得咽口水。

霍香和藿香

有一段時間，我將霍香和藿香混為一談，後來吃了一次霍香，才知道二者雖同音，卻是截然不同的兩種東西。

霍香類似於水煎包子，是新疆的一種獨特的食物。而藿香則是草本植物，其葉片在新鮮和曬乾後均可作調料，多用於煲湯、炒菜和做湯飯時調味。

我吃霍香的那次經歷很有意思。當時，南疆軍區十二醫院的一個醫療小組去疏附縣的一個村莊巡診，我跟隨拍一些錄影資料。忙了一上午，村長說中午請我們去他家吃個霍香。新疆人把吃頓飯都說成「吃個飯」，外地人聽到「個」字會一愣，心想「吃個飯」會不會是吃很少的意思？

那天，我們幾人跟著村長去了他家，他早已通知家人做了準備，我們一進門，便看見他妻子和女兒正在做一個個類似於包子一樣的東西。仔細看過後發現那不是包子，從大小來說比餃子大一些，而形狀則略像包子，邊沿還捏出了花紋，看上去很熟悉，但一時又說不上是什麼花的形狀。

我好吃，同時又喜歡瞭解美食的做法。等我湊近一看，發現霍香的餡是用羊肉做的，裡面有皮芽子和羊油，從味道上可聞出有胡椒粉、薑粉和胡麻油。那餡加了少量的水，經過長時間攪拌後已變得柔軟筋道，被村長的妻子和女兒用靈巧的雙手包好，刷刷地放進燒熱的油鍋中，鍋中便傳出嗞的一聲，霍香很快就在油鍋中翻滾起來。

村長早就準備讓我們吃一頓可口的霍香。看著妻子和女兒忙碌，更是高興地對我們說，吃啥都不如吃霍香好——這麼又炸又蒸，這麼多程序，味道就濃，吃起來就這麼感覺好。你們這麼多人來了，這麼忙了一上午，不這麼吃個霍香，我心裡就這麼過意不去。他一連串的「這麼」讓我們聽得很高興，好像香噴噴的霍香已擺在眼前。

說話間，村長的妻子和女兒已用筷子翻了幾次鍋中的霍香，眼看著一個個表皮已泛出金黃色，讓人忍不住咽口水。我以為霍香被油炸出後就可以吃了，但她們卻把炸好的霍香放進一個平鍋，端出一碗羊肉湯輕輕澆上去，灑上一點麵粉，然後蓋上鍋蓋又蒸了幾分鐘。等揭開鍋蓋後，一股撲鼻的香味傳出，我才明白，村長剛才所說的「這麼多程序，味道就濃」是怎麼回事。那頓霍香配了皮辣紅和羊肉湯，我們都吃得嘖嘖稱讚。無意間一交流，原來我們幾人都是第一次吃霍香。

也就是在那次吃霍香時，我向村長說起藿香，他及時糾正了我將二者混為一談的錯誤。他對女兒說了兩句維吾爾族語，他女兒便去小花園中摘了幾片綠色的葉子捧到我們面前。村長用嗔怪的口吻對我說，這就是藿香，你看一下，認一下，記一下，以後可千萬不敢在外面胡說一下。這兩個東西其實好認得很，一個是金黃色的，一個是綠色的。一個是人用手做出來的，一個是它自己從稈子長出來的。經他那麼一說，我想不僅是我，在場的所有人都記住了霍香和藿香的區別。

幾年後，我在北疆的霍城縣吃魚時，吃出湯中放了藿香。那次，戰友先是帶我們去河中釣魚，那魚真是好釣，釣鉤投入水中不久，感覺手中的漁竿一沉，還傳來明顯的震動感。我迅速提出漁線，便有一條大鯉魚蹦跳著被釣出。一個多小時後便釣了滿滿一水桶。我們覺得釣多了吃不完也帶不走，就收了漁竿。

戰友讓他的妻子在一家餐館中親自操作，不一會兒就做出了一大盆帶湯的魚。戰友的妻子還做了一盤涼拌青椒，只放了醋和鹽。她說，涼拌青椒用醋醃半小時即可，吃的就是青椒的脆和原汁原味的辣。我一嚐果然好吃，之後在家做過幾次，均吃得酣暢淋漓。

那天我吃第一口魚時，便發現了一種以前沒有嚐過的味道，一問才知道，戰友的妻子在裡面放了藿香。她說，看見餐館後面的菜園中種有藿香，便順手揪了幾片葉子，洗乾淨後放進了魚湯中。我頗為欣慰，終於吃到了新疆的藿香！為了解惑，我去菜園中看一看。藿香大約有一米高，自下而上長滿繁碩的葉片，頂端還開著淡紫色花朵。吃藿香吃的就是葉片，我摘下一片細看，紋理細緻，手感柔軟，還沒放到鼻子下就聞到了香味。這就是藿香了，我像疏附縣的那位村長所說一樣，是看了一下，認了一下，記了一下，以後再也不會和霍香混為一談了。

回到餐桌邊吃魚，發現那盆魚不但味道獨特，更為難得的是，魚湯中有一股天然的藿香味道，讓人忍不住用舌頭含著藿香葉不願吞下，想多體味一會兒那濃濃的藿香味。

大家吃完魚後頗為開心，戰友駕一輛軍用三輪摩托車載大家返回，走不多遠他便「哎呀呀」地駕不穩了，我們從上面摔下，摩托車亦翻到了路邊。大家一起把摩托車抬起，翻過來，再次發動上路。走不遠，他又「哦喲喲」一聲，我們和摩托車又翻到了路邊的棉花地裡。

無奈之下，我們只好步行回去。戰友的妻子在行走間說，藿香不僅可用於煲湯，還可用於炒菜，燉肉。因為其味道濃烈，放入任何食材都可浸味進去，可謂是調味之王。她還說到她母親每到春節，總是用一頓放了藿香的傻兒魚召喚分布於祖國四面八方的兒女回四川老家。兄妹一聽到母親在電話中說快過年了，回來吃藿香魚吧，便歸心似箭，馬不停蹄地往家趕。

後來在被稱為「蚊蟲王國」的北灣，我再次體驗到藿香的作用。北灣的蚊子多是出了名的，常見人們邊走路邊揮手驅趕蚊子。更為離奇的是，北灣人在外面解手時會點一堆火，借煙薰才可避免蚊子的干擾。有人曾測驗過，在北灣一把抓下去，手裡會有五六十個蚊子。為避免蚊子叮咬，北灣人在夏天能不出門便不出門，等到秋後蚊子消遁，才開始在外面活動。

我和北灣邊防連的戰士去額爾齊斯河南岸巡邏，一位戰士悄悄塞給我一把藿香葉，讓我夾到帽檐、衣領和袖口處，我問他做什麼用，他說蚊子來了您就知道了。到了南岸，眼見黑壓壓的蚊子壓了過來，頓時讓天都暗了下來，但我們跟前卻不見一隻。那戰士告訴我，蚊子怕藿香的味道，你身上夾帶了藿香，它便不會光顧你。果然如他所說，在巡邏中，我沒有挨一隻蚊子叮咬。

皮芽子

洋蔥到新疆後，被叫作「皮芽子」。

有朋友說，新疆與內地省份有時差，新疆人每天多出兩個多小時沒事幹，索性取名字玩。這當然是玩笑話，新疆因為處於絲綢之路的核心區域，自古以來是東西方多種文化和文明交融的地區，不少東西在這裡受到影響，甚至被改變，所以就得取個新名字。

說起來，新疆人說話時，喜歡在後面帶個「子」字，使語氣顯得硬朗又富有韻味。有人為此編了一個說唱節目：「新疆人就是愛說子。要說子，我盡說子，今天我句句不離子，要是哪句離了子，我請你們下館子。拉條子，揪片子，烤包子，涼皮子，小菜要放皮芽子，不能少了洋柿子，一吃就是一盤子。抓飯得有腿把子，奶茶需要奶皮子，想想都流哈喇子，你們只管動筷子，我給你們掏票子。男孩叫作兒娃子，女孩叫作丫頭子，男人愛戴花帽子，跳舞最愛動脖子，你們笑得捂肚子，不給掌聲臊面子……」

新疆人喜歡吃皮芽子，吃得久了便總結出了一個關於「三秒」的說法：吃皮芽子，一秒甜，一秒辣，一秒暈。說的是吃一口吃皮芽子，第一秒會覺出甜意，第二秒會被辣到，到了第三秒，那股辛辣自口鼻直衝腦際，讓人一陣眩暈。皮芽子的好處就在這裡，每次不多吃，兩三口便很過癮。

皮芽子在新疆菜中是百搭菜，有一句話說，流水的新疆菜，鐵打的皮芽子。曾有人做好一道菜，左嚐右嚐，總是覺不對勁，不但缺那麼一股熟悉的味道，而且口感也不好。他想了半天恍然大悟，原來忘了放皮芽子。沒有皮芽子他便不吃了，只能重新切肉、配菜和搭配調料，然後把一個皮芽子切成長條狀，待爆炒後上桌嚐了一口，不勝滿足。

皮芽子辛辣，營養豐富但單獨難成菜，通常要和別的菜搭配在一起。但是炒皮芽子是個特例，每天吃一盤可補鈣。此外還有涼拌皮芽子預防哮喘，皮芽子汁防治心臟病，醋泡皮芽子有降血糖的功效等等。另有皮芽子唱主角的菜，比如皮芽子炒雞蛋、皮芽子炒羊肉、皮辣紅（與辣椒、番茄等一起涼拌）等，如果沒有皮芽子便做不成。新疆人在抓飯、拌麵的拌菜中，基本上都放皮芽子。有人覺得皮芽子少了吃得不過癮，乾脆把皮芽子炒肉拌入麵中，美其名曰皮芽子炒肉拌麵。人們之所以喜歡皮芽子，一是皮芽子調味效果明顯，只要菜中有了皮芽子，味道馬上就不一樣了。二是皮芽子有降血脂、降血壓和活血等功能，多吃對身體好處多。譬如在抓飯中放黃蘿蔔，就是為了降血脂。在清燉羊肉中放鷹嘴豆，是為了助消化。而在手抓大塊羊肉中放皮芽子，則是為了降血壓。新疆人一日三餐離不了皮芽子，燉肉、炒菜、拌涼菜，乃至於打饢等，都有皮芽子出場。

在新疆，人們進餐館點菜，都會熟練地吆喝著單獨要一份皮芽子，為的是就著烤羊肉串、手抓羊肉吃。雖然在這些肉菜上來時，人家已經配了皮芽子，但食客往往還要再要上半隻或數瓣，彷彿不那樣，菜品就不夠味兒似的。皮芽子有紫、紅、白數色，給肉增添了誘人的色彩和味道，吃一口肉，再吃一瓣皮芽子，才算是吃得舒坦。

皮芽子去一層皮後，便露出圓形的果肉。切開後發現，其果肉是層層包裹在一起的，剝開一層，下面還是一層，層層緊密結合，一直到核心。人們一般將皮芽子從中一切為二，然後橫切成絲或瓣，無論是爆炒或涼拌，吃起來都方便。很多人切皮芽子時，會被辣得流淚。新疆人吃皮芽子多年，知道切皮芽子時在菜刀上沾水，不但不辣眼睛，而且切出的皮芽子也不辣。

有人說，皮芽子在新疆的歷史已有五千餘年，其依據是《水經．阿水注》載：「西南部有蔥嶺，其山高大，上生蔥，故曰蔥嶺」。但我不以為然，蔥嶺指的是帕米爾，這沒有錯，但野生的一定是野蔥，而非洋蔥（皮芽子）。洋蔥需要有人種植才能生長，誰會在帕米爾那麼高海拔的地方種皮芽子呢？再則，人們吃野蔥吃的是其莖葉，而皮芽子有用的是地下的根莖，二者有天壤之別。

西方人喜歡洋蔥，在史書中多有記載。譬如，古羅馬《農書》中說「洋蔥是羅馬男人的血液」，可見羅馬男人十分喜歡吃洋蔥。而在整個歐洲，洋蔥則不論男女，都很歡迎，因此得到了「菜中皇后」的美譽。我有一次看見西餐的牛肉下有幾瓣皮芽子，想起羅馬乃至整個歐洲對洋蔥的鍾情，便不問其來歷，不動聲色地把那幾瓣皮芽子吃了。

新疆人吃皮芽子，還常以手抓肉相配。手抓肉鮮嫩，肥美誘人，但是少了一盤皮芽子，便吃得不起勁。常見的情景是，吃一塊羊肉，嚼一瓣皮芽子，便滿嘴生津，清香沁脾。這是很科學的吃法，皮芽子配羊肉，可助消化，降低膽固醇。長期堅持此吃法，不會患高血壓和高血脂。此外，皮芽子還可補腎養血，滋陰潤燥，降低血糖，增強抵抗力，提高免疫力。

我有一次吃到了芥末皮芽子，吃之前覺得，皮芽子本來就辣，再加上芥末豈不是更辣？誰知嚐過發現，不但不辣，而且頗為爽口。我想，可能是兩種辣碰到一起，反而就不辣了吧？

有人曾問我，新疆人為什麼把洋蔥叫皮芽子，我說不出其緣由，大概因為皮芽子好吃，名字好記便一路叫了下來。其實不用那麼認真，如果你對著一碗飯，從一粒種子開始，一直細究到成為一碗飯的過程，還有什麼滋味呢？

線辣子

因為細長，故得名「線辣子」。

喜歡吃線辣子者，都為其肉厚、色豔、味正、香純的特點而叫好。辣椒的歷史久矣，清朝就已有種植。《花鏡》一書載：「番椒叢生，白花，果儼似禿筆頭，味辣色紅，甚可觀，子種。」這句話寫得好，可謂是把辣椒的色香味逐一道盡，讀來讓人覺得可看可觸可聞，非常生動形象。

新疆的沙灣、石河子和瑪納斯一帶多出線辣子，是辣椒中的一種。它身形細長，色澤紅亮，辣味濃烈，肉肥質重，油大，脂肪含量高，易乾燥，耐久貯。新疆人吃辣子，多選瑪納斯一帶的線辣子，大概因為吃慣了，捨不下熟悉的味道。

每到秋季，人們將採摘的辣椒放在戈壁上曝曬，有的地方甚至從眼前一直鋪到天邊，讓人驚歎這個季節的新疆變成了紅色。秋季的太陽還是酷烈的，辣椒曬不了幾天便乾透，被製作成辣椒面、辣椒醬、調料等，亦可用整條炒菜，均很受歡迎。

看曬辣椒的圖片多了，便想親自看一看。一位朋友熱情，安排我從烏魯木齊坐大巴車，途經石河子的一個團場。他說，你坐著車走一路看一路，一定過癮。我照此方法乘車，先是進入一個低窪處，眼前突然出現一大片紅，不用說，這就是曬辣椒了。因為紅得赤烈，便感覺那片紅要飛升到天上去。待大巴車駛出低窪處，迎面便是由近向遠鋪得更遼闊，更灼紅的曬辣椒。這一帶本是戈壁，經辣椒一覆蓋，像是披上了盛裝。大巴車一路前行，車窗外的曬辣椒或位於高處，或跌入低處，隨著車輪的腳步，紅色火焰就像波濤一樣起伏無盡。

真得感謝朋友，坐車看曬辣椒，是一次視覺的享受。

後來，朋友送我一箱沙灣線辣子醬，打開一瓶，見線辣子被切成了絲，其絢紅色不失，但已被醃得柔軟。我嚐了一口，雖仍有辣味，但已十分溫和，口感也頗清爽。自此，我每頓飯都少不了線辣子醬，前後吃了三四個月。

有關線辣子的趣事頗多。一人一日突然覺得線辣子已早熟，便到地裡去看，果然線辣子一夜之間已紅彤彤，到了採摘的緊要時節。線辣子採早了水分大，不易乾，且影響辣味。採晚了又盡失水份，影響口感。

那一年，他的線辣子因為比別人早摘了兩天，曬乾後被搶購一空。別人問他原因，他說吃了這麼多年辣椒，口舌和味覺在那一刻像是聽到了線辣子的呼喚。別人說為什麼你這麼厲害，而我卻感覺不到？他回答說，你接著吃線辣子，吃到了一定的時候自然就會知道。

有一人被大雪圍困，半夜凍得渾身發抖。他突然想起口袋中裝有幾根線辣子，便掏出一根咀嚼，一股熱辣辣的感覺自舌腔浸入體內，他很快便不冷了。那一夜，他靠那幾根線辣子抵禦了寒冷，天亮設法走出了困境後，他在一片線辣子地邊跪下，嘴裡湧出一連串感激的話語。

另有一人，去線辣子地裡常帶一狗。他侍弄線辣子，狗亦看著線辣子，一人一狗陪線辣子由小長大，由綠變紅，實為舒適的田園生活。一天晚上，他的線辣子被盜，本是一片紅彤彤的線辣子田，只剩下一棵棵光禿禿的莖稈。他氣得詛咒偷盜者，然而天地不語，只有他在那兒悲愴流涕。

他的那只狗用嘴扯一下他的褲角，不停地向遠處張望，喉嚨裡發出「唔唔」的低鳴。他問狗，難道你知道誰偷了我的線辣子？狗仍「唔唔」地催促和張望。他沮喪地說，你不知道叫什麼？狗又扯了一下他的褲角，起身向張望的方向走去。他覺得詫異，便尾隨而去。狗一直走到一戶人家的院子裡，朝曬在院子裡的線辣子吠叫。他仔細一看，那線辣子正是他的。偷線辣子的人被他抓了個正著，嚇壞了，不得不承認自己的偷盜行為。他感激地去看狗，狗正望著線辣子出神，卻不理他。

事後他對人說，他的狗從線辣子出苗到採摘，天天看天天聞，辨得出他的線辣子的味道，所以一路將他帶到了偷盜者家中。一天，他炒了一盤線辣子羊肉，想起那狗在追回線辣子的事情上出了力，便扔給它一塊骨頭，狗聞了聞不吃，露出怕辣的神情。他不解，它不是對線辣子頗為熟悉嗎，為何卻不吃呢？

博湖縣在新疆素有「辣子之鄉」的美稱，每到秋季，一邊是博斯騰湖浩渺的湖水和金黃的蘆葦，一邊是晾曬在遼闊大地上的線辣子，實為極致的美景。待辣椒曬乾收走，不久冬天便來臨，博斯騰湖也在一夜間結冰，沒有人敢再下去。

有一年我去博湖縣，朋友說，到了以線辣子出名的地方，不吃線辣子，等於白來一趟，於是他便帶著我們去一家餐館。我以為，要吃的是常見的清炒線辣子，進了餐館才發現，人家線上辣子上做足了文章，分別有線辣子蝦仁、蔬菜炒辣汁蝴蝶麵、線辣子炒米線等。可謂是一種線辣子，進了廚房便能百搭。

我喜歡看，但凡遇到新鮮的食物，除了吃之外，必然要看幾眼其做法。在那家餐館，我看了一位大師傅做線辣子蝦仁的過程。他先將鮮蝦弄乾淨，放入桂皮汁中稍泡，然後用醬油、醋、薑末、鹽、澱粉調勻，醃製數分鐘。接下來把油鍋燒熱，把蝦炸至外皮酥脆撈出，然後下乾線辣子、花椒翻炒出胡辣味時，再加入炸好的大蝦，翻炒幾下即可出鍋。

後又得知，那大師傅身上，亦有與線辣子有關的故事。一天，一匹馬去湖邊喝水時陷入湖中，越掙扎陷得越深。那大師傅欲下湖救它，另幾人恐湖水太深而攔住了他。他讓人取來線辣子，說了一句「線辣子吃上，一個人等於是好幾個人，還把一匹馬拉不上來嗎？」他嚼了一根線辣子，眼見得臉色變得通紅，隨即縱身跳入了湖中。無奈馬陷入淤泥動彈不了，他怎樣使勁都無濟於事。情急之下，他讓岸上的人扔一根線辣子給他，他把線辣子撕開，在馬鼻子上抹了幾下，那馬嘶鳴一聲，從湖中一躍就跳到了岸上。

番茄

番茄，也就是西紅柿。

中國人稱呼此物，叫西紅柿者多，叫番茄者少。在有些地方，甚至從不叫番茄，如果有人冷不丁說出番茄二字，眾人會以為是在說什麼茄子呢。

西紅柿和番茄這兩個名字，常常被新疆人混著叫，不管是叫的人還是聽的人，其實都知道是指同一種東西。

新疆人稱呼諸多事物時，常用國際通用的名稱，譬如說東西的分量時喜歡用「公斤」，而不說「斤」。說路程遠近時喜歡說「公里」，而不說「里」。說東西長短時，喜歡用「米」，而不說「尺」和「寸」。因為新疆人稱番茄一名的習慣根深蒂固，不知情者以為番茄是西紅柿的一種，新疆人為此還得解釋一番。

番茄也是從西方傳入西域，後又傳入中原的蔬菜。雖然傳入時間很長，但僅作為自留地或菜園中的蔬菜，在夏季夠吃就行，並沒有人大面積種植。近二三十年，因為番茄的經濟價值凸現，人們才開始大面積種植。

番茄出自祕魯和墨西哥的森林，因色彩彤紅嬌豔，人們恐其不祥，稱它為「狐狸的果實」和「狼桃」，認為人吃了番茄後，輕者渾身會起疙瘩、長瘤子，沒有醫治辦法，從此與怪人無異。

重者會中毒，亦無醫治辦法，不久就會身亡。那麼漂亮的番茄，就因為人們當時的無知，莫名其妙地背上了惡名，乃至被今人視為美味的食物，在很久以前卻只把它當作觀賞植物來看待，無一人敢食。

十六世紀，英國的俄羅達拉公爵在南美洲旅遊，碰到鮮紅欲滴的番茄後，一下子就喜歡上了，他不遠千里將番茄帶回英國，獻給情人伊莉莎白女王。伊莉莎白女王亦十分喜歡，覺得番茄彤紅赤烈的顏色，猶如情人間熾熱的愛情，便稱其為「愛情果」和「情人果」。伊莉莎白女王被愛情沖昏了頭腦，忘記了保護自己的隱私，一時間隨著「愛情果」和「情人果」二名傳開，他和俄羅達拉公爵的姦情也被眾人所知悉，搞得她很狼狽。但番茄從此卻以「愛情果」和「情人果」為名流傳開來。但祕魯和墨西哥人對番茄的惡意判斷已根深蒂固，仍沒有人敢吃。

到了十七世紀，一位法國畫家因為喜歡番茄，除了番茄外別的什麼都不畫，久而久之竟成為「番茄畫家」。他因太過於喜歡番茄，終於在一天畫畫時忍不住對著番茄喃喃自語：番茄啊番茄，我這麼喜歡你，實在忍受不了你對我的誘惑，就讓我為你而死吧！於是他吃了一個番茄，然後躺在床上等死。等著等著，他因為疲憊而睡去，沒想到，第二天醒來居然完好無損。他大為驚喜，遂向外界宣布：「番茄無毒，可以食用。」此消息迅速傳開，但人們還是將信將疑，誰也不想拿自己的性命去做嘗試。那畫家決定以身作則，親自證明給世人看。某一日，他所在城市的法院公開審判一個重大案件，那畫家懷揣兩個番茄坐到了聽眾席上，待案件判決完畢，他衝上去當眾把那兩個番茄吃下，然後在眾人驚愕的目光中走了出去。他借那個重大案件吸引人們關注番茄，幾天後他自然安然無恙，番茄無毒的事實終於得到證實。

後來，如同布羅茨基的詩句「一匹馬來到我們中間尋找騎手」一樣，番茄自西方一路向東尋找理想的生存之地，到了西域就紮下了根，如今的新疆已成為盛產番茄的寶地。一次與朋友說起，他說，番茄不僅只限於食用，還可提煉番茄紅素，製作番茄膠囊、番茄仔油、番茄汁、番茄醬等。對人來說，番茄的主要功能是吃，但如果用到別的地方，同樣有大作用。

但民以食為天，人們對番茄的感情，還是關乎於吃。新疆人喜歡吃的揪片子，必放番茄。細分下來，則有將番茄切碎直接入湯，或放番茄醬，均可讓湯汁變得鮮紅，味道甜中帶酸。做其他菜也多用番茄，如皮辣紅、炒雞蛋、燉羊肉、蘇甫湯、拌麵菜等，一則可提味，二則在顏色上增加美感。

番茄最直接的味道是甜酸，所以帶湯的飯食多靠其調味，放了番茄，便不再用醋。當然，因其顏色鮮豔，尤其是經過燉煮後會使湯汁變深，所以也就不再用醬油一類的東西。

番茄可謂是百搭，可以燒、烤、煎、炸、蒸、煮、燉、燴、炒、爆、熗、溜、燜、焗、煨、拌、醃、醬、鹵、灼、烙、汆、扒、凍、烘焙、乾煸、榨汁等等，無所不能。

從味道上而言，有家常味、香辣味、鹹鮮味、酸甜味、酸辣味、麻辣味、椒麻味、醬香味、奶香味、蒜香味、魚香味、蔥香味、五香味、咖喱味、茄汁味、苦香味、薑汁味、芥末味、紅油味、豆瓣味、麻醬味、黑椒味、甜味、酸味、果味等等。

我在部隊時常到炊事班幫廚，尤其喜歡剁番茄，常常搶著去幹。一個連隊近百人吃飯，番茄用量一般在二十個左右。我先將其切成小方塊，收攏起來堆成小山狀，然後左右手各執一把菜刀，不停地剁。番茄慢慢被剁碎，變成一攤紅色的果泥，繼續剁十分鐘左右，眼見得有汁水往外流了，才算告一段落。我不知自己為何那麼喜歡剁番茄，以至於但凡做麵條，用番茄鹵，一被炊事班班長必說，去把王族叫來，他最愛幹這個，也幹得最拿手。有時候我正在寫散文，一被叫便扔下筆，忙不迭地往炊事班跑。

後來在昌吉見到大面積的番茄地，但卻不見紅色。朋友給我解惑，但凡有果子必有枝葉，否則怎麼活？確實，每一棵番茄都長有多片葉子，即使番茄已成熟泛紅，仍藏在繁茂的葉片中，只有近前才能看到其芳容。

要欣賞番茄的陣勢，須在收番茄時。你會驚訝，一塊地居然能產出那麼番茄，紅彤彤的在地邊堆積如山。我與一位農民聊天，說這麼多番茄，如果把一畝地的產出鋪到一畝地上，恐怕鋪不完。他的收成好，便忍俊不禁地說，鋪啥番茄嘛，直接鋪錢多好。

曬番茄更壯觀。人們把番茄鋪到戈壁上，讓太陽曬到一定程度後，運往工廠加工成番茄紅素。戈壁赤地千里，荒涼無際，似無用處，但卻在曬番茄，曬辣椒時派上了用場。我每見到曬番茄的場面便不想動了，找一個地方坐下，看紅彤彤的番茄一直鋪向天邊，心情激蕩不已。

與番茄有關的趣事頗多。曾經，一輛拉運番茄的大卡車翻了，番茄灑到公路兩邊，附近的農民卻不去撿。問及原因，他們說，自己地裡的番茄比森林裡的樹葉還多，也不比草原上的草少，撿路邊的幹什麼呢？

還有一次，有一隻羊忽突然上了房頂，人們驚訝，羊上房豈不是亂了套，便趕緊上去要把它趕下來。等上了房頂一看，那羊卻在吃一堆番茄。原來是主人曬的番茄忘了收，時間久了被羊聞出味道，又見主人沒有動靜，以為已被棄之，便爬上房頂將其吃掉。

有一種羽毛漂亮的鳥兒，喜歡啄食番茄，是農夫每年防備的主要對象。一天，那樣的一隻鳥兒飛入一農戶院中，戶主在筐下放一個番茄，用小木棍支起一角，在筐上綁一根繩子牽入屋內，等待那鳥兒被誘惑到筐下後，扯開繩子，將其捕獲。那鳥兒因受番茄誘惑，最終落入人的圈套。

蓮花白

像洋蔥被新疆人叫「皮芽子」一樣，捲心菜到新疆後亦被新起一名，美其名曰「蓮花白」。新疆人將蓮花白叫得響，讓平凡的蔬菜品種陡然增加了「出淤泥而不染」的仙氣。

捲心菜從地中海沿岸來到中國，名字也一路變化，譬如洋白菜、包菜、包心菜、圓白菜、疙瘩白、包包菜等，但都沒有蓮花白一名洋氣。其實蓮花白並非是新疆人獨創，有的地方也有這一叫法，但沒有新疆人叫得這麼執著，除了蓮花白一名，再也不叫別的名字。

細說起來，蓮花白還曾被用於酒名，譬如金人元好問在《拾瓦礫》就寫有「倪家蓮花白，每釀必見遺」。元朝李治的《鷓鴣天．中秋同遺山飲文仲家蓮花白》一詞，題目和內容提到了蓮花白：「情知天上蓮花白，壓盡人間竹葉青」。還有魯迅，在《端午節》一文中也說「蓮花白竟賒來了，他喝了兩杯，青白色的臉上泛了紅」。現在見不到「蓮花白」酒了，否則說起蓮花白，還得說明是菜還是酒，否則很容易讓人混淆。

如此一個好名字，不論是菜還是酒，都感覺美不勝收。但為何很多地方並不這麼叫，唯獨在遙遠的新疆被稱呼至今呢？想必是蓮花白一名，沿絲綢之路到了西域，一直叫到了今日。這樣說來，蓮花白並不是新疆人首創，而是被保留下來的一個老名字。

新疆的氣溫和土壤，很適合種植蓮花白，所以南北疆種植最多的蔬菜就是蓮花白，無論高檔酒店還是家庭餐桌，都經常有蓮花白出現。新疆的蓮花白瓷實，脆嫩，入熱油鍋爆炒一兩分鐘即可出鍋。蓮花白不可久炒，否則會軟爛變色，營養也流失了不少。有人用蓮花白做泡菜，醃製到一定時候切成條狀，入口脆生酸爽，下酒下飯解膩。

我當兵到新疆的第一天，被派去在炊事班幫廚。炊事班長給我介紹要摘的菜時，將我老家習慣稱為「包包菜」的菜叫蓮花白，我自此知道了它的新疆叫法。第二天在炊事班幫廚時，便在心中默念數遍「蓮花白」，從此改了口。

那炊事班長是甘肅武威人，其時已當兵五年，卻無望轉為志願兵，只等年底復員回老家。我沒見他正兒八經地穿過軍裝，他總是將上衣披在身上，領花和肩章看上去頗為扎眼。不僅如此，他還不刮鬍子，尤其是臉上的一顆痣上長出一根細長的毛髮，他任其兀自生長，風一吹還左右飄忽。部隊很少有他那樣著裝的兵，但他毫無顧忌，一直我行我素。後來我才知道，部隊有一個多年默許的規矩，針對快復員的老兵，人人都睜一隻眼閉一隻眼，只要他們不惹是生非，到了年底復員走人，你好我好大家都好。那炊事班長軍容不整的另一原因，是連長和指導員很寬容他，都擔心惹得他不高興，全連近百人就得餓肚子。再說，他天天在伙房做飯，軍容不整也沒什麼，反正也沒有人去看。

正是這位老兵，做飯手藝堪稱一絕，僅蓮花白便可做出十餘種，如肉炒、爆炒、熗炒、清炒、涼拌、醋溜、糖醋、水煮等。全連人最喜歡吃他做的手撕熗蓮花白。據說，自他當上炊事班長後，便強調，蓮花白不挨刀，不論怎樣做均要手撕，那樣才不會破壞蓮花白的自然味道。做手撕蓮花白很簡單，用手將蓮花白撕成小塊，用清水浸泡片刻，洗淨後撈出，瀝乾水分，然後將大蒜洗淨切粒，把乾辣椒剪碎備用。等鍋裡的油燒熱，先爆香蒜粒、乾紅辣椒、花椒等，然後倒入蓮花白大火翻炒片刻，再調入適量生抽、鹽、雞精等翻炒均勻即可。做手撕蓮花白須注意兩點，一是選擇剛摘下不久的蓮花白，熗炒出鍋後食之，口感脆嫩，口味鹹香。二是一定要大火翻炒，而且時間要短，如果炒得久了，其成色、口感、營養都會欠佳。

我曾親眼看見過他做手撕蓮花白的風采。他指揮炊事班的戰士操作，從頭到尾只有兩個字——放和起。放，就是蓮花白入鍋。他一聲令下，兩位戰士抬在手中的大盆向大鍋中一倒，一大盆蓮花白便進了鍋。起，則是大鍋中的蓮花白熗炒到一定的時候，必須及時出鍋。那老兵只要喊出一聲起，兩位戰士各自手持一把大鐵鏟，將大鍋內的蓮花白快速鏟入大盆內，然後給每個班分一盤子。如果那兩位戰士鏟蓮花白慢了，那老兵便連喊：起起起，那兩位戰士手中的鏟子便驟然加快。那等情景，說明熗炒蓮花白的時間，一分一秒也耽誤不得，否則便不好吃。

這位衣著不整的老兵，進了廚房便恍若換了一人。一眼掃過去，哪個地方沒有打掃乾淨，哪些餐具沒有歸位，或者浪費了糧油米麵，都逃不過他的眼睛。有一次，他突然指著一個地方說有老鼠，大家連老鼠的影子也沒有看見，哪裡會有老鼠？但他一指米袋後面，讓大家備好擊打之物，然後過去對著米袋踢了一腳，果然躥出一隻老鼠。大家七手八腳地打老鼠，卻無一能打中。最後是他守住門口，待老鼠驚慌竄出，一腳踩下，那老鼠叫了兩聲便一命嗚呼。另有一次，一位戰士將蓮花白稱為蓮白，他訓斥那戰士一頓，且硬生生讓其大聲練習「蓮花白」十遍才甘休。

我也曾挨過他訓斥。一日早上輪到我幫廚，他讓我取雞蛋準備做雞蛋湯。我心想，全連近百人要喝雞蛋湯，便準備了二十個雞蛋。不料他看見我端了一盆子雞蛋，嚴厲批評我是想讓全連人吃雞蛋，而非喝雞蛋湯。他親自動手，僅將兩個雞蛋打入碗中，用筷子一番攪動後，將筷子按在碗沿，把碗稍加傾斜，便有雞蛋汁自碗沿和筷子之間的細縫漏出，呈細線狀連續落入鍋中。他輕移手中的碗，那蛋汁便龍飛鳳舞般飄飛，他那顆痣上的長鬍子也隨之跳躍。那一鍋雞蛋湯做好後，絲毫不覺寡淡，感覺一鍋滿滿的都是蛋花。

這個班長復員走後，我才知道，我們之所以多吃蓮花白，是因為在葉城有一個部隊農場，其蓮花白產量在南疆首屈一指。不久我們便在農場勞動了一週，拔完了二百餘畝蓮花白地裡的草，使得入冬後各連隊都供足了蓮花白。但因為老班長已帶著他的手藝離開，從此我們再也吃不到那麼可口的蓮花白，以至於大家都埋怨說，蓮花白並非是什麼好東西，應該換別的菜來改善伙食。

幾年後我調入駐疏勒縣的南疆軍區，在機關食堂每吃到蓮花白，都覺得不如那老班長做得好，亦更加懷念他。一天在喀什大街上意外碰到了他，原來他復員後留在了喀什的一家餐館，現已做到了行政主管的位置。

他邀我去那家餐館吃飯，並親自為我做了一盤手撕蓮花白，我一嚐，還是幾年前的味道。他雖已離開部隊數年，卻知道大家已不再喜歡吃蓮花白，說著發出一聲嘆息。

我們邊吃邊聊，遂知道這家餐館的蓮花白深受歡迎，時有回頭客專門來點。說到這些他很高興，我這才發現，他那顆痣上已沒有了鬍子。

恰瑪古

有一年秋天在柯坪縣城，聽一人說，恰瑪古是羊肉的伴侶。那人的意思是，燉羊肉時，一定要放恰瑪古，那樣才好吃。當時看見一人推了一車蔬菜，我以為是蘿蔔，問過後才知是恰瑪古。細看，恰瑪古長得極像蘿蔔，加之葉子更是與蘿蔔葉子無異，心想見了恰瑪古的人，十有八九會將其誤認為是蘿蔔。

如何區分恰瑪古和蘿蔔呢？

聽人說，柯坪的農民自有辦法。虛心請教，他們說了一個常用的辦法：蘿蔔長得直，表面光滑，看上去漂亮。恰瑪古是不規整的圓形，表面粗糙，且多棱角和凹槽，看上去醜陋。農民們說，僅憑外觀其實不好區分，因為恰瑪古和蘿蔔的長相，有時候也騙人呢！明明好看得像蘿蔔，卻是恰瑪古。有時候又難看得像恰瑪古，卻是蘿蔔。不過不要緊，管它好不好看，切它一刀，流出汁的就是恰瑪古，而蘿蔔，你切上它十刀，也沒有一滴汁流出來。

這個辦法好，以後用於區分恰瑪古和蘿蔔，應該管用。

那天在柯坪縣城，見一位八十多歲的老大爺，扛著一袋恰瑪古往自己家裡走，一問才知道，他家每天用恰瑪古做抓飯，燉羊肉。問他不管做什麼都放恰瑪古嗎？老大爺說，恰瑪古是個好東西，每天吃一點，走得快跑得動，這樣的身體就是能長壽的證明。你看我，今年的年齡嘛，是八十歲再加個五歲，身體好得可以跟小夥子比一比。他邀我去他家做客，說，他家中午要做恰瑪古燉羊肉，可以請我吃一頓。

我是閒人，加之還沒有吃過恰瑪古燉羊肉，便欣然前往。走到半路，見他肩扛那袋恰瑪古有些吃力，就提出幫他扛一會兒。他把麻袋往我肩上一扔，我頓時覺出肩上一沉。真佩服那老人已經八十五歲了，居然肩扛了這麼長時間。早知道這樣，我早就替他扛了。到了他家，他對老伴說，烏魯木齊的同志來了，趕緊把恰瑪古收拾了，把羊肉收拾了，一起燉了。他說「收拾了」，就是做飯的意思。然後，他和我坐在院中喝茶，一個多小時後，恰瑪古燉羊肉便端上了桌。那羊肉多是羊腿上的精瘦肉，咀嚼起來肉質緊實，口感頗好。那老人見我只吃羊肉，半天不吃一塊恰瑪古，便說，恰瑪古也要吃嘛，不然一肚子都是油，對身體不好。我一聽忙從碗底翻出一塊恰瑪古，吃過一口後覺出其綿滑、脆嫩和甜潤，看來，恰瑪古燉羊肉，確實是不錯的享受。吃完恰瑪古和羊肉，再喝一口湯，嚐出了山泉的味道。老人連說，多喝這個湯，這可是最好的湯。我問原因，他說，煮這個恰瑪古清燉羊肉的水嘛，是昨天晚上雪山上的冰融化的嘛，今天一早就流到了我們這一帶嘛，我嘛，在太陽還沒有出來之前提一桶回家了嘛，專門用來做恰瑪古清燉羊肉嘛！他每一句話後面都帶一個「嘛」字，聽起來親切又真誠。

吃過那頓恰瑪古燉羊肉，我便堅信，恰瑪古確實是羊肉的伴侶，因為我自己親口品嚐過，味道確實不錯。所以，這麼多年來，我有一個不變的習慣，但凡燉羊肉，必然要放恰瑪古。羊肉和羊肉湯油膩，放一些恰瑪古便不膩了。但凡人們說起恰瑪古的好處，都要強調它吸油的功勞，也有人說恰瑪古有助消化，不管哪一種說法，都讓人覺得益體大於營養。

恰瑪古最早的種植在古代中東的兩河流域，大約在西漢武帝時期，由張騫攜帶並傳入了中國。恰瑪古一名是新疆人的叫法，其學名為蕪菁，別名大頭菜、蔓菁、扁蘿蔔、九英菘和盤菜等，是芥菜的一個變種，亦稱為「根用芥菜」。蘇軾在《狄韶州煮蔓菁蘆菔羹》中寫道：「我昔在田間，寒庖有珍烹。常支折腳鼎，自煮花蔓菁。中年失此味，想象如隔生……」可見，古人在當時便有食用恰瑪古的習慣。

喜歡吃恰瑪古的南疆人，大多知道這樣一個故事：一位叫達吾提的老人患病後久治不癒，尤其是每天下午渾身潮熱，咳嗽不止。一天早晨，他咳了幾聲後吐出鮮血，從此便連下床的力氣也沒有了。家人請來醫生，診定他患的是蟲病（肺結核）。醫生將一個祕方口授給他的兒子，讓他在每天日出之前去恰瑪古地裡，用木刀將恰瑪古鑿出小孔，然後用木碗接上流出的汁液，端回家餵到父親嘴邊。他的兒子持續那樣做了半個月，他父親便能夠下地走動，三個月後恢復得和以前一模一樣。

我在葉城時，聽一位老兵天天念叨恰瑪古，後來得知，部隊外面有一大片恰瑪古，他天天盯著那裡。我去看了一次，恰瑪古長得像白蘿蔔，細看發現上面有很多疤痕，一點也不光滑。當時心想，如果買菜的是挑剔的人，恰瑪古恐怕很難被看上。

那老兵發現我的行蹤後罵了我一頓。部隊的老兵罵新兵歷來都狠，記得他當時惡狠狠地說，你如果胡㞗（尸求）子動恰瑪古，弄死一顆，我把你娃的腿打斷。

後來才知道，他陽痿，連續兩年都不敢去妻子身邊探親。他經常往恰瑪古地裡跑，是因為聽人說，如果在月圓之夜，用木刀在恰瑪古上鑿出小孔，把裡面的果肉挖掉，然後放進去一小塊冰糖，那樣的恰瑪古，在日後滲出的汁液不但勝過甘露，而且是強精壯腎的良藥。

不用猜，他所做之事一定是圍著傳說在打轉。自此我便不生他的氣了，每見他有些恍惚的神情，反倒生出幾分憐憫。食用恰瑪古汁液能否強精壯腎，那個年齡的我並不關心，但我對它的傳奇頗有興趣。之後便瞭解到，在每天日出之前，空腹喝恰瑪古汁液，有病者日喝九次，無病者日喝一次，可起到有病祛病，無病強身健體的作用。

一次在一位朋友家做客，見他燉的羊肉中有恰瑪古，便問其做法。他說簡單得很，涼水放肉，煮開後用勺子將血沫和浮油潷去，再將切成塊的恰瑪古放進去，用文火燉煮一小時左右即可。那天的燉羊肉端上桌後，我先吃了幾口恰瑪古，比蘿蔔綿軟爽滑，但卻有一股韌勁，感覺很足實。我特意留意了一下，發現那羊肉及羊肉湯果然不同。

但人們談及恰瑪古，仍多說它的食療作用，什麼通三焦、益中氣、利五臟、解邪毒、生精、補氣、消渴、提神、潤肺、解毒、清肝明目、強精壯腎、通便利尿、生髮美容、強健筋骨……總之說法多之又多，聽得讓人頭暈。

我自從吃過恰瑪古後便堅信，它好吃乃是最明顯之處，至於食療功能，但凡食物都有，況且還有弊端，不可誇張言傳。

依稀記得那老兵在農民們收恰瑪古時，站在地邊出神凝望，一隻手握緊了衣服一角。我不便與他說什麼，亦不忍心猜測他的真實情況，便遠遠避開，免得讓他難堪。

到年底探親時他回家去了，戰友們說到他喝恰瑪古汁液的話題時突然打住，暗自為他心生美好願望。假期完畢後他歸隊了，看不出有任何情緒的變化，大家嘴上不說什麼，卻在心中暗自揣度。後來他妻子生了小孩，大家還在為他高興。

但是過了一段時間，他卻與妻子離了婚。

阿魏菇

樹葉臭，但根香，說的是阿魏菇。

其樹葉臭，是說每年積雪融化後，名曰阿魏的一種草便長出枝葉，且發出難聞的味道。但它的根部卻會長出一種蘑菇，因植物叫阿魏，人們便順口稱其為阿魏菇。把阿魏菇採回去炒菜，肉質細嫩，極為香濃嫩滑，其鮮美遠勝其他蔬菜。這就是阿魏菇的香了，與樹葉的臭形成了鮮明對比，並聲名遠揚。

在中國，僅新疆有阿魏菇。阿魏菇可成藥，可美容，可食用，其營養成分極高，被冠以「食用菌皇后」的稱號。因其品質接近羊肚菌，所以二者被並列稱為「姐妹菌」。民間把阿魏菇稱為「西天白靈芝」，其鍾愛程度可見一斑。

阿魏菇每年僅生長一月時間。五月間，積了一冬的雪融化，滲入戈壁沙漠中。悄悄蟄伏的阿魏菇，得到雪水滋養後便迅速崛起。它的生長速度極快，幾乎一天一個樣子。它們剛長出時，因為太小，不容易發現，幾天後長大了，就好找多了。從五月開始，至六月上旬，是阿魏菇的黃金時節，它們任由風沙吹打，把細膩、潔白、渾圓的身體聳立向蒼穹。人們擔心沙塵天氣會使阿魏菇夭折，但它們始終完好無損。人們於是把阿魏菇比喻成戈壁的胳膊最粗的兒子，說，沒有什麼能打敗它。

人們發現阿魏菇的營養價值後，每到五六月便到戈壁荒灘中去尋找它。牧民起初不屑一顧，認為阿魏菇是奇怪的草，哪裡有羊肉好吃。但他們嚐過阿魏菇後不得不驚歎，這個東西好，簡直就是羊肉的哥哥！

阿魏菇以菌肉厚，色澤純，味鮮嫩而受人青睞。人們在發現一顆阿魏菇時，會用手指捏住其根部，輕輕向上一提，便連根拔出。小心帶回家清洗後，燒湯，炒菜，燉肉皆宜。尤其是燉湯，放少許羊肉丁，配以香菜、枸杞、蔥花等，未出鍋便味香四溢。也有人只用阿魏菇做湯，不加其他食材。那樣的湯味道更醇正，喝幾口湯後，再咀嚼酥軟的阿魏菇片，感覺回味無窮。

除了用阿魏菇做湯，還可以做出阿魏菇炒羊肉、紅燒阿魏菇羊蹄、素炒阿魏菇、阿魏菇鮑汁飯、阿魏菇拌麵、阿魏菇湯飯、阿魏菇燒牛肉等等。以前吃阿魏菇，都是在戈壁上尋找採摘的，所以能吃上它的時間也就一個月，過了那個時間，只能耐心等待下一年。

如今已有大量人工種植的阿魏菇，一年四季都可以吃到，但味道遠不及野生的好。有一人想吃阿魏菇，卻死活不去買人工種植的，別人問他原因，他說，吃野生的阿魏菇是想讓嘴享福，怎麼能騙嘴呢？

我吃過人工種植的阿魏菇，其嫩滑清爽之感尚好，但味道比起野生的就差遠了。尤其是做湯，明顯少了那股香味，再咀嚼阿魏菇片，吃不出獨特的味道。看來，味道並非僅僅只來自味蕾的感覺，內心的感覺，乃至於感情都很重要。

最難忘的一次，是在古爾班通古特沙漠中。當時正值五月，同行者說可以採到阿魏菇，於是大家便四下散開，尋找不久便採到五顆。我們把阿魏菇的根除去，將菇身和菇帽切成片，放入羊肉湯中，做了一鍋阿魏菇揪片子，站在寒風中吃下，就不冷了。

吃完聊天，有朋友說，阿魏菇是去過大地方，被皇帝青睞過的東西。自唐朝起，西域的阿魏菇便是貢品，人們用雪和冰塊將其包住，在外面裹上泥巴，在泥巴外又裹上草葉，使其保持一定溫度，在路上走三四個月，運抵京城供皇帝享用。從那以後，歷朝歷代的封疆大吏因遠離京城，極少有機會見到皇帝，於是便挑選僅新疆獨有的好物，進貢入京讓皇帝品嚐。同樣，香梨、葡萄、小白杏、哈密瓜，都有類似的經歷。

大家說著這些，便向遠處的戈壁望去，浩渺的煙塵讓雪山變得影影綽綽，偶爾有牧民騎馬經過，那馬發出嘶鳴聲，很快就被煙塵淹沒。

第二天我們碰到好運氣，在一個石灘中採到二十多顆阿魏菇。此乃天助，豈能不認真對待。我們決定做一道爆炒阿魏菇。因為戈壁中沒有調料，所以只放了一把鹽，孰料炒出來後味道極佳，其滑嫩脆爽的口感，醇香濃烈的味道，令人大飽口福。

有一人感嘆，有這麼好的阿魏菇，還要什麼肉啊！大家吃畢總結出一點，我們清洗和爆炒阿魏菇時，用的都是積雪融化後剛剛流下來的雪水，所以味道才如此之好。阿魏菇的生長得益於雪水，直至被做成菜時仍少不了雪水相助，這就是阿魏菇的秉性，我亦將其視為做阿魏菇的祕訣，從此牢記並屢試不爽。

有關阿魏菇的趣事，聽來亦讓人欣喜。有一隊地質隊員在戈壁多日，苦於吃不上新鮮蔬菜，便去尋找阿魏菇。找到阿魏菇，發現其根部有一塊黑石頭，他們發出一陣驚呼。原來，那黑石頭就是他們苦苦尋找的礦石。而且一般來說，這東西但凡有一塊，其地下便必然有礦藏。後來，他們對那個地方深度勘探，果然找到了礦石。

因為發現礦石太過於偶然，也太過於離奇，所以人們便妄言妄傳，說有阿魏菇的地方一定有礦石。後來在那一帶又發現了金絲玉、寶石光和狗頭金，人們覺得阿魏菇既然能引出礦石，那麼與那些寶石之間也一定有靈異感應，於是但凡找到阿魏菇，人們便睜大眼睛四下張望，直至眼睛望得發酸，卻什麼也沒有。

一個偶然事件，不可能次次如是，漸漸地，人們的僥倖心理便煙消雲散了。有一人卻不死心，他找到阿魏菇後嘴裡念念有詞，希望自己能得到一塊狗頭金，但是戈壁上呼的一聲就起了沙塵暴，他不敢停留，便用手遮掩口鼻，垂頭喪氣地離去。

椒蒿

五月的角，六月的蒿，七月八月當柴燒。

此為北疆說椒蒿的順口溜，意思是，在六月裡吃椒蒿最好，過了這個月份，椒蒿便長粗長老，不能食用。

在新疆，經常聽到人們用民謠、順口溜和諺語講述食物，譬如「一口香，一碗飽」、「哪怕活到中午，也要準備晚飯」、「馬是男兒的翅膀，飯是人類的營養」、「有地不嫌遠，有飯不嫌晚」、「天天騎的馬不長膘，天天吃的飯沒味道」、「挑衣服的人受凍，挑飯菜的人挨餓」、「繩軟好繫，飯軟好嚼」、「瓜熟透了甘甜，菜炒熟了可口」、「飽不宰母雞，餓不食穀種」等等。依我看，順口溜說得久了，便會像「吃肉的牙長在嘴裡，吃人的牙長在心裡」一樣成為諺語。諺語並非是神創造的，而是具有一定民間智慧的生活哲理，因被人們長久言傳，逐漸就成了諺語。

椒蒿的別名叫灰蒿和蛇蒿，多生於山坡、草原、林緣、路旁、田邊及乾河岸。新疆人將椒蒿稱為「麻烈烈」，是因為椒蒿入口有一股異香，近似薄荷和藿香，但味道更勝一籌，麻烈烈地攪纏舌頭和味蕾，故得此名。

椒蒿是多年草本植物，北疆一帶的溫泉、精河、查布查爾和東疆的巴里坤、伊吾等地均多產。新疆人對端上餐桌的椒蒿的態度持兩端，一種認為其味麻而苦，一口不吃，避而遠之。另一種卻鍾愛其獨特之味，吃一次便欲罷不能，常掛念在心上。

我第一次吃椒蒿是在駐巴里坤的邊防一團，一道涼拌椒蒿上桌，立刻將一桌人分成兩派。一派聽說其味道不好，筷子一伸，又猶豫著收了回去。另一派如我，一嚐之下喜形於色，不但味道難得，而且感覺有提神的作用，於是便多吃了幾口。那天在席間聽說，有人將椒蒿稱為「新疆芥末」，我深以為是。椒蒿一入口便自舌尖散出一股麻味，如果在口中稍微品一下，或者咀嚼，那股麻味便自口腔沖入鼻腔，頓覺刺激，亦讓人清醒了不少。

巴里坤是新疆漢文化最為集中之地，尤以中國傳統特色美食最為明顯。據說，這裡的家庭主婦因鍾愛椒蒿，遂用其代替花椒。久而久之，巴里坤人便吃椒蒿上癮，尤其是喝酒後吃一碗椒蒿湯飯，既解酒又解饞。那天我們亦在最後吃了椒蒿湯飯，那麵片揪得小而薄，加之放了醋，再由椒蒿提味，整個湯飯便湯鮮味濃，吃起來通體舒展，大快人心。

後又聽人說，椒蒿還被稱為「新疆毛尖」，想必是被當作茶喝了。但我沒有喝過，想像不出是怎樣的沖泡技巧，泡出的湯汁又是怎樣的顏色和味道。

吃過一次椒蒿馬鈴薯絲後，便知道用椒蒿作輔料，還可以做出椒蒿炒羊肉、椒蒿炒雞蛋、椒蒿拌麵、椒蒿餃子、椒蒿湯飯等。我那次想從巴里坤帶一些椒蒿回去，但尋遍菜市場卻不見其蹤影。細問之下得知，吃椒蒿吃的是剛長出的嫩葉尖，我去的時令不對，用巴里坤人的話說，椒蒿已經長成了稈稈，快結籽了。

到了第二年五月底，突然想起「六月吃蒿」的說法，心想巴里坤的椒蒿應該有賣的了，便去北園春菜市場打聽。北園春在烏魯木齊是品種最全的菜市場，凡是與吃有關的東西，在北園春沒有找不到的。進入北園春一問，一位熱心人指著不遠處的一個攤位說，就那兒，這幾天只賣椒蒿，別的什麼都不賣。我過去一看，果然是鮮嫩的椒蒿，一把一把地碼成一堆，誰要買，只能按照從上到下的次序拿，不能隨意挑選。我看那一把剛好吃一頓，便買了一把，回家做了一盤。做椒蒿不難，先將椒蒿摘好洗好瀝水，起鍋燒開水，將切好的椒蒿放入焯水一分鐘，撈出瀝乾。這時切好蔥薑蒜，備好辣椒段，在鍋內將油燒熱，放入蔥姜蒜辣椒段炒香，倒入瀝水後的椒蒿，加鹽、蒜末、醋等翻拌後裝盤上桌。之所以在最後要放蒜末，是因為先前的蒜主要用於炒香了，出鍋再加點蒜末，味道會更加香辣可口。

後來聽說，居住在伊黎河邊的錫伯族人將椒蒿稱為「布林哈雪克」，即「柳葉草」、「魚香草」的意思。錫伯族有一道菜叫「椒蒿燉魚」，是從河中打出魚後，用河中之水放入椒蒿燉煮而成的。其出鍋後味鮮肉嫩，吃一次便念念不忘。有一次，去伊犁參加一個文學活動，我先前的戰友一大早就去伊黎河邊釣魚，無奈那麼大的伊黎河居然在那天無魚。他見到一位漁民用漁網打得一條大魚，便掏錢買回來，讓餐廳做了一大盆椒蒿燉魚，大家在席間吃得讚不絕口。我一問才知道，他為買那條魚花了一千多元，實在是太貴了。我不想辜負他的一片深情，便多吃了一些。

回到烏魯木齊，聽說幸福路有一家叫「嘎善」的錫伯族餐廳，其椒蒿燉魚擁有大批忠實粉絲。我去吃過一次，發現廚師除了在魚湯中放椒蒿外，還打入了一點麵糊，撒了些韭菜花，味道更是鮮美，忍不住幾口就喝完了。那一頓我放下矜持，甩開膀子吃了個酣暢淋漓。

餐後與老闆交流，得知現在有人專門種植椒蒿，不僅春夏兩季能吃到新鮮的，哪怕大雪紛飛的寒冬也能吃到乾椒蒿。最重要的是，不論新鮮椒蒿還是乾葉，其味道都絲毫不減半分，喜歡吃的人在菜單上一看到「椒蒿」二字就挪不開眼睛，大聲吆喝著讓服務員上一道來。

最難忘的是在溫泉縣吃到了椒蒿拌麵。本來是一大盤拌麵，拌菜中只有羊肉和青椒，但因為有了椒蒿提味，吃起來連拉條子也感覺不一樣了，顯得分外筋道彈牙。吃完後本來要按照「原湯化原食」的原理喝一碗麵湯，老闆卻勸我們喝一碗放了椒蒿的魚湯，並強調魚是早上剛從河中打來的，椒蒿也是剛長出的嫩尖葉片。他特意強調說，來她餐館吃拌麵的人沒有不喝那湯的。

我想起先前幾次喝過的椒蒿魚湯，便讓老闆趕緊上。喝完後一抹嘴，感覺五臟六腑都透著的美妙感覺，已很難用言語表達。

後來，在烏魯木齊北京路的一家餐館又吃到了椒蒿拌麵，但卻聽到了一件讓人傷感的事情。說是有一個人前後三年，每到星期天必去他家吃一頓椒蒿拌麵。每到他要來的日子，餐館會早早地為他備好麵菜，他一進門便可以動筷子。但有一天他卻沒有來，幾經打聽才知道，他在來餐館的路上出了車禍。我聽得很震驚，好像剛吃下的拌麵堵在了心裡，直至回到家才好受了一些。

另有一件和椒蒿有關的事情，聽來讓人欣喜。有一人，見椒蒿廣受歡迎，便承包了十餘畝地，大面積種植，不料到了該長出嫩芽的時節，那椒蒿才長出一兩寸高的小苗。他覺得選擇的地方不宜種植椒蒿，遂絕望放棄。但誰也沒想到，那椒蒿在後來卻長得很快，在第二茬給他長出了齊刷刷的嫩芽。他跪在地邊大喊一聲椒蒿，繼而淚流滿面，喜極而泣。

地軟

地軟因南北不同，通常被稱為地皮、地皮木耳、地見皮、地踏菜、地衣等，不一而足。

地軟在古代名字頗多，譬如在《本草綱目》中，地軟被稱為「地踏菰」。在《養小錄》中，則又被稱為「地踏菜」。而在《野菜博錄》中，卻被叫出了「鼻涕肉」的滑稽名字。相比之下，「葛仙米」這個名字則更為浪漫，《本草綱目拾遺》一書對此有詳細解釋：「晉葛洪隱居乏糧，採以為食，故名葛仙米。」

古代烹調地軟的方法，最佳者應是清代袁枚在《隨園食單》中的介紹：「將米（袁枚在這裡說的米，也就是地軟，與『葛仙米』一說相似）細揀淘淨，煮半爛，用雞湯、火腿湯煨。」到了晚清，有一個叫薛寶辰的人在《素食說略》發表了他的獨特創見：「取細如小米粒者，以水發開，瀝去水，以高湯煨之，甚清腴。餘每以小豆腐丁加入，以柔配柔，以黑間白，既可口，亦美觀也。」地軟曾被作為貢品，在皇宮中用作御膳，譬如宣統的御膳單上，就有一道用地軟做出的菜叫「鴨丁溜葛仙米」。直至後來到了溥儀，仍然經常吃地軟，他在《我的前半生》中亦對此有所記述。

一場大雨後，地軟從地裡冒出頭，軟軟地鋪在地上，水靈嫩生，肥潤脆滑，見者抓緊時機拾撿，裝入籃子提回家。太陽一出來，鮮嫩肥潤的地軟，會乾縮得很小，便無法再採撿。所以說，它們往往因一場雨醒來，又在一場雨後沉睡。

地軟生長範圍廣，適應性強，有木耳之筋道，卻比木耳更脆。有粉皮之綿軟，但比粉皮更嫩。常用於炒、拌、溜、燴和作羹等，可葷可素，味道極佳。人們在雨後撿拾地軟回家，常見的是做地軟包子、地軟餃子、地軟炒雞蛋、地軟炒肉、地軟湯等。地軟的特點是質地柔軟，咀嚼口感好。如果加入調料，其味馬上變得濃烈，尤其是具有吸油的特點，所以炒肉為最好。

我老家多地軟，每逢雨後，大家便提一個小竹籃去野外撿拾。說起來有意思，地軟是一種在短時間內蓬勃生長，展示生命的陸生藻類植物，如果長期不下雨，它們便呈乾枯收縮狀，但卻仍然活著，只等大雨一下便綻放生命光彩。

那時候我們在草叢、樹根或石頭上找到地軟，用手指捏住其一角輕輕一拉，一片柔軟濕潤，且幾近透明的地軟就到了手。儘管要用力從地上拔拉，但老家人仍將此稱為「拾地軟」，似乎一場雨後滿山遍野皆是地軟，只需去撿拾即可。我每去拾地軟都提家中的一個小竹籃，地軟不會拾得太多，而我的小竹籃總是滿滿的，一晃頗有成就感。拾地軟時能感覺到地面的濕氣浸入褲管，不一會兒就讓腿腳發涼，但這時候的地軟更吸引人，我們已管不了那麼多。拾地軟僅有一上午時間，中午的太陽會讓地軟縮回，不但難以拔出，亦吃不出綿軟嫩滑之感。所以我們都是一大早就出門，拾過一處便迅速奔向另一處，是真正的與時間賽跑。

記得地軟最多的地方在地台、石頭上、溝渠、樹下、窪地、塄坎、山坡和荒地中，那荒地被廢棄後不再長莊稼，卻總是長出地軟，有人便認為那荒地並沒有徹底荒廢，下多少場雨就能拾多少次地軟，還不用費力氣種植，難道不划算嗎？由此可見，有些事情並非只有不好的一面，只要你保持熱情和耐心，就一定能等到好的結果。

後來在清人王磐的《野菜譜》中瞭解到，地軟作為食物古已有之：「地踏菜，生雨中，晴日一照郊原空。莊前阿婆呼阿翁，相攜兒女去匆匆。須臾採得青滿籠，還家飽食忘歲凶，東家懶婦睡正濃。」這首歌謠記述了地軟救荒的情景。可見，地軟自古以來，就是饑年重要的野蔬。

我到了新疆後驚喜地發現，伊犁、博樂、塔城、阿勒泰和哈密等地也多有地軟，尤其是阿勒泰的白哈巴和禾木一帶，每到夏天幾乎天天都會下一陣雨，村後彌漫著松木清香的山坡上，在雨後便滿是地軟。

一次，我想弄清楚白哈巴村後的地軟，是否從山腳一直延伸到了山岡？沒走幾步便被一位牧民喝住，他責備我，沒看見腳下的地軟嗎，那是吃的不是糟蹋的！我便趕緊停住腳步，表示歉意後坐在石頭上抽煙，看他彎腰撿拾地軟。他撿拾得很仔細，總是一手捋開草叢，用另一手將地軟輕輕拔出放入塑膠袋中。遇到長在石頭下的地軟，他便把石頭搬開，取了地軟後又將石頭放回原處。我問他緣由，他說雨嘛會不停地下，地軟嘛會不停地長，人嘛會不停地來，如果一次把地軟的根破壞了，人再來嘛地軟就沒有了嘛！聽他那麼一說我便坦然了，這些深居大山密林中的牧民，深諳大自然規律，從中找到了活命的方法，亦沿襲古老的遊牧法則一代代繁衍，他們是真正的大自然之子。

到了下午走到村莊前的小河邊，他勒住馬韁繩讓馬停下，用手掬水洗乾淨馬的四蹄，才讓馬過了小河。我又問緣由，才知道，村裡人吃那小河中的水，他不能讓馬蹄上的泥巴弄髒了河水。他過河後與我分開，很快牽馬進了柵欄。他家屋頂上已升起炊煙，飄出了奶茶的香味。我想起他將石頭放回原處和洗馬蹄的動作，覺得他活得如此坦然而從容，今晚一定做個好夢。

第二天又下了一場小雨，待雨停住，村中的孩子們便擁向村後的山坡去撿拾地軟。我也想過一把癮，便尾隨他們去了山坡。因為雨下得小，冒出的地軟不多，有的只露出一個形狀，像是等待太陽出來就縮回原形。孩子們在山披上跑來跑去，傳出一片「沒有，沒有」的聲音，一陣忙碌過後，很多孩子都一無所獲，沒有了再找的興趣。

但有一個孩子卻運氣頗好，碰到了一大堆地軟，好像所有的雨水都落到了這一堆地軟上。地軟雖多以散狀分布，但偶爾也有成堆的，但凡碰到者都會為好運氣驚呼。那孩子悄悄把那堆地軟撿拾乾淨後，才發出欣喜的叫聲。他這一叫，引得所有孩子都圍了過去，有羨慕的，也有失落的，更多的是想看看那成堆的地軟是何模樣。但他卻把塑膠袋捂得嚴嚴實實的，不讓看。有一個孩子動了心思，提出與他進行投石頭比賽，每人用十個小石頭投向剛才撿拾地軟之處，他若投中得多，便贏走那袋地軟，如那小孩投中得多，他便付十塊錢買走他的地軟。那小孩被十塊錢誘惑，遂同意比賽。結果卻輸了，剛剛到手的一塑膠袋地軟到了對方手中。他懊惱得大喊大叫，流露出反悔之意。所有孩子都不願意了，紛紛指責他不講信用，並用諺語教訓他：一個人不可能有兩個影子，一件事不可能有兩個結果。他被他們的氣勢壓得低下頭，他們便又訓他：說話算數的人，嘴一張是香的。說話不算數的人，嘴一張是臭的。他的心理防線被擊潰，只好交出「戰果」，抹著眼淚回家去了。

不知道他回到家，會怎樣對家裡人說這件事。

頭髮菜

頭髮菜是藻類植物，廣泛分布於沙漠和貧瘠的土壤中，因其色黑而細長，酷似頭髮，故得此名。頭髮菜另有含珠藻、龍鬚菜、髮菜、石發、乾苔、江蘺、竹筒菜、粉菜、發藻、大髮絲、地毛、地耳筋、毛菜、仙菜、淨池毛等別名，可謂是別名最多的野菜。

頭髮菜鮮美可口，白居易吃過後寫下了詩句：「仰窺不見心，石發垂如鬢。」頭髮菜好吃，但不管白居易如何端詳，卻都看不出名堂，真是難為他了。

明末清初戲曲理論家李漁在《閒情偶寄・飲饌部》中對頭髮菜有這樣記載：「菜有色相最奇，而為《本草》、《食物志》諸書之所不載者，則西秦所產之頭髮菜是也。予為秦客，傳食于塞上諸侯。一日脂車將發，見坑上有物，儼然亂髮一卷，謬謂婢子櫛發所遺，將欲委之而去。婢子曰：『不然，群公所餉之物也。』詢之土人，知為頭髮菜。浸以滾水，拌以薑醋，其可口倍於藕絲、鹿角等菜。攜歸餉客，無不奇之，謂珍錯中所未見。此物產於河西，為值甚賤，凡適秦者皆爭購異物，因其賤也而忽之，故此物不至通都，見者絕少。由是觀之，四方賤物之中，其可貴者不知凡幾，焉得人人物色之？髮菜之得至江南，亦千載一時之至幸也。」古人鮮有美食論述，尤其是介紹其具體做法的書，李漁在這方面倒是例外。他將頭髮菜介紹得如此詳細，甚至不乏做法，今人看過，馬上可以實作。

中國人食用頭髮菜歷史悠久。漢代的蘇武被匈奴的且鞮侯單于放逐北海（今俄羅斯貝加爾湖）牧羊。當時的蘇武饑腸轆轆，無意中，瞥見石頭縫裡有一叢野草，仔細一看是頭髮菜，便高興得叫了起來。蘇武在先前就知道頭髮菜出自西域，因為在漢代，權貴們會把頭髮菜作為貢品奉獻給皇帝食用。蘇武向四周一看，居然有不少頭髮菜長在石縫中。那一刻的蘇武無比興奮，他可以活下去了，且鞮侯單于對他「只有公羊下了小羊才可回去的」的要脅，必將不攻自破。後來到了唐代，已有頭髮菜作為商品出售。清代，頭髮菜亦是向宮廷進貢的貢品，慈禧太后對此物情有獨衷，御膳單上經常會有一道「拌髮菜」。

李漁對頭髮菜也非常鍾愛，不但常常在詩文中提及，而且還曾稱其為「河西物產第一」。頭髮菜在甘肅的河西走廊為最多，究其原因，是因為河西走廊處於荒漠和半荒漠當中，十分適合頭髮菜生長。尤其在山丹縣境內更是隨處可見。每年入秋和翌年春天兩個季節，舉目皆可看見頭髮菜生長，亦是採收的黃金季節。

廣州人把頭髮菜稱為髮菜，寓意為發家、發財。新疆人則直接叫頭髮菜，並稱其為「無價的黑色珍品」。但新疆人多以牛羊肉為食，吃野菜很少，所以不論在飯館餐廳，還是在家庭餐桌，都很少見頭髮菜。

十餘年前在額爾齊斯河谷間，第一次見到頭髮菜時，正是頭髮菜的成熟期，岩塊、碎礫、石縫等處，長有一堆又一堆頭髮菜。本以為此物喜歡生長在堅硬的地方，不料一扭頭，又瞥見在低窪的雪水、雨水積存的地方亦有頭髮菜生長。細看，頭髮菜絲細長，且頗為綿密地穿插交織在一起，看上去很像頭髮。它們的顏色初看以為是黑色，但細看後才發現是墨綠，隱隱有凝重之感。後來吃到的頭髮菜，則全然變成了黑色，看來這是一種會變顏色的植物。

碰到了，就摘一些回去吧。我們將頭髮菜絲稍微捋一捋，從根部掐斷，然後就是一大把到了手裡。頭髮菜絲手感柔軟舒適，忍不住便像梳頭一樣再次將其一一捋順，裝入口袋。提著往回走時，有人指著喀納斯的方向說，西域時的頭髮菜，被駱駝馱著，沿著絲綢之路，走到了當時的波斯、大食（今伊朗），在外面的名氣比在中國大得多。當時的絲綢之路熱鬧非凡，頭髮菜沒有揚出名聲，之後就很難了。

當晚，由擅長做飯的人煮，大家吃了一頓涼拌頭髮菜。仔細品嚐，裡面放了蒜、蔥花、紅辣椒、花椒、香菜、藿香，潑了燒熱的清油，在底下鋪了一層核桃仁，但沒有放醋。問及為何不放醋，答曰，頭髮菜被醋一泡便酸澀，所以不放。雖然少醋，但味道仍不錯。頭髮菜絲經調味後，其本身淡淡的麻辣味道，綿軟、柔嫩的口感，加之剛剛摘下的新鮮勁兒，讓食者無不歡呼過癮。

問及做法，廚師說，做頭髮菜最關鍵的是洗菜，來來回回要洗上不下十遍，才算是洗乾淨了。又問頭髮菜中有什麼髒東西，非要那樣洗不可？答曰，裡面有沙子，所以要多洗。洗淨後放入沸水，焯一下即可出鍋，時間千萬不能太長，否則便太過軟爛，食之有菜糊糊的感覺。其實，頭髮菜是時蔬菜，吃就圖個新鮮，如果不新鮮便沒什麼吃頭。

頭髮菜可炒食、涼拌和做湯，以滑、柔、嫩、脆、潤等特點吸引人，並以清香細潔、柔軟鮮美成為蔬菜之首。頭髮菜有降血壓、降血脂、治療創傷、佝僂病、痢疾、氣管炎、鼻出血、化痰止咳、涼血明目、通便利尿等作用，但體質寒涼者，腎臟不好者要少吃或不吃。有一人為頭髮菜的美味誘惑，貪吃得多了，第二天雙腳腫脹，無力邁出一步。原來他患有風濕性關節炎，吃了頭髮菜無異於雪上加霜。

我曾吃過素炒頭髮菜、頭髮菜蠔豉粥、頭髮菜蛤蜊湯、頭髮菜炒雞蛋、頭髮菜羊腿肉、頭髮菜雞絲、頭髮菜蝦仁、頭髮菜馬腸、頭髮菜西芹、頭髮菜蘆筍、銀耳頭髮菜羹、頭髮菜煎餅、頭髮菜竹筍扒魚肚、肉鬆頭髮菜豆腐、頭髮菜萵筍湯、頭髮菜魚丸湯、酸辣頭髮菜湯、頭髮菜蠔豉蓮藕豬手湯、頭髮菜蓮藕紅豆湯、頭髮菜竹笙卷、頭髮菜扣肉、頭髮菜海鮮羹等。其中印象最深的是親手做過的頭髮菜蠔豉粥。先將米放在燜鍋內膽裡，上灶煮到沸騰，然後將泡開的蠔豉切成小顆粒狀放入煮十分鐘，然後把燜鍋內膽放入燜燒鍋內，燜兩小時，將內膽取出，放入切好的頭髮菜，用筷子攪散，再煲十五分鐘，加入鹽，便可盛出吃了。

前年又去了額爾齊斯河沿岸，發現頭髮菜少多了。有人說近年來亂採濫挖得很厲害，頭髮菜已經很少了，但烏倫古湖一帶的頭髮菜仍然不少，每年都能採出很多。到了烏倫古湖邊，便打聽頭髮菜的情況，人們卻都搖頭，一臉的失望之色。原來烏倫古湖一帶的頭髮菜更少，有的人找上一天，也未必能找到一束。

我們在湖邊一側的山谷中閒逛，碰到一位放羊的牧民，他的羊踢翻了一塊石頭，他長久地盯著石頭下面看，直至臉上浮出失望的神情後才離去。

有知情者告知，那石頭下長過頭髮菜，現在卻什麼也沒有了。

冬蟲夏草

冬蟲夏草已被人們傳說得頗為神奇——它們在冬天時是蜷縮的蟲，在初春時冒出芽，像草一樣往上長。

其實，冬蟲夏草是一種菌類，因為像蟲亦像草，故得此名。在牧區，人們將冬蟲夏草簡稱為蟲草，每每提及，語氣中便透出珍貴的意思。每年夏至前後，積雪融化，青草冒出嫩芽。牧民一邊放羊，一邊在山野林中尋找冬蟲夏草。那時到處都能看到這樣的景象：羊群在山坡上吃草，牧民低頭在地上尋覓，偶爾抬頭向羊群吆喝一聲，走散的羊便馬上歸入羊群。

如果要細說冬蟲夏草，便不得不提蝙蝠蛾。此物的不凡之處是能在地下產卵，然後孵化成為幼蟲。另外，有一種孢子植物，會隨著水汽滲透到地下，先是寄生在蝙蝠蛾的幼蟲身上，然後依靠吸收幼蟲的營養繁殖真菌。天賜萬物生長的密碼，孢子的菌絲在成長的同時，幼蟲也一起長大，然後鑽出地面。但孢子的菌絲猶如惡棍，會一直纏滿蟲體，直到幼蟲被折磨得死去。幼蟲死亡時正值冬天，所以人們將它們稱為冬蟲。而到了氣

溫回升的夏天，菌絲又從冬蟲頂部萌發長出，看上去像草一樣，人們於是又將其稱為夏草。這就是冬蟲夏草的生命更迭，亦是大自然中不動聲色的生命循環。

冬蟲夏草多產於西藏、青海、甘肅、雲南、新疆等高海拔雪山區域。明代名醫張景岳《景嶽全集》中也寫道：「四川靈山有蟲草，味甘、性平、色黑，強腎最佳。金蟲入藥，益肺補腎，化痰止咳。」古人採藥上高山，越是深山峽谷山高路險，越能尋找到名貴珍稀的藥草，冬蟲夏草也是如此。

李時珍亦與冬蟲夏草有過趣聞。一天，他聽說有一位百歲老人居於長江之濱，身體如青壯年一般，不禁感慨：「自古以來，六十日老，七十日耆，八十日耄，九十日耋，活到百歲號稱期頤或人瑞。此老雖然已超過了期頤之年，怎麼仍像青壯年般健碩，像青少年般陽光？」待李時珍尋到老人一看，雖為老人神態，但走路時剛勁輕捷的步伐令人吃驚。李時珍向老人討教不老的原因，老人說，他今年一百〇六歲，六十年前有一老僧告知他，在川藏高原的陰坡和深峽地帶，生長有一種在冬天為蟲，夏天為草的「雪蠶」，採來食之可延年益壽，返老還童。他採回雪蠶用米酒泡好，每日早晚各服一碗，一個月後便呼吸順暢，三月後則體恙漸去，半年後渾身血氣逐增，體如青年。李時珍聽後，便去川藏高原的陰山和深峽地帶尋找，幾經周折，終於採得雪蠶。經過研究和嘗試，斷定雪蠶確實對人體有益，遂在《本草綱目》中做了詳細表述：「雪蠶生於陰山、峨眉以北，長六七寸，色黑。」李時珍發現的雪蠶，就是人們後來所說的冬蟲夏草。

醫學書籍《藏本草》對冬蟲夏草有記載，稱其有「潤肺、補腎」之功效。明代中期，冬蟲夏草被人帶到日本後，受到廣泛歡迎。清朝雍正時期，因為冬蟲夏草的食療作用被認可，遂被列為藥材。在兩百多年前，一位歐洲傳教士目睹中國人食用冬蟲夏草的好處頗多，便將其帶到法國，使冬蟲夏草的聲名再度遠揚。

蟲草金貴，藥用可抗寒、抗疲勞、調節肝臟、補肺益腎、止咳潤肺、壯陽和提高免疫力等。日常可用於燉雪雞、燉羊肉等，將蟲草放入肉湯或骨頭湯中，並可在喝湯時將蟲草咀嚼吞下。除此之外，人們還將蟲草泡水喝，每日續水四五次，最後亦將蟲草咀嚼咽下。也有人將蟲草研磨成粉，用溫水或鹽水空腹送服，每日服兩到三次。無論是泡水還是直接服用，都是為了強身健體。

我在白哈巴村見過一次挖蟲草的場面。其時剛入春，積雪消融後的地上冒出了綠色。正是挖蟲草的好時節，如果再晚些時候，蟲草混雜於綠草之中便很難尋找。挖蟲草不易，因其只冒出一個小芽，眼力不好，實難發現。因此，人們或跪或趴，在山坡上一點點前行尋找，一天下來腰酸背痛。即便這樣，如果運氣不佳，在晚上返回時，手中也就攥著三五根蟲草而已。

山中地形惡劣，曾有一人尋找蟲草時，因貪戀崖邊的一根，不慎墜崖身亡。亦有狼打人的主意，另一人在山中轉了一天，在黃昏找到了人們常說，但誰也沒見過的「蟲草窩」。所謂蟲草窩，就是在一個山坡上有成片的蟲草，或者在一地密集生長著一二十簇。那人很高興，只顧埋頭挖，沒有覺察到有三隻狼悄悄圍住了他。後來，那三隻狼突然向他發起攻擊，他來不及逃命，頃刻間命斷狼口。

在山坡上，人們常常大面積翻開土層，這樣一則可找到更多蟲草，二則可防止蟲草被弄斷。

找出蟲草後，人們又將土層復原，才能讓蟲草在每一年都挖不完。今年有收穫，亦要為明年留希望。

與人閒聊時，聽說有一個少年在某一日運氣頗佳，一上午便挖到了二十多根蟲草。他抑制不住興奮，雙手捧著蟲草往家跑。他知道，新鮮的蟲草能賣個好價錢。這麼多蟲草，一定能幫母親還清債務。他一路上浮想聯翩，過村中的那條河時，在橋上一趔趄，手中的蟲草便掉進了河中。他哇哇大叫，蟲草在河水中起伏了幾下便不見了。少年哭著回家，父母問及情況，他哭得說不出話來。

第二年去村中，人們用新鮮蟲草做燉羊肉給我吃。因為那少年的事情，從做到吃，大家都神情肅穆。燉熟端上來，湯中有特別的味道，肉也與常吃的不一樣，想必是蟲草入了味。人們在湯中放蟲草，主要是為了健體，但味道也不錯，如果只傾向於調味，可能會讓蟲草變得更親切一些。

我想去那少年家中看看，但人們都勸我說，那少年因為那件事受了刺激，至今神志不清，我去只會讓他們更難堪。蟲草，本應屬於大自然，因它滿足了人們的某種需求，所以又反過來影響人的生活如此之深。

那條河也是有故事的。它從村莊流過，兩邊的村裡人互相往來，只能騎馬過河或脫鞋涉水，極為不便。幾年前，一位領導批款在這條河上建一座水泥橋，橋建成後，領導去村裡住下，準備第二天上午剪綵。孰料，當晚一場大雨讓河流改道，第二天，那座橋被扔在了一邊。

道法自然，人又怎能左右其規律？與大自然相比，人因為有思維優勢，便變得狂妄和目空一切，覺得自己的征服範圍上天入地。但大自然捉弄人時，人的力量是多麼渺小？更遑論人必勝天了。

幾年後，傳來那少年的消息，說是他有一天胡言亂語走到河邊，另一少年剛好挖蟲草回來，便逗他說找到了他掉進河裡的蟲草。他撲過去搶得幾把蟲草，大叫幾聲後，居然恢復了神智。他愣怔片刻，把蟲草還給那少年，默默回家去了。

自那天起，那少年恢復成了正常人。

一碗飯讓眼睛看飽　也讓肚子更餓

抓飯

抓飯的來歷頗為神奇。一位醫生在晚年多病，吃了很多藥都好不了。後來他放棄藥物，研究出抓飯，在早晚各吃一小碗，身體竟慢慢恢復了健康。

此為典型的食療故事。

十餘年前，我住在烏魯木齊北山坡，常見一家抓飯館在門口用圓鐵桶支一個爐子，在爐子上的大鍋裡燒好清油，一個小夥子將羊肉放進去，立刻爆出嗞嗞聲響。熱油溫度高，肥羊肉中的羊油很快便被炒得冒泡，間或還炸出一兩聲脆響。在這個過程中，瘦一點的羊肉被炒得收緊，並慢慢變了顏色。這是做抓飯的第一道程序，羊肉必須要爆炒，否則做出的抓飯吃起來會有生硬之感。

我看見小夥計備好的食材有羊肉、胡蘿蔔、黃蘿蔔、皮芽子、鷹嘴豆、葡萄乾、紅棗、清油、羊油和白米。不一會兒，羊肉炒得差不多了，小夥子把胡蘿蔔、黃蘿蔔和皮芽子放在進鍋裡繼續炒，並加進去鹽和水。大概過了二十分鐘，鍋中的各種菜和羊肉已融為一體，小夥計又把泡好的白米、鷹嘴豆、葡萄乾和紅棗逐一放進去。我以為他要把菜和羊肉攪動均勻，但他卻只是把白米攤平，便蓋上了蓋子。約過了四十分鐘，他揭開蓋子，一股香味便散發了出來。他用一把大勺在鍋中翻攪，味道更加濃厚了起來，一聞就知道是正宗的抓飯。

有人來得早，小夥計盛出一盤抓飯，裡面的皮芽子、胡蘿蔔和黃蘿蔔的顏色變得極為鮮亮醒目。這幾樣東西不容忽視，它們有降血脂和降膽固醇的作用。吃抓飯的好處是，在吃的時候就已經解決了麻煩。

與那小夥子熟了，有一次經過那個飯館，他招呼我：大哥，吃抓飯進來坐下，全世界最好的抓飯在我們這兒哩，你還亂跑啥呢？我說剛吃完午飯，他說今天吃過了沒關係，明天肚子還餓呢，明天中午來。

抓飯吃多了，便瞭解得更多。抓飯的種類很多，有羊肉抓飯、雞肉抓飯、素抓飯，還有放葡萄乾和杏乾的甜抓飯。羊肉是抓飯的最佳配置，所以又分羊排抓飯、羊腿抓飯、羊拐抓飯、碎肉抓飯等。除此之外還有水果抓飯、黑抓飯等。我在和田吃過一次用鳳梨做的水果抓飯，味道是一絕。

做抓飯，除了用牛羊肉外，還可以用雪雞、野雞、家雞、鴨和鵝肉。其中，雪雞肉的抓飯味道最佳。不過，有的抓飯也不放肉，而選用葡萄乾、杏乾、桃皮等乾果來做，稱之甜抓飯或素抓飯，同樣美味可口。到了夏天，新疆人吃的抓飯花樣還更多一些。南疆人喜歡在抓飯裡放木瓜，有的還放雞蛋和菜。最有趣的是在做好的抓飯上放一些優酪乳子，它既是上等的充饑之物，又是消暑解熱的食品。最講究的是在每盤抓飯裡放上五六個薄皮包子，美其名曰薄皮包子抓飯。把薄皮包子和抓飯合在一起吃，不僅形式錦上添花，而且口感豐富，層次感強。但通常只有來了貴賓和親朋好友時，主人才會做這種飯來招待。

吃抓飯須配涼拌小菜才愜意，常見的是小碟裝的涼拌的黃蘿蔔絲、皮芽子、蓮花白、老虎菜、一小碗優酪乳等。抓飯難免會有油膩之感，配上這些酸爽脆嫩的涼拌菜，吃起來口感獨特，營養豐富，最重要的是這些涼拌菜都是降血脂、助消化和防膽固醇的最佳選擇。如果是在夏天吃抓飯，再配一杯放了蜂蜜的格瓦斯，既消暑又解膩。就個人體驗而言，吃抓飯時，一大口格瓦斯下去，渾身通透，舒適暢快。有人吃素抓飯時配上羊肉串，等於吃了肉抓飯。

在新疆吃抓飯，在時間和數量上都有嚴格區分。比如專門賣抓飯者做出的抓飯，凡是大鍋大概有五十份，中等偏大的鍋大概有三十份。但賣抓飯者不說「份」，而是習慣說「個」。去吃抓飯的人通常會聽到他們說，鍋裡五十個抓飯有哩，就看你有沒有肚子。這五十個抓飯賣完後，不管有多少人在等，他們都不會再做，亦不會為錯過生意而遺憾。他們常常只是輕描淡寫地說，今天的沒有了，明天的有哩，明天早一點來吧！

新疆人吃抓飯一般都在中午，且不能去得太晚，否則會白跑一趟。所有賣抓飯者一天只賣一鍋，早賣完早休息，賣不完也不吆喝，讓剩下的抓飯明晃晃地擺在鍋裡。他們知道過了飯點，加之抓飯已經涼了，便不會有人來吃，如果再吆喝就是不體面的事情。新疆人說的不體面，很大程度上是指騙人的意思。

南疆地區多長壽者，都是長期吃抓飯的緣故。我在和田一戶農家曾碰到一位八十多歲的老人哭泣，問及原因，原來他偷吃了一百一十多歲的媽媽的蜂蜜，他媽媽責怪他長不大而打了他。後來，他年邁的媽媽出來哄他，承諾晚上給他做抓飯吃，他才破涕為笑。

他雖然已經八十多歲，但在一百一十多歲的媽媽面前仍然是孩子。

去年傳來消息，說這個兒子突然去世，留下年邁的媽媽在那個小院子裡一個人活著。我打聽後知道，當時，兒子吃過媽媽做的抓飯，說是身體裡裝滿了力氣，要到沙漠裡去扛一些梭柴回來。但他走後，一天一夜也沒有回來。媽媽急了，邁著不太利索的腿腳出去找兒子，最後終於找到了，卻是暴命於沙漠中的一具屍體。

埋葬兒子時，媽媽表現出驚人的冷靜，從頭至尾一句話也沒有說，眼睛裡面是強忍的悲痛。幾天後，她開口說了一句：他才八十多歲，還可以吃很多年抓飯。

拌麵

拌麵，也就是新疆人常說的拉條子。

如果細分的話，拉條子應該專指抻出的麵，不包括另外炒出要拌入拉條子的拌菜。如果把拌麵都叫拉條子，那麼就會和刀削拌麵、手擀拌麵、掛麵拌麵混淆不清。

拉條子的做法多年不變，一直是把抻好的麵煮熟盛入盤子，拌上菜就可以吃了。通常，服務員上拉條子之前，便已上了拌菜。拌菜是用小碗裝的，大多是滿滿的一碗。食客將拌菜倒在拉條子上，用筷子來回攪拌數次，待菜汁均勻地浸入麵中，便可以吃了。

拌麵在宋朝就已出現。在《東京夢華錄》、《夢粱錄》、《武林舊事》等書中，就有將醬汁、肉混合烹飪的記錄，其具體做法與今天的拌麵菜大致相同。當時的人們面對一盤拉出的長麵，在拌菜上下足了功夫，精心做出醬，調出味道醇正的汁，然後和肉、菜等一起炒，做成一份拌菜。可見，當時的人們吃拌麵，與今人無異。

拉條子與陝西的扯麵，蘭州的拉麵都不一樣。它不能太粗，亦不能太細，否則入鍋煮熟後，會喪失其筋道和韌性。常見的拉條子猶如筷子一般粗細，是用一塊粗麵劑子不停地抻出的。負責做拉條子的師傅揪住麵劑子的兩端，胳膊起落幾下，那麵劑子便已被拉開，然後從中一挽，便從一根變兩根，然後再拉再挽，根數越來越多，麵則越來越細。最後拉得粗細差不多了，扔進沸騰的水中煮四五分鐘，便可撈出入盤，端給食客。

食客根據口味喜好，可要求煮熟的拉條子過水或不過水。不過水者是「然窩子」麵，吃時需要快速將拌菜拌入，慢了會使麵黏在一起。新疆人將「黏」稱之為「然」，黏在一起便說成是然在一起。然窩子麵的優點是保持了麵的柔軟和黏性，入口易於咀嚼，下去暖胃暖身。

用水過一下的拉條子叫「過水麵」，其特點是經涼水迅速降溫後，麵條顯得勁道、順滑和細膩，口感清爽，吃罷也不會汗流浹背。過水麵的水很重要，有的人直接用自然生水，腸胃不好的人吃了會有麻煩，正宗的過麵水是將水燒開放涼，然後過麵便無礙。

吃拌麵須用盤子，否則會受到碗的局限，不容易攪拌。也有餐廳用碗盛拌麵，但必須是那種敞口的大碗，使用的舒適度與盤子無二致。以前的新疆人吃拌麵，有「大半斤」或「小半斤」之分。飯館的拉條子每盤大約半斤，食客的飯量大就來一份「大半斤」，飯量小則來一份「小半斤」，二者的分量略有區別，拌菜始終都一樣。如今，我本以為「大半斤」或「小半斤」的稱謂已經消失，但前幾年在伊犁的一個小飯館，聽見老闆問一位食客，是要「大半斤」還是「小半斤」，才知那個叫法至今還在。

吃拌麵，選擇路邊的拌麵館最好。進入店中報上拌菜的菜名，然後選一個座位坐下等待。拉條子永遠都是那一種，所以報上拌菜的菜名，配上的自然是拉條子。拌麵館的大師傅各有所長，炒菜的只管炒拌菜，拉麵的只負責拉條子，不一會兒，就會把拉條子和拌菜一齊端到食客面前。

有一次在喀什吃拌麵，發現菜單上有很多拌麵菜，一數有三十多種，其中有很少見的豆芽肉、鴿子肉和羊肚肉等。那次人多，主人點了二十多種拌菜，甚至還有大盤雞和烤羊肉串，每種菜夾一筷子，就是滿滿當當的一大盤子。然後再用勺子盛些菜汁，潑入拉條子中，便可吃出汁濃味雜的拌麵。曾有人以為那樣吃會串味，但一吃之下卻大贊好吃，說這才是新疆的味道，熱情、飽滿、濃烈和直接。吃這樣一頓拌麵，一出門就開始想下一次了。

雖然拉條子永遠只是一種，但拌菜幾乎涵蓋了所有的蔬菜，如番茄雞蛋拌麵、蘑菇肉拌麵、茄子肉拌麵、羊肉皮芽子拌麵、韭菜肉拌麵、白菜肉拌麵、馬鈴薯絲拌麵、蒜薹拌麵、豆角肉拌麵、過油肉拌麵、辣子雞拌麵、毛芹肉拌麵、辣子肉拌麵、辣皮子拌麵、椒麻雞拌麵、大盤雞拌麵、酸菜拌麵等等，即使連續吃一週，拌菜也不會重複。

吃拌麵可以免費加麵，此為從托克遜縣延伸出來的傳統。托克遜是去南疆的必經之地，南來北往者大多是開車的司機，為了讓他們吃好後有精力跑長途，飯館老闆便為他們免費加麵，久而久之便形成了新疆獨有的傳統。在歷史上，林則徐去南疆勘察時曾經過托克遜，然後從蘇巴什溝（乾溝）穿插過去。那一路，他們沿途所見的石山皆陡峭懸立，路旁的枯草比人還高，是惡狼野獸的藏身之地。林則徐聽聞，曾有多人在此喪命，便命軍士立下石碑，提醒過往者不可在此停留。現如今，跑長途的司機，出了托克遜不久就進了乾溝。他們在托克遜用拌麵填飽肚子，就是為了不因餓肚子耽誤行程。

我曾在托克遜吃過一次拌麵。本來一盤拌麵已經足夠，但總是覺得來一趟不易，加之此地是一種飲食文化的發源地，哪怕讓肚子撐一點也要體驗一下，於是便讓麵館的小夥計加了一份麵。小夥計點頭後去了後堂，很快便把一份麵端了上來。原來，麵館早就備好了麵，吃拌麵的人只要說一聲，他們馬上就可以滿足你。看來，托克遜人很重視自己創造出來的光榮，把加麵當成傳統，一直在傳承。

我最早在新疆吃拌麵時一份三塊錢，後來漲到五元，八元，十元，十五元，現在大多是十八元和二十元。新疆人吃拌麵基本不去大飯店，大多選擇路邊小店，因為拌麵是平民吃食，小飯館味道更合口味。

有人在外地嘗試做拌麵，因為麵粉和水質的原因，做出的拌麵不好吃。這其實不難理解，新疆的小麥日照時間長，麵質適合做拌麵一類的麵食，而其他地區的麵粉大多過於綿軟，達不到拉條子所要求的筋性。新疆人出差回家前，家人都會在電話中問晚上吃什麼，而大家的回答通常就是兩個字：拌麵。有一位朋友因為太過於思念拌麵，下飛機後直接打計程車去了一家拌麵館。後來他描述當時的情景，說，吃完拌麵出來，被九點鐘還沒有落下去的太陽一照，全身一下子就舒服了。他說，這才感覺是真正回到了新疆。

有一戰友從西藏阿里下山到新疆葉城，讓飯館老闆做三份拌麵，老闆說如果麵不夠可以免費加，不必一次點三份。他說不是加不加麵的問題，而是太想吃拌麵了，哪怕一份只吃幾口也要來三份。於是老闆給他上了辣皮子肉、馬鈴薯絲和過油肉三種拌麵菜，他逐一品嚐，面露欣喜和滿足。

新疆人大多有吃完拌麵喝麵湯的習慣，美其名曰原湯化原食。麵湯的稀稠取決於煮過拌麵的多少，一般情況下都比較清淡，略有面色。這種麵湯清淡，解渴，消積化食。有一人在飯館吃完拌麵後離去，走到半路總覺得少了點什麼，他抓耳撓腮一想，原來是忘了喝麵湯。於是返回那家飯館，老闆說，就知道你會回來，麵湯在爐子上給你熱著哩！

那人喝了麵湯後再次上路，腳步暢快了很多。

揪片子

新疆人不怎麼吃湯麵條，以至於像牛肉麵、刀削麵和扯麵等，在新疆僅受到小範圍人群的青睞，不如揪片子受眾面廣。不論在高檔酒店還是大排檔，經常都能見到人們點一盆揪片子上桌。

揪片子一名是新疆人獨創的，從名字上可知，是用手揪出的片狀麵食。揪片子也稱揪麵片，是新疆特有的麵食，吃著筋滑，口感細膩。除此之外，揪片子還有一個更直接的名字——湯飯。論其實質，其實就是湯麵的一種。

揪片子的做法簡單，但所需配菜卻不少，通常要配羊肉、番茄、馬鈴薯、豆腐、菠菜、蔥花、蒜、香菜等，每種所需不多，但品種卻不能少。揪片子雖然是麵食，但做法和程序卻猶如做菜，具體的步驟是，先用熱油爆炒羊肉，然後根據個人喜好繼續炒配菜，或者不炒。需要炒配菜者往往只需一分鐘即可加水，不需要炒者放進配菜直接加水。待水燒開，配菜便隨著沸騰的湯翻滾出五顏六色，此為揪片子第一關鍵所在，即配菜一定要豐富，顏色一定要好看。

做揪片子，要先和麵。在水裡放適量的鹽，和到麵中，揉到不軟不硬，然後抻成長條狀，再用塑膠布蓋住餳一會兒。餳到麵團發亮，沒有粗糙的表皮時，切開看切口部位是否有氣泡，如果沒有氣泡，說明麵和得很成功。麵和好後，用刀切成均勻的麵塊，然後揉成圓形，用擀麵杖擀成厚度大約一公分的樣子，然後在表面抹上清油，塗抹均勻，依次放在劑子盆或盤子裡，再餳一會兒。

和麵和餳麵必須在點火前完成，才能麵達到一定的柔韌度。等鍋中的湯完全沸騰，做飯者便左手持一長條狀餳麵，右手開始揪出指甲蓋大小的麵片，飛快丟入鍋內。也有右手持麵用左手揪片的人，沒什麼原因，只是長期養成的習慣而已。

等麵片揪完煮少許時間，撒入蒜末、香菜，便可關火，盛入盆中上桌。新疆人在家中吃揪片子大多是直接從鍋中盛入碗中，但講究的人則先盛入小盆上桌，然後再盛入小碗，分而食之。新疆人不論是吃米飯還是麵食，都用小碗，哪怕多盛幾次也很正常。如果換成大碗，馬上會招來不解的目光。

為了讓揪片子的味道鮮美可口，人們會在湯中加香油、番茄汁、胡椒粉等，在出鍋前再加入少量的醋，灑上香菜。揪片子除了多出現於家庭餐桌外，多年來都是聚餐者醒酒的固定飲食。人們喝酒後吃一小碗多放醋，味道偏酸的揪片子，有的人甚至一口麵都不吃，只喝幾口湯便感覺醉意減去不少。

有一位內地人到烏魯木齊，下午六點鐘，肚子餓了，便上街去找飯館吃飯。他不知道新疆與內地有兩個多小時的時間差，下午六點是內地人的吃飯時間，但離新疆吃晚飯的時間還有兩個小時。他問了好幾家飯館，均對他說還沒開始營業。那人道出實情，說肚子實在餓得不行了，有什麼吃什麼吧！一家飯館老闆說，我們這兒倒是還有骨頭湯、小菜和油香，但那是中午剩下的，讓你吃有些過意不去，乾脆你坐一會兒，我們給你做個揪片子。那人坐等十餘分鐘，一碗熱氣騰騰的揪片子就端了上來，那人詫異地說，這麼快就做好了？飯館老闆說，新疆人做揪片子，就是說幾句話的功夫。你不是餓得不行了嗎？有了這一碗揪片子，新疆就對得起你了。

揪片子在新疆的受歡迎程度僅次於拌麵，是家庭最為常見的飲食。我有一年春節和一群朋友去給一位回族作家拜年，中午在餐館酒足飯飽。六點多，當我們準備返回時，這位作家攔住我們說，上我房子裡（家的意思）去，讓我媳婦兒做一個揪片子，你們吃了再走。我們以人太多為由推辭，他笑著說，他媳婦兒能做一百個人吃的揪片子，你們只管兩個肩膀上扛一張嘴去即可。

結果正如他所說，我們在客廳聊天的時候，一扭頭，看見他媳婦兒的雙手在升騰的水氣中左右開弓，極為嫻熟地在揪著麵片。不一會兒，一大鍋揪麵片便做好了。我們吃得高興，誇獎揪片子好吃。其實誇獎揪片子也就等於誇獎女主人，她笑著說，鍋裡還多著哩，你們放開吃。

如果細分揪片子，則分為素揪片子和葷揪片子兩種。素揪片子便是常見的揪片子，用菜皆為蔬菜，事先炒熟，其特點是菜鮮味濃，如果在喝酒後食之，一小碗足矣。而葷揪片子則指羊肉揪片子，是新疆最有名的湯飯。新疆人一年四季都愛吃羊肉揪片子，吃得久了便知道羊肉揪片子的奧妙之處，將其命名為「醒酒湯」和「感冒湯」。有的人喝醉了，家人給他做一碗羊肉揪片子，吃完後酒醒了一半，然後再喝一碗濃釅的黑磚茶，人就徹底精神了。至於羊肉揪片子能治療感冒的說法，則更加神奇。有人感冒後不吃藥亦不打針，讓家人做一碗羊肉揪片子，吃完後出一身汗，感冒慢慢就好了。羊肉揪片子主要以羊肉、番茄、辣椒等做成，人在夏天感冒後吃一頓，會祛暑，在冬天感冒後吃一頓，會驅寒。所以新疆人經常說，沒病時多吃羊肉揪片子，病想來都來不了。新疆人吃揪片子，喜歡用勺子舀著吃，連湯帶麵吃得很過癮，用新疆話說，「攢勁得很」！

我有一次在帕米爾的五〇四二哨卡，吃了一頓雪水做的揪片子，至今印象深刻。五〇四二顧名思義就是海拔高度五千零四十二公尺，人到了那裡會因為缺氧而頭疼胸悶，更嚴重者會出現腦水腫、窒息和昏厥等情況。但哨卡的戰士卻長年駐守在那兒，實在無法排遣孤獨了便作詩：天上無飛鳥，地上不長草，風吹石頭跑，四季穿棉襖。

哨卡缺水，戰士們便用水桶提來雪倒入鍋中加熱融化，前後不知提了多少桶，總之化了一鍋，足夠做揪片子了。開始配菜時我發現，只有馬鈴薯、白菜和蘿蔔這三樣容易存放的菜，但一位戰士笑著說，我們 五〇四二 有您在別的地方吃不到的東西，而且品種不少。在別的地方吃揪片子，少不了羊肉、番茄、芹菜、皮芽子、辣椒、生薑、蒜、花椒粉、醬油、醋、生抽等，但五〇四二寸草不生，不見一丁點綠色，哪裡會有那些東西呢？等他把東西拿出後我才知道，他要把軍用罐頭配入揪片子中。要說他們的罐頭品種確實不少，有牛肉、雞肉、鯽魚、蛋捲等近十種。

我抱著將就的心理讓戰士將少許罐頭放入湯中，等做好一嚐大為吃驚，那味道和口感，以及麵片的筋滑，湯的鮮美，是我生平第一次吃到。我想，在五〇四二這樣艱苦的地方，戰士們能吃上這麼好的揪片子，也算是一種安慰。

至今，我仍認為那頓揪片子之所以好吃，並不是環境反差造成的心理滿足感，而是那頓揪片子的食材非同一般，譬如化冰雪為水，罐頭提味，一定是世間難尋的「妙方」。

麻食子

麻食子，是一種指甲蓋大小的麵食。

叫法有不少，新疆人稱之為「麻食子」，四川人則叫它做「次麵子」。其歷史由來，一直可追溯到元代，當時的人們便食用此食品，喚作「禿禿麻食」。至於麻食子一名，具有明顯的西北特點，可斷定是禿禿麻食在西北盛行之後，人們保留的尾音。

元代飲膳太醫忽思慧在《飲膳正要》一書中很有耐心地介紹了做禿禿麻食的方法步驟，尤其是說到用白麵做禿禿麻食為最好，而用肉湯下禿禿麻食，再配以蔥、蒜和香菜，便是一碗味道極佳的食物。但是他在這裡指的是湯燴禿禿麻食，沒有指出禿禿麻食是否有別的做法，譬如炒麻食子和乾煸麻食子，讓人猜想半天也只能猜個大概。

後來看到明代美食學家黃一正在《事物紺珠》一書中，對麻食子的一做法有詳細說明：「禿禿麻食是麵作小卷餅，煮熟入炒肉汁食。」可看出此類麻食子吃法，類似於陝西的肉夾饃，是把麻食子夾入餅中食之，吃起來應該很有意思。同為明代的飲膳典籍《居家必用事類全集》一書中，對麻食子的另一種做法亦有詳細記述：「禿禿麻食入水滑麵和圓小彈劑，冷水浸，手掌按小薄餅兒，下鍋煮熟，撈出過汁，煎炒酸肉，任意食之。」這一類麻食子，是和酸肉一起爆炒，其味道一定酸爽脆嫩，是為另類吃法。如此多的古籍，將禿禿麻食的製法、煮法以及食用方法表述得頗為具體，令今人照此做法，亦可做出好吃的麻食子。

煮熟的麻食子，看上去酷似貓的耳朵，入口咀嚼既滑溜又舒爽。如今在杭州、北京、上海、西安、蘭州等大中城市餐館裡的燴小吃——「貓耳朵」，就是由古代的「禿禿麻食」演變而來的。不過在寧夏、陝西關中、陝南和商洛各縣區，至今仍然保留著「禿禿麻食」的尾音，稱為「麻食子」。

以前的人做麻食子，草帽是必不可少的工具，具體料理步驟為：用右手的拇指和食指，從和好的麵團上揪一個小疙瘩，在帽檐上巧妙一搓，便搓出一粒薄厚勻稱的麻食子。因為草帽棱線起到了定型作用，所以麻食子上會有花紋。切不可小看在草帽上的這一搓，如果用力太重，搓出的麻食子會薄厚不一，形狀顯得粗蠢拙笨。如果用力不夠，一搓之下手裡還是一個麵疙瘩。所以做出好看又好吃的麻食子的人，多為心靈手巧的女性。西北地方的人做麻食子很相似，先是備好一鍋鮮湯，然後將搓好的麻食子和菜蔬一併放入，經過文火煨燉十分鐘左右，便有了襲人的香味。麻食子多作為晚餐，人們忙碌了一天，天黑後不論外面是秋風蕭瑟，還是大雪紛飛，只要面前有一碗剛出鍋的麻食子，表面既有鮮嫩的香菜，也有鮮紅的油潑辣子，用筷子攪開後食之，頗為愜意。

我第一次見麻食子時，見其大小、薄厚、長短與麵片相似，便覺得是麵片的一種，經人介紹後才知，雖然也是用麵做的，卻並非麵片。待吃第一口，覺出麵柔韌，湯鮮美，細看碗中的麻食子，小得精緻，薄得近乎透明，與番茄、綠菜組合在一起，呈現出湯飯常見的豐富顏色。吃完了，經旁邊的人一說，才知我雖然不知道吃麻食子的要領，但也無師自通地喝完了。新疆人吃麻食子，並不用常見的吃法，而是喝。如果碗中的麻食子和菜蔬不均，可用湯勺輕輕攪開再喝，入口可嚼，亦可不嚼，反正麻食子不大，菜蔬亦被切得很小，不影響消化。

瞭解了麻食子後，知其多用蕎麥麵製作。人們將蕎麥麵用鹽水和成麵團，搓成小拇指粗的麵條，再掐成指甲蓋大的疙瘩，放在草帽邊沿上搓出好看的花紋。待清水煮熟後撈入碗中，澆上羊肉臊子湯。也有人將蕎麥麵團搓成筷子粗的條狀，煮熟後撈出，控淨水分，在炒鍋中放香油、羊肉丁、蔥、蒜等爆香，再放入麻食子炒三五分鐘，便可起鍋食用。

有人說，麻食子的來歷與忽必烈有關。當時，忽必烈帶兵打仗，常無固定居所，在經過寧夏固原一帶時，見小孫子阿南答備受顛簸之苦，便將他交給當地一戶人家，叮囑那家人好生養育，日後定當報答。後來頻繁的戰事結束，忽必烈去固原尋找孫子，半路遇雨。進入窯洞避雨時，見一位牧羊老人住在裡面。當時的忽必烈又累又餓，請求老人給他一點吃食。老人只有蕎麥麵，於是便讓忽必烈坐下休息，然後將蕎麥麵和成麵團，先是抻出筷子粗的條狀，然後掐成指甲蓋大小的麵劑子，一一在草帽邊上搓出丟入鍋中，待煮熟撈出後，放上鹽、醋、油和苦菜，頓時釋放出一股濃香。忽必烈的食欲大動，連吃三碗後才問老人那飯叫什麼名字？老人說他為圖方便，已經那樣做了很多年，但從來沒有給它起一個名字。這時有一隻麻雀飛入窯洞，老人順著麻雀的讀音脫口說，不如就叫「麻食子」吧！忽必烈覺得極為有趣，遂點頭稱是。麻食子一名，由此被傳開。

寫此書，一直拒絕傳說，但上面的故事並不是傳說，而是歷史，所以費一點筆墨記下，僅是對久遠時間的打撈。在歷史中，與美食有關的事件往往被擠壓在夾縫中，成為著名人物或大事件的點綴。但正因為有了這些夾縫中的小歷史，才往往讓人讀出歷史的溫度和真實的人性。

打撈出美食的歷史，吃起來味道會不會更好？愛國將領楊虎城是陝西人，當抗戰勝利的喜訊傳來時，他情不自禁地對夫人說：「快給我買頂草帽，我要吃家鄉飯。」楊虎城的家鄉在陝西省蒲城縣，那裡的家鄉飯就是麻食子。

曾在新疆一戶人家遇到一事，男主人吃麻食子之前，端碗向遠處張望。正是麥收季節，有很多人在麥地中忙碌，他吃完一碗麻食子，便要去忙了。他低聲嘀咕了幾句，前面的幾句模糊，但後面的一句卻聽得清楚：吃上麻食子的人，是有福的人。

感激，或許亦與麻食子的歷史有關，更重要的是，人心清晰可見。

撥魚子

新疆人說什麼東西好吃，常會用一句話：一吃一個不言傳。意思是說，太好吃了，已顧不上說話。

我第一次聽人說撥魚子，除了強調是一種湯飯，有麵有菜有湯，可連吃帶喝外，最深印象就是一句「一吃一個不言傳」。說起來，新疆除了拌麵外，再沒有比較有特色的麵食。我對此不解，尤其是看到奇台的江布拉克麥田，或從近處延伸向遠處，或從山腳一直延伸向山岡，於是便想，這麼大面積的麥田，產的小麥去了何處？

北疆現在多種棉花，但過去卻多種小麥。據新疆老人們說，在三年困難時期，全國各地都缺糧，唯獨新疆糧食充足，不僅能滿足本地的需求，還曾援助過別的省份。新疆的糧食走出去，外地的烹飪方法走進來，也就在那時，新疆麵食出現了新內容——撥魚子。

新疆是撥魚子的第二故鄉。撥魚子原是山西的「剔尖」，「撥」是它的主要工序，做成的麵條又很像魚，故又稱為「撥魚子」。撥魚子一名被叫開後，原先的「剔尖」一名（在山西仍然這麼叫），便慢慢被忘記。做撥魚子有一句順口溜：舀一碗麵粉，加一點涼水，攪一攪拌一拌，就成了軟溜溜的麵團團。這是做撥魚子的第一道程序，然後一手持碗，一手用一根筷子順碗沿飛快地一蹭，一旋，就撥出一條像魚一樣的麵條。那種刮撥的手感很好，時間一長還會體驗到近似於律動的快樂。不一會兒，鍋裡的湯中便亂「魚」翻浮，待煮一會兒撈出，配以炒好的菜和鹵，就可以大快朵頤了。在原先被稱為「剔尖」時，因為做撥魚子只需要一副碗筷，一口鍋，所以又被稱為「光棍飯」。

乾隆年間，有一個人叫常萬達的人，在新疆巴克圖經營一家名叫「四鄉聯號商行」的飯莊，其主打菜品就是撥魚子。常萬達做出的撥魚子兩端細長，中間部分稍寬厚，看上去白細光滑，盛入碗中澆上澆頭，再配以酸醋、蒜頭和油潑辣子等調味，食之軟而有筋，順滑可口。先前的山西人做撥魚子，用的多是白麵、高粱麵和雜糧麵等，工具是特製的撥板和鐵筷。做撥魚子的速度快，粗細勻整，一個人用半小時做出的撥魚子，可滿足十幾個人同時進餐。撥魚子到了新疆後，人們只用白麵製作，做出撥魚子後配上拌菜，先像吃拌麵一樣用筷子翻轉拌幾下，吃起來味道獨特，筋軟爽口，而且還易於消化。

聽倒是聽得多，但還是沒有吃到撥魚子。一位瑪納斯籍的戰友曾對我介紹過撥魚子，並詳細描述了其味道、顏色、做法和吃法。我出生於多吃麵食的甘肅天水，到新疆吃了拌麵後，覺得好是好，但就是太硬，於是便盼望著能吃到接近臊子麵的新疆麵食。當時那位戰友把撥魚子說得那麼好，我便暗自盼望了起來。

第一次吃撥魚子是在部隊，先前曾想像過多種與撥魚子相遇的情景，但突然就吃到了，而且是在施工工地上。更讓我始料不及的是，我第一次吃到的撥魚子，居然是我和戰友們親自料理的。當時我們在戈壁上施工，每天中午都吃米飯或饅頭。一天中午，班長說吃個撥魚子，我沒有聽清，以為班長說中午吃魚，便想像，會是什麼魚呢？

到了中午才知道，我們要吃的是撥魚子。炊事班的人已經和好了麵，按每個班的人員數量，給每人碗裡分了一個餳得柔軟的麵團。做撥魚子要提前一個小時餳麵，餳麵時間越長，撥的效果越好，容易撥而且很細。他們為了讓大家儘快學會操作，簡單介紹了一番做撥魚子的方法。

他們說得很簡單，我也很快聽明白了。做撥魚子的麵裡放了鹽水和花椒粉，攪拌成稀軟的麵團，稍揉捏幾遍，等水燒開後用筷子撥成像魚的形狀，丟進鍋裡煮就行了。

那天，炊事班長對大家說，麵已經揉好了，你們自己動手撥吧，中午的飯就靠每個人的一根筷子往嘴里弄了。他說完便開始示範，先拿起一隻碗在手上掂了掂，然後把麵團按到碗口，右手拿一根筷子，像持刀一樣向麵團刮下去，一截長條狀的麵條便飛入沸騰的鍋裡。炊事班長示範完畢，便去弄炊事班的那一鍋，他們不管大家，只顧自己的嘴了。

我們的班長是新疆人，熟悉做撥魚子的要領，他為了讓我們班的十一個人吃得好一些，又給我們示範了一次。他一邊示範一邊說，撥魚子最重要的就是握筷子的力度，這一點把握不好就會撥不動麵，即使撥出了麵，也不好看。他還強調吃撥魚子就吃個好看，不好看的撥魚子吃起來就少了滋味。

接下來，大家圍在鍋邊學班長的樣子用筷子開始撥，因為不熟練，筷子刮出後難免落空，但練習過幾次後，一條條像模像樣的「魚」便飛向鍋裡。人常說，人多好幹活，人少好吃飯。但那頓撥魚子因為做的人多，在短時間內便做完了，等煮好後每人盛一碗便吃。

班長邊吃邊總結說，有的太粗，有的太短，有的則一頭大一頭小，看來不讓你們練上十次八次，別想做出合格的撥魚子。班長那時天天帶著我們訓練，合格二字經常掛在嘴邊，連做飯也用是否合格來衡量。

也就是經過那次實踐之後，我知道，要做出地道的撥魚子，首先要掌握好筷子的平衡力，才能使中間部分凸起，像魚的肚子，同時還要讓兩頭尖細，像魚頭和魚尾巴。所謂的撥魚子，是必須有魚的形狀，過了這一關，才能說好不好吃。

後來在莎車縣又經歷了一次與撥魚子有關的趣事，那時我已學會了開東風牌大卡車，在路邊碰上什麼吃什麼是常事。也就是在那一段時間，我吃到了新疆的很多有民間特色的飯菜。那次，我們汽車連出動了二十餘輛車去喀什拉建築器材，中午剛好到了莎車縣城，大家便選了一家餐館，坐定後點了拌麵，然後喝茶聊天。一位戰友無意間說起撥魚子，大家便議論起撥魚子的做法和好處。餐館老闆聽到我們句句不離撥魚子三個字，便向我們笑著點了點頭。因為談興正濃，我們並沒有注意到老闆的反應，等飯端上來卻發現變成了撥魚子。問老闆何故，他一一把我們所有人都指了一遍說，你們都說撥魚子嘛，而且說了好幾次，聲音那麼大，不是讓我把拌麵改成撥魚子是什麼？我就讓大師傅趕緊給你們做撥魚子了。怎麼啦，你們不想承認自己說出的話嗎？我們面面相覷，然後哄然一笑，抓起筷子便吃。這樣的事權當是擇飯不如撞飯，再說撥魚子已經擺在眼前，不吃豈不是讓人受掛念之苦。

吃完撥魚子，我們讓老闆開發票，他說沒有發票，我們只好讓他開收據。他去後堂忙活了好一陣子，才雙手捧著一張收據出來，但他卻把「撥魚子一頓」寫成了「撥魚子一噸」，我們看著那個「噸」字，想笑又忍住了。

炮仗子

在新疆，炮仗子湯飯是飲食文化中的佼佼者，可與抓飯、拌麵相媲美。新疆人因為喜歡炮仗子，便有一個說法：三天不吃炮仗子，心裡乾揪揪的。

我先前對炮仗子已有所瞭解，知道炮仗子與撥魚子差不多，但二者的做法和外觀卻截然不同。撥魚子一定要像魚，炮仗子不強調外觀像什麼，但卻一定要細，長短也要適度，吃起來才有獨特的口感。至於做法，很多人容易混淆撥魚子和炮仗子，但仔細區分就會發現二者之間的不同。炮仗子要比撥魚子的麵硬一些，揉好後用布或塑膠紙蓋住餳一會兒，然後擀成圓條形的麵劑子，用手揪成長約三釐米的小圓條，形狀就像小炮仗似的，隨揪隨扔到湯鍋裡。

炮仗子做起來簡單，但煮熟後卻要大做文章。常見的做法有三種，一種是不出鍋，加進去事先炒好的菜，當作湯飯吃。另一種是將炮仗子撈出鍋，配上過油肉等配菜，當作拌麵吃。還有一種，可配肉和青菜入鍋炒，兩三分鐘後放進炮仗子做成炒麵。

除了上面的做法外，還有人將炮仗子乾煸後配以青菜、乾辣子和肉再行爆炒，味道新鮮而又勁道。另外，還可將炮仗子用於燉湯、燉魚等，味道也很獨特。

有一年去焉耆，見大街上到處是炮仗子飯館，便疑惑，難道焉耆人不吃別的，只吃炮仗子？後經打聽，才知道焉耆多回族人，而回族人極喜歡吃炮仗子，所以街上便有不少炮仗子飯館。

話題圍繞著炮仗子說了半天，不吃一頓說不過去，於是我們選了一家炮仗子飯館，每人點了一碗。飯館的夥計很利索，炮仗子很快就端了上來。焉耆的炮仗子不錯，除了長短比較整齊外，主要配菜有羊肉、蘑菇、青蘿蔔、馬鈴薯、番茄、菠菜等，五顏六色，賞心悅目。但是飯畢竟是吃的，不能讓眼睛飽了，卻讓肚子餓著。那一碗炮仗子，湯色紅厚，味道酸辣，一看就知道揉得到位，餳得徹底，煮得正好，入口十分筋滑。

除了焉耆，南疆其他各地卻不多見炮仗子，不知是何原因。後來在北疆跑多了，才發現北疆人吃炮仗子，與氣候有關。每年入冬，北疆必先冷，人們為了使身體暖和，都喜歡吃一些帶湯的主食，而炮仗子湯飯就是首選，裡面有蔬菜、番茄、辣椒、胡椒粉等，吃一碗全身暖和，亦可預防感冒。

在一次野外施工中，我們吃到了自己做的炮仗子。那次仍是炊事班的人提前把麵切成條狀，大家用左手捏一根麵條，握攏手指只讓一小部分面露在外面，那樣做是有利於讓右手將麵揪扯得更細。一位陝西籍的戰士把握麵叫「捉」，這一叫法迅速傳開，戰士們都「捉捉捉」地叫成一片。那天所有人都參與了揪炮仗子，這正是炊事班的目的，每個戰士都做自己的飯，他們省事了。

我觀察了一下戰友們，發現每個人都用左手捉麵，用右手指捏一小截，然後揪出兩三寸的細條狀炮仗子，扔進沸騰的湯鍋中。燒火的是胡楊樹枝，所以那湯被燒得洶湧翻滾，炮仗子一扔進去，便像是被吞了似的沉了下去。等揪完煮熟出鍋，不但外觀像模像樣，一嚐味道更是不錯。

那天的配菜有羊肉、番茄、青菜、馬鈴薯、皮芽子、豆腐乾和番茄醬，還放了胡麻香油，可謂色香味俱全，營養豐富。那鍋炮仗子大家做得應手，看得歡心，吃得舒服，極為難得地受到了班長的表揚。

後來，我們在去西藏阿里的喀喇昆侖山上，又吃了一次野蘑菇炮仗子。那天，我們按規定時間休息，大家坐在公路邊喝水聊天，看見不遠處有野蘑菇，便撿回裝入塑膠袋，準備中午做一頓配野蘑菇的飯。到了做午飯的時候，大家不約而同地想到了炮仗子，對，用野蘑菇做一頓炮仗子，吃起來一定過癮。

我們那批汽車兵長年奔波於喀喇昆侖山上，從葉城新藏線的零公里出發，一路往阿里進發。海拔越來越高，空氣越來越稀薄，戰友們被缺氧和高山反應折磨得苦不堪言，所以吃飽飯是保存體力的唯一辦法。每到吃飯時，如果趕到兵站便吃一頓熱飯，趕不到就吃乾糧或自己湊合著做一頓。那天因為撿到了野蘑菇，戰友們做飯的興致高漲，一到中午便選擇一塊平坦的地方停下車，築台搭鍋，開始做飯。

在野外做飯感覺還真是不錯，清涼的山風吹著，溫暖的陽光照著，戰友們都是二十出頭的小夥子，說說笑笑間，疲憊感消失了不少。我在做飯的間隙扭頭看了一眼遠處的雪山，想起不久前凝望雪山的一次神奇經歷。那天在太陽快落山的時候，我們的車子正趕往多瑪，由於地形開闊，前面的兩座雪山便展示出了全貌。夕光泛出一層濃烈的色彩，這兩座雪山被遮蔽其中，似乎變成了兩件正被夕陽完成著的藝術品。後來，夕陽落下去了，兩座雪山復又呈現出原貌——褐色山體，晶瑩的積雪，幾條若隱若現的線條，都是我多次看到過的景象。車子轉過一個彎，視角發生變化。突然，我無比驚訝地看見兩座雪山變成了兩尊隱隱約約的佛像，正屹立於天地之間，俯視著我們馳近的車輛。我覺得自己並沒有出現幻覺，因為那一刻的雪山真是太像佛了，其頂部儼然是佛的頭部，而且還有清晰的面容，而中下部又活脫脫是佛的身軀。太像了，但我並不只為兩座雪山酷似兩尊佛像而驚奇，只是有一種神祕感在迅速蔓延，以至於讓我的整個身心都似乎在經歷著洗禮……行進到那兩座雪山下遇到的一幕，再次讓我驚詫。有一群朝聖者正朝著那兩座雪山磕長頭，一問才知道，他們剛才也看見那兩座雪山在一瞬間變得像兩尊佛像。他們證實了我的目睹，那一刻我覺得自己很幸福，內心亦有神聖的感覺。

經過一番忙碌後，一大鍋炮仗子做好了，因為加進了野蘑菇，看上去很是不錯。戰友們盛進碗裡一嚐，發現因為缺少調料，湯味淡了一些。巧的是，一位戰友無意間瞥見了一叢野蔥，它們不但長著寬寬的蔥葉，而且還開著蔥花！於是，那叢野蔥很快就進了鍋，再一嚐，味道已大為改觀。一位戰友情不自禁地說，那湯是新藏線的味道，在別的地方無論如何都嚐不到。

吃完那頓炮仗子，我們都說要記住撿野蘑菇和拔野蔥的地方，以後到了它們長出的季節，還來做炮仗子。第二年，我們還在那個地方做過一頓炮仗子，卻沒有撿到野蘑菇，也沒有看見野蔥。大家感嘆一番，每個人在每一年都不一樣，一個地方怎麼會在每年都長出同樣的東西呢？我們在高海拔的新藏線上度日如年，也許在內心保留一份記憶，才是留住美好的最好方法。

如今已吃過數不清的炮仗子，仔細考查這種麵食的歷史，便發現它有山西和陝西等地的特點，到了新疆後受到當地風俗影響，形成了全新風格。譬如，炮仗子的湯和配菜，就用新疆產的皮芽子、油麥菜、番茄和番茄醬。如果要做成炒炮仗子、乾煸炮仗子、炮仗子拌麵，則完全是新疆做法。

我吃炮仗子的經歷都在別處，至今尚未在家中做過一次，得試做一次了，不難。

石河子涼皮

幾年前在烏魯木齊一家「石河子涼皮」店，為一位姑娘吃涼皮驚訝。她先是對服務員說，涼皮和麵筋各一半，辣子要多，兩勺。等涼皮端來，她嚐一口覺得不夠辣，又讓服務員加了一勺辣子。眼見那盤涼皮已一片通紅，但她吃得頗為愜意，並不理會周圍人驚愕的表情。

新疆人喜歡吃石河子涼皮，尤以年輕姑娘為多，所以街頭多見石河子涼皮店。開店者一般只賣涼皮，分大份和小份兩種，吃者多為回頭客。石河子涼皮最大的特點是薄，薄得透明卻不失筋道，有韌勁，味道中既有麻，也有辣，再融入自創的酸爽味道，口味香濃刺激。

我沒去石河子之前，就吃了石河子涼皮，覺得以地名為一道食物冠名，那個地方一定超出人的想像。後來到了石河子，大街兩邊卻並不多見涼皮店，想必是因為石河子涼皮的名聲在外，石河子人都跑到外面賣涼皮了，或者開涼皮店者多借「石河子」三字招攬生意，讓人誤以為石河子涼皮均出自石河子。這世間的事物錯綜複雜，一盤涼皮也不例外。

石河子涼皮叫得響，其實是有歷史的，石河子的人群構成，是一盤涼皮揚名的關鍵。新疆自二十世紀五十年代成立兵團後，各團場農工皆以種地為生，但每個月卻能領工資，待遇比別處的農民好得多。石河子是兵團城市，以陝西和甘肅人為多，陝西有擀麵皮，甘肅有釀皮子，他們將其帶入石河子後，又融入新疆人喜歡的酸和麻辣，形成了自身的特點，被稱為石河子涼皮，歷經四五十年時間，名氣越來越大。

石河子是一個多樹的城市，各種樹木林立路邊，空地和開闊處閒著無用，也乾脆種上大面積的樹。我有一年去石河子時是冬天，街兩邊的樹上落滿雪，並結了冰。一眼望去，玉樹瓊枝竟無盡頭，讓人疑惑是到了阿勒泰的大山裡。石河子為兵團人自建，綠化居新疆首位，聯合國有關部門曾經定論，此處為最佳居住城市。我曾在電視上多次看到石河子夏日的美，綠樹成蔭，少女時髦，男人灑脫。現在想像過去，亦覺出這座城市在夏日的繽紛之美。在石河子，冬天看樹，看雪。夏天看人，看綠。頗好，像一個夢。

石河子涼皮之所以好，好就好在石河子的小麥好，做出的涼皮色澤鮮亮，看似薄得幾近透明，但卻極有韌勁，一嚐之下便可發現，其筋道比其他涼皮強很多倍。要說石河子涼皮的好，須將涼皮和麵筋一起吃，才可品出其美妙所在。新疆人大多都有將涼皮和麵筋一起吃的習慣，只要向店主報上要放麵筋的要求，店主就會將涼皮切成細條，麵筋切成薄片，放入盤中，再澆上辣椒油、醬油、醋、蒜末、芥末、芝麻醬等作料，五顏六色，顏色好看，味香誘人。

在嚴冬季節，新疆人也有吃石河子涼皮的習慣。此物本是涼著吃的，加之放了醋，一般人都會認為在冬天不宜食用，否則會讓人渾身發冷。但在新疆的實際情況並非如此，不論天氣多冷，下多大的雪，刮多大的風，只要一盤子石河子涼皮端上桌，吃上兩三口，其辣味馬上就可以提神，讓人渾身熱起來。所以新疆人在冬天多吃石河子涼皮，吃完頂著風雪離去，一點也不冷。

我老家天水有麵皮和呱呱，尤以調料獨特而受歡迎。老家人將呱呱配一個燒餅作為早餐，不知情者以為很辣，實際上那是一種香辣，早餐一頓可提神一上午。按說，我自小吃天水的麵皮和呱呱長大，嘴應該刁頑，但第一次吃石河子涼皮便滿心歡喜。老家的麵皮和呱呱遙不可及，而石河子涼皮近在眼前，剛好彌補遺憾。

也就是在第一次吃石河子涼皮時，發現其吸取了川菜的麻，湘菜的辣，再加入濃酸的醋，味道既濃郁又清爽，很符合新疆人直率的性格。新疆菜不在八大菜系中，但有融會和吸納的長處，石河子涼皮便是例證。

我這些年吃石河子涼皮，固定去處是一個不起眼的小店。記得早先有石河子涼皮招牌，後在一次大風中被刮破，開店者沒有再做，但生意不受影響。因為店小，坐十人便顯得擁擠，我每去都避開飯點，進門向女店主報上想吃的涼皮、麵筋和牛筋麵的比例，她利索地拌好，我一人坐在店中慢慢吃，覺得頗為舒服。

一次見到她做涼皮，便多看了幾眼。也就是那幾眼，讓我知道了石河子涼皮的做法。她把和好的麵放進盆中，用涼水不斷地搓洗，一直洗到澱粉和麵筋分離，把麵筋取出，將洗麵水澄清沉澱，倒去上面的清水，在剩下的糊狀澱粉中加適量的蘇打，抹入直徑一尺左右的不鏽鋼平盤，並在上面抹少許清油，便可放在開水鍋上蒸了。她動作嫻熟，不一會兒便做出一張，入鍋的那張三五分鐘即熟，下一張剛好跟上。

我嚐了她新做出的涼皮，澆上各種調料之後，看上去顏色悅目，一吃更覺得爽滑彈軟，似乎還品出了食物剛出鍋的那種蒸餾香味。

後又去吃，她喚女兒為我端來涼皮。我見是一亭亭玉立的少女，便想起以前她也曾給我端過涼皮，那時她大概七八歲，怕盤子掉地上，便用雙手緊緊握著，還咬著嘴唇。如今她已長成了大姑娘，我亦猛然發現，我在這個小店吃涼皮已有十年時間。

一次與女店主閒聊，得知她來自兵團農四師的六十六團（地處伊犁），很早便靠做涼皮謀生。後來到了烏魯木齊，也順理成章地開了這個小店。她說其實還有比石河子涼皮更好吃的涼皮，至今沒有出六十六團，叫「矮桌子涼皮」。一位大娘最初經營時，因為只有幾張矮桌子，被人們叫出了「矮桌子涼皮」一名。那涼皮用的是本地的小麥，而且加工精細，所以很好吃，六十六團人數十年間只要想吃涼皮，必去那家。

我打聽了一下，如今在六十六團，矮桌子涼皮店的生意依然很好，別的店已改用機器做涼皮，但那家卻依然堅持手工製作，那樣的速度會跟不上所需，但他們寧願少賺錢也不降低標準。後來，他們索性對外宣布，每天只賣三百張涼皮。三百張涼皮也就是三百份，人們每去吃涼皮都會問，賣到多少張了？如果店主報出的數字尚不緊張，便從容等待。如果已所剩不多，便趕緊讓店主給自己上一份。那次還打聽到一個消息，當年創下矮桌子涼皮的大娘已經年邁，擔心矮桌子涼皮傳承無望，甚是焦慮。

我曾去過六十六團，沒有碰上矮桌子涼皮，如若再去，定要品嚐一下。有些食物，如果一次錯過便會永遠錯過，所以碰上了要及時品嚐，以免留下遺憾。

不論是石河子涼皮，還是矮桌子涼皮，皆出自兵團，兵團人在新疆多年種地，能出好吃的涼皮，亦是必然。

苞穀湯飯

苞穀湯飯，在南疆的和田和喀什兩地經常能見到，當地的維吾爾族人稱之「闊恰」，是一種把新鮮的玉米榨成粒，然後與多種蔬菜一起放入羊肉湯中，燴成的一種湯飯。

做苞穀湯飯，先要將剝下來的玉米粒榨出汁，並與玉米渣分開。然後把羊肉、皮芽子、番茄、紅辣椒、綠辣椒、南瓜、木耳、恰瑪古等入油鍋炒少許時間，把玉米汁倒入鍋裡，並加少量的水，放入玉米渣燴製一小時左右，便做成一鍋香噴噴的苞穀湯飯。燴熟的苞穀湯飯，菜蔬已與玉米粒融為一體，但番茄泛出的紅色，木耳泛出的黑色，綠辣椒泛出的綠色，仍然很顯眼，用南疆人常用的傳統木勺舀一勺食之，有酸有辣，可謂是味道獨特，口感鮮潤。

二十多年前，去疏附縣看《突厥語大辭典》的作者麻赫穆德．喀什噶里的麻札（墳墓）。出發前，一位在新疆生活多年的天水老鄉囑咐我們看完後早些返回喀什，中午請我們喝酒，還有苞穀湯飯。當時聽得一愣，但能想像得出，所謂的苞穀湯飯，大概是用苞穀熬成的稀飯，我想，可能與糊糊差不多吧？問過後才知道具體的做法。雖然覺得好吃，但我們要去看麻赫穆德．喀什噶里的麻札，只能先忍下口水。

《突厥語大辭典》是一部百科全書，亦是麻赫穆德．喀什噶里用雙腳「走」出來的大書。他從喀什出發，一直走到了蘇丹國，將沿途所見所聞收錄到了《突厥語大辭典》當中，並在書中詳細介紹了他所收集到的語言、人物、歷史、民俗、天文、地理、農業、手工業、醫學以及政治、軍事和社會生活等方面的知識，甚至將神話傳說，兒童遊戲和體育、娛樂等項目也收了進去，是一部「用最優雅的形式和最明確的語言」完成的書。我先前讀過《突厥語大辭典》，深為裡面的語言所感動，譬如「你看著我，就是治療我」、「天穹像寶石般晶瑩碧藍，再給它鑲上白玉的指環。看，明星在東方出現了，夜幕降臨，趕走了白天」等等。我覺得這樣的句子是詩歌，後來讀到四行體的柔巴依詩，一對照便發現，《突厥語大辭典》中類似於柔巴依的詩歌比比皆是。

我們要去的地方不近，車子一路向前，路邊是已經成熟的苞穀，從粗壯的苞穀棒子可看出，農民當年一定有好收成。當時想，等返回時買幾個苞穀，中午吃上自己親手做的苞穀湯飯，該是多好！

但是那天運氣不好，因為修路，我們沒走到麻赫穆德・喀什噶里的麻札前，只好把車停在半路向麻札的方向張望。無奈路途太遠，什麼也看不見。算了，只好留待下次再來。隨後，我看見路邊有新鮮苞穀賣，聽擺攤的人大聲叫喊：苞米，剛掰下來的苞米！苞米是新疆人對苞穀的稱呼，他們很少用苞穀和玉米，而是多稱苞米。我們買了幾個新鮮苞穀，那人得知我們要回去做苞穀湯飯，笑著說他的苞米好得很，包準做出好吃的苞穀湯飯。

回到喀什，我們去約好的那位老鄉家喝酒，並把那幾個苞穀交給朋友，叮囑他就用這幾個做苞穀湯飯。那天的羊肉好，酒也不錯。快結束時，老鄉說，今天大家給面子，羊肉吃得好，酒也喝得好，最後再吃個苞穀湯飯，一切就都圓滿了。當時已有醉意，只聽到在說苞穀，對後面的湯飯二字並未聽清，便想，吃個苞穀也好，壓壓酒會好受一些。等苞穀湯飯端上來，自是驚喜。喝了一口，覺出有酸甜之感，且稀稠適當，心想這才是醒酒的好東西，遂幾口喝完，但不知裡面還有什麼。第一次吃苞穀湯飯，就被酒給害了，沒有留下什麼印象。

後又一次去看麻赫穆德．喀什噶裡的麻札，結果因為下雨，又沒有去成。於是又去那位老鄉家，說起上次羊肉好，酒好，他笑笑說，這次和上次一樣好，放心吃放心喝便是。呵，只要看不成麻赫穆德．喀什噶里的麻札，就必然會到這位老鄉家來，還有什麼顧慮呢，放心吃放心喝吧！我因為上次對苞穀湯飯留有遺憾，便提出想看看做苞穀湯飯的方法。老鄉應允，說其實做苞穀湯飯不難，雖然各家使用食材略有差異，但苞穀肯定都是有的，只要有苞穀，就一定能吃上苞穀湯飯。

到了做苞穀湯飯時，老鄉喊我進廚房去看，他妻子已將苞穀碴碎並榨出了汁，並把渣粒留了下來，對我說一會兒吃的就是這個東西。我看見她準備了羊肉、皮芽子、番茄、紅辣椒、綠辣椒、南瓜、木耳、恰瑪古等，便知道，苞穀湯飯雖然以苞穀粒為主，但這些配菜卻必不可少，否則便不香。她將各種配菜炒出來，然後往鍋裡倒入榨好的苞穀汁和少量水，最後把苞穀粒放進去熬煮。

她說，簡簡單單的苞穀湯飯，得熬一個小時左右。我因為掛念那一鍋苞穀湯飯，先後去看了兩次。第一次見苞穀粒和各種蔬菜在一起翻滾，尚可看出每一種蔬菜的顏色和形狀。第二次去看時見湯已熬得稠了，除了番茄、紅辣椒和綠辣椒尚有一絲顏色外，其他配菜已融入湯中。我站在廚房中等了十餘分鐘，眼見得苞穀粒已完全消融於湯中，心想應該熟了。果然，老鄉的妻子關了火，一鍋香噴噴的苞穀湯飯出鍋了。目睹了此過程，我堅信我也會做苞穀湯飯了。

老鄉的妻子說，做苞穀湯飯最關鍵的是，一定要用嫩苞穀，只有嫩苞穀有甜汁，入湯後可提味。另有一個原因，嫩苞穀粒嫩脆，咀嚼起來口感好，尤其是咬開後散出的甜，在舌尖上彌漫開，是味覺的享受。我點頭稱是，不可小瞧這小小一鍋苞穀湯飯，裡面的學問大著呢！

兩次去看麻赫穆德·喀什噶里的麻札，均未如願，但卻與苞穀湯飯結緣，讓我從此喜歡上了這一口。這裡面有什麼玄機？後來知道，克州、喀什、和田一帶的人極為重視苞穀湯飯，平時多用於待客，亦是喝酒後必不可少的醒酒湯苞穀湯飯和另一種叫烏麻什的苞穀湯飯有異曲同工之處，但烏麻什用的是苞穀粉，苞穀湯飯用的則是碴碎的苞穀粒。烏麻什不放菜和肉，而苞穀湯飯則少不了菜和肉。

記得那兩次在老鄉家吃苞穀湯飯，老鄉和他妻子卻未吃一口。問及原因，原來他們在艱苦的年代只能吃苞穀，留下了胃酸的毛病，以至於現在看見苞穀便不舒服。老鄉說，當年除了苞穀別無選擇，便把苞穀弄出各種花樣來吃，但因為缺肉少菜，所謂的苞穀湯飯只能放一點菜葉。後來生活好了，苞穀湯飯又恢復了原來的模樣，並延續了下來。

一種東西能被延續，一定是其價值得到了認可。如今，粗糧返銷，人們又開始琢磨以前的健康飲食，尤其是苞穀這樣的粗糧，多吃有利於身體，苞穀湯飯便又頻繁出現在了人們的餐桌之上。

三十年河東，三十年河西，人的飲食亦有輪迴。還有麻赫穆德·喀什噶里的麻札，下次再去，想必一定能夠看到。

諾魯孜飯

今天是諾魯孜節，寫一篇關於諾魯孜飯的文章。

「諾魯孜」一詞意為「春雨日」，諾魯孜節就是迎接春天的節日。這一天相當於二十四節氣中的春分，故而諾魯孜節也叫迎春節。也就是在今天，新疆人以傳統方式迎接春天。在新疆，人們把諾魯孜節視為春耕、綠化、美化、淨化環境的儀式，並在每年的這一天都吃諾魯孜飯。

一九九二年三月二十一日，我在葉城第一次過了諾魯孜節。那天出了營房大門，才發現鮮豔盛開的杏花，泛綠的田野，已猛然展開春天的景象。我一週前曾出過一次部隊，當時還沒有發現樹枝泛綠，但僅僅幾天卻變成了這樣，讓人疑惑春天是一夜間來到人間的。

我們部隊駐地在新藏線的零公里。說來很有意思，從零公里向農場延伸而去的小路兩邊，長著密密匝匝的杏樹。我們曾議論過那些杏樹，有戰友說是自然生長的，因為葉城除了石榴外還產杏子，隨處可見杏樹倒也不奇怪。我們那天去部隊的農場勞動，車子駛入那條小路，猶如穿行在花海之中，一伸手就碰到了枝頭密集的杏花。

出了那片花海，便看見田間地頭有人群和牛羊走動，牛的脖子上還似乎掛有什麼飾物。牛羊已困頓一冬，此時的樣子一看便知道，是終於輕鬆了下來。那條路上有四蹄脆響的馬拉著馬車，馬車上坐著一身盛裝的維吾爾族姑娘，個個濃眉大眼，長髮飄飄。她們的眼睛那可真是又大又黑，讓人覺得能裝得下整個春天。看著人們都盛裝出行，我們便猜測那天也許是什麼節日。

果不出所料，那天正是諾魯孜節。因為我剛到新疆不久，也是第一次知道這個節日，所以並無什麼感覺。但這突然來到的春天仍然讓我欣慰。

一路上都有杏花，甚至還有桃花，但看著看著興趣就淡了。有戰友埋怨，當兵後天天下地幹活，與當農民沒什麼兩樣。車經過一個村莊後，大家的情緒馬上就不一樣了，諾魯孜節的氣氛已渲染了整個村莊，人們五顏六色的民族服裝和歡快的唱歌聲，讓當時二十剛出頭的我們心情激蕩，恨不得跳下車去看個究竟。

事隔這麼多年，我仍堅信全連戰友在那天都受到了影響，本應在下午六點完成的任務，一直到八點才收工，人人都一副腰酸背疼的樣子。

回部隊的路上，一位從北疆入伍的哈薩克族戰友說到了諾魯孜飯，他傷感地說，連隊就他一名少數民族戰士，沒條件吃上諾魯孜飯，如果在家裡，他爺爺會給大家講一晚上故事，而奶奶和媽媽則用一晚上時間熬諾魯孜飯，讓一家人在第二天早上就能吃上。

看著戰友嚮往的神情，我也有些心動，心想能參加一下諾魯孜節該多好！說來也巧，第二天我們部隊與附近的一個鄉共建，剛好趕上了諾魯孜節。我發現人們起得很早，老人在房屋中間燃起一堆松柏樹枝，將冒煙的枝條在家人頭上繞一圈，祝家人朋友獲得一年的平安快樂。然後，又將枝條放到牛羊圈門口，讓它們從煙上邁過，以祈求它們在這一年膘肥體壯，繁殖有序。

每家每戶都已熬好了一鍋諾魯孜飯。家庭中一般都用小鍋，如果一個村莊或鄰居聚在一起過節，則要用大鍋。熬諾魯孜飯需要有人整夜守候，因為每隔一會兒就要用大勺攪動鍋中的稀粥，還要添加柴火，沒有人守著不行。

我聽見兩位老人在談論做諾魯孜飯的用料，便注意聽了聽，聽出要用七八種穀物和豆類，有白米、小麥、大豆、黃豆、綠豆、豌豆、鷹嘴豆、青豆等，同時要放入杏乾、葡萄乾和奶疙瘩等，所有用料以上一年剩下的為佳，其寓意為永遠有節餘。裡面的配肉，一般選牛羊頭部和蹄子上的肉，意為人生在世要看清世界，走向遠方。

一位老人從外面進來，手裡拿著幾根綠色的東西，開始我以為是韭菜，仔細一看才發現是麥苗。他看了看鍋裡的粥，用手把下巴上的鬍鬚捋了捋，然後頗為鄭重地把麥苗放了進去。事後我才知道，這個細節象徵所有的莊稼獲得豐收。

最富有意味的是往諾魯孜飯中放鹽。放鹽的人神情莊重，用手指捏著鹽粒一點一點撒進鍋裡，然後用大勺來回攪動十餘圈，那粥中的豆子便連連滾動，有的已經煮爛，有的似乎還很硬。我注意到，但凡走到大鍋邊的人，都要抓起大勺在鍋中攪動幾下，看來這個動作是過節或者吃諾魯孜飯必須要做的。後來我才知道，因為鹽在食物中被視為證物，大家同食一鍋放了鹽的諾魯孜飯，無論有怎樣的恩怨，都在吃完諾魯孜飯後一筆勾銷。也有人將苜蓿放進諾魯孜飯中，因為苜蓿是春天的第一道綠色食物，放進諾魯孜飯中是紀念上蒼的賜予。

當時，鄉親們邀我們跳麥西熱甫，我們因為不會跳便僵在了那裡。一個七八歲的小姑娘對我說，你不知道你自己有胳膊和腿嗎？她的大眼睛裡充滿好奇，我這才明白她在說跳舞的事。按她的說法，只要動一動胳膊和腿就是跳舞。我被小姑娘感動，遂跟著她學習跳舞，她一本正經地教我，跳完後，她指了一下吃諾魯孜飯的人群，意思是讓我去吃飯，我想摸一下她的小臉蛋，她卻轉身飛快地跑了。

在那天，我看見人們在山野間掐苜蓿。苜蓿向來有「五穀的序曲」一說。過諾魯孜節時，人們會摘回鮮嫩的苜蓿，然後剁餡，和麵和擀皮，做成苜蓿餃子，也有人做苜蓿烤包子。這些散發苜蓿香味的食物，除了可供全家人嚐鮮外，還會送給親朋好友和鄰居享用。許多曾鬧過不愉快，彆彆扭扭，不走動，不說話的親戚朋友和鄰居，因為一盤苜蓿餃子，或者一二十個苜蓿烤包子，彼此之間很快就能夠諒解，而且和好如初。

當然，被節日占有的一天，一切還要以諾魯孜飯為主。吃完諾魯孜飯，我期待看到人們舉行挪巢、移花栽樹、拜年、打諾魯孜饢、踏青、掃墓等儀式，我已對諾魯孜節有所瞭解，知道這些都是這個節日必不可少的內容。但是因為時間有限，人們在那天並沒有舉行那些活動。也許在第二天，或第三天，那些活動會一一舉行，而那時我已不在這裡。

第二年，我們又去那個村子吃了諾魯孜飯，我還是不會跳麥西熱甫。我希望見到去年的那個小姑娘，但尋遍人群也不見她的身影。一年過去了，她會變成什麼樣子呢？

這篇文章寫到這裡，想起二〇一四年諾魯孜節的那天，單位聯繫華龍印務的食堂給大家做了一頓諾魯孜飯，當時吃的人不多，但我卻吃了兩碗。那天，吃著諾魯孜飯，回憶起二十多年前的南疆生活，不免在內心感嘆，有些事情在不知不覺間已變得模糊，而有些事情卻一直在等待著與你對視。

那一天，今生或許有，或許沒有。

羊雜碎湯

羊雜碎湯因人而異，喜歡吃的，幾天不吃就會坐立不安。不喜歡的，聞到就皺眉頭，從不往跟前湊。羊雜碎湯，等的是喜歡它的人。喜歡羊雜碎湯的人，永不改其熱衷。

羊雜碎湯的主要材料是羊下水，有羊肚、羊肝、羊肺、羊腸等，洗淨後煮熟，視其原形或切成條，或切成塊。切成條的有羊肚，切成塊的有羊肝和羊肺，至於羊腸，則從中一刀切成小圈狀。做羊雜碎，要先把退肉的羊頭骨入鍋煮出高湯，配料以薑為主，加一些佐料粉，將切好的羊下水放到碗中，待高湯煮好後澆入即可食用。有的人口味重，在盛入碗中後撒一點蒜末，一點香菜，便吃得很高興。

二十多年前，我對新疆食物尚不瞭解，喝過幾次羊肉湯後，以為將肉汁溶入湯中是最好喝的。但一位朋友說，最好的湯並非是羊肉湯，而是羊雜碎湯，因為裡面放的東西多而雜，喝一口就知道有多好！他還說，喝羊雜碎湯有兩種方式，其一是邊吃羊雜邊喝湯，其二是先把羊雜吃掉，然後喝湯。至於用哪種方式最好，完全取決於個人喜好，但味道都不會被改變。

我在食物認知方面有一個固執的觀點，堅信但凡贏得口碑者，一定不會讓人失望。經那位朋友聲情並茂地渲染後，我便惦記上了羊雜碎湯。但我並不著急，當時的我才剛剛到新疆，堅信一定有機會吃到。

之後便總是聽別人談論羊雜碎湯，聽得多了，也就知道，羊雜碎湯又名燴羊雜、羊雜碎，是由羊的頭、蹄、血、肝、心、腸、肚等混合燴製而成的，屬於新疆常見的傳統小吃。羊雜碎湯貴在雜碎要多，如果不雜不碎，吃起來就沒有滋味。當時想，羊身上的東西，真可謂是物盡其用，任何部位都可以加工成一道美味。有一次在和靜縣吃飯，桌上有羊耳朵和羊舌頭各一盤，嚐了一塊，並未吃出特別的味道，但驚歎於人對羊的「發掘」。有人說，一羊可以「十吃」，依我看，十吃都不足以盡然，只要人們盯著羊看上半天，總能琢磨出新的吃法。

我調到駐紮在疏勒縣的南疆軍區後，發現文化站對面有一家羊雜碎湯店。惦記了許久的美食就在眼前，自然要歡欣鼓舞地進店點上一碗。店主是個年輕姑娘，起初覺得她恐怕做不好羊雜碎湯，在她問我要不要配餅子和小菜時還猶豫了一下，但心想，既來之則安之，先嚐嚐再說。

等她把一碗羊雜碎湯端上來，第一眼看上去便覺得不錯。雖然羊內臟種類較多，肉質各異，但搭配起來卻不覺得雜。我先喝了一口湯，味道酸辣兼宜，不腥不膩，馬上斷定這小小一碗羊雜的營養一定豐富。那天在下雪，我連吃帶喝，再加上脆爽的蘿蔔絲小菜，半碗下肚遍體生熱，一碗吃完熱汗淋漓。當時想，在氣候偏冷的季節吃羊雜碎湯，真是禦冷逐寒的好辦法。

不要小看這樣一家小店。因他家做的羊雜碎湯好吃，在當地還是很有口碑的。比如，一群人在一家豪華酒店用餐到最後，想喝一碗羊雜碎湯醒酒，但服務員卻告之沒有。他們幾經打聽，被介紹到了這個店。他們在這裡每人喝完一碗羊雜碎湯後，心滿意足地離去。更有外國遊客在喀什旅遊時，專門跑過來將羊雜碎湯打包帶了回去。

我因為常去吃羊雜碎湯，便與那姑娘熟了，得知她是從甘肅來新疆打工，因一位老大娘的賞識，教會了她做羊雜碎湯。那老大娘做了四十多年羊雜碎湯，自然有獨特的做法，這便是她得了真傳，做出好羊雜碎湯的原因。她已經在這兒幹了三年，生意一直不錯，準備再幹一年擴大經營規模。

我向她請教做羊雜碎湯的方法，她一笑，沒有說什麼。我以為她不願輕易將祕訣示人，不料她忙過一會兒後給我倒了一杯茶，簡單明瞭地告訴我，羊雜碎湯好不好吃，就在於「三料」、「兩湯」是否配得好。

我很驚訝，小小一碗羊雜碎湯，居然有如此深刻的內容，如果細究下去，一定會有人在羊雜碎湯上大做文章。經她詳細介紹，我才知道，羊雜碎湯的「三料」分主料和副料，主料是羊心、羊肝和羊肺，下鍋的時候切成碎丁或薄片。副料是羊腸、羊肚和頭蹄肉，下鍋時要切成細絲和長條。一碗羊雜碎湯，只要主副料齊全，味道便不會差。而「兩湯」指的是湯有兩種做法，其一是使用先前的原湯，人們買上一副羊的五臟下鍋煮好，趁熱邊吃邊喝，其鮮美的味道頗受歡迎。其二是清湯雜碎，因人們怕雜碎有異味，先將洗好的雜碎放入開水中氽一下，撈出放入蒸鍋蒸熟後，切好，再重新入湯鍋煮熟。

我與她閒聊，說起一個羊雜碎湯永不換湯的故事。有人把雜碎不斷地往一個大鍋裡放，煮熟一批撈出後又放進去一批，那鍋湯用文火常熬不換，有的甚至能熬上好幾年，以至於鍋中的湯濃稠如油，色釅如醬，人們將其稱為「老湯雜碎」。過往食客吃一碗，雜碎酥爛綿軟，湯汁醇美濃郁。食客提出加湯的要求，經營者便不高興，因為那湯很貴。

她聽得兩眼放光，看來那一鍋永不更換的濃湯讓她浮想聯翩。過了一會兒，她卻搖搖頭說，你說的地方可能在四川一帶，新疆人不喜歡吃隔夜的東西，所以不會一直用一鍋湯煮羊雜碎。

她說，真正好的羊雜碎湯，除了「三料兩湯」外，還應該有「三味」。她指了一下店內的飯桌說，「三味」說起來簡單，凡專賣羊雜碎湯的飯桌上，都應該有佐餐三味，也就是一盤香菜，一盤油潑辣子，一盤食鹽。這是吃羊雜碎湯不可少的三味調料。食者坐下來，或愛清香爽口的，或喜辛辣熱麻，或好鹹中得味。總之，可根據自己的口味，自行調兌碗中的湯。

她如此冷靜且富有專業的分析，讓我頗為欣喜，亦相信以她的本事，一定能幹出一番名堂。然而我外出半年回到疏勒縣後，卻發現那個羊雜碎湯店換了經營者，並很快聽到了消息，那姑娘的男朋友出車時撞了人，受傷者做手術時花了一大筆錢，她將店賣掉才還上了欠款。

後來的一天，我經過那個羊雜碎湯店，看見店主在門口支了一個小爐子，上面的一鍋羊雜碎湯正煮得上下翻滾。

我沒有食欲，轉身離去。

丸子湯

前幾天與同事說到與昌吉有關的一件事，說著說著就說到了丸子湯。丸子湯是昌吉的名片，有時候人們提起昌吉，情緒明顯高漲，大家一致認為，昌吉的丸子湯好吃，好像馬上去吃一碗才能解饞。

說起來，以前的新疆人聚餐，丸子湯往往是最後一道菜，寓意吃完便離開的意思。而現在則是新疆人的速食。這些年，昌吉市和木壘、吉木薩爾和奇台的丸子湯名氣越來越大，經常聽到人們稱讚。

丸子湯的來歷很有意思。說是有一天，一個飯館剛讓一群駱駝客吃飽上路，又有一群駱駝客到了門口，但廚房裡除了丸子外，已沒有任何主食。飯館老闆看見駱駝客眼巴巴地看著他，便將丸子放進牛肉湯中，然後放入豆腐、粉塊、菠菜和粉條，一鍋丸子湯便那樣做好了。因為有丸子又有湯，「丸子湯」一名遂被傳開。

如今在昌吉有一個約定俗成的習慣，做丸子湯是體現回族媳婦廚藝的標準，所以大姑娘和小媳婦都會做。在昌吉等地的回族人家中，丸子湯和粉湯是家常飯菜，經常出現於餐桌。熟悉或喜歡吃丸子湯的人，只要看一眼圓潤的丸子，大塊頭的牛肉片，味濃湯鮮的牛骨頭湯，軟滑的粉條，吸足湯後變得蓬鬆的凍豆腐，漂著油花的湯汁，以及新鮮的綠色菜葉等，恐怕就邁不開腳步了。湯中除了要放丸子外，通常還會放入阿魏菇和粉塊，吃起來可享受到香糯、爽滑、筋道和酥軟的口感之福。

我每去昌吉辦事後，如果時間充足，必然要吃一碗丸子湯才返回烏魯木齊。如果住在昌吉，第二天早上便不在賓館吃早餐，而是早早地起床上街，找一家丸子湯店吃一碗。我常去的是離汽車站不遠的一家店，進去後，點一碗丸子湯，配兩個油塔子，一小碟涼菜，吃得很舒服。

一碗丸子湯好不好，最關鍵的是做丸子。人們先把牛肉洗乾淨，切成小細丁，放入鹽、熟植物油、胡椒粉、味精和雞蛋，並加一點水，不停地攪拌，和成肉泥，然後捏成球狀放在熟油鍋裡煎炸，九成熟時從鍋裡撈出即可。炸熟的丸子燉到湯裡，外脆裡嫩，一口咬開便透出緊湊密集的肉香。

丸子湯做起來不難，但熬湯卻很講究，要把牛肉和牛骨頭放在一起，用五六個小時才能熬出好的高湯。熬湯的時間是否夠，火候是否掌握得合適，以及後續加進去的調料是否適當，這幾樣都要達到標準。然後才可選擇嗆味不會太過的配菜。如果菜自身的味道太嗆，就會影響丸子的味道，譬如芹菜就永遠不會被用於做丸子湯，而像菠菜一類味道淡，色感鮮，且口感綿軟的蔬菜，一直是人們配入丸子湯的首選。

湯雖然是早已熬好的牛骨頭高湯，但必須經過加工才會可口。通常的做法是，先在熬好的牛肉湯中放進粉條用小火煮，然後在另一炒鍋中將油燒到五成熱，放入胡蘿蔔丁、皮芽子丁，撒上胡椒粉、乾紅椒等調料，炒少許時間後和丸子一起倒進粉條湯裡，用大火燒開，然後改小火稍煮，最後加入鹽和味精，一鍋可口的丸子湯就做好了。

我吃丸子湯有一個習慣，吃之前要先喝一大口湯。且不可小看這一口湯，會吃丸子湯的人都深諳此道，其作用是先品一下湯中熬出的牛骨、肉味及其他調料是否合適。如果是冬季，這一口湯不但給口腔帶來新鮮滋味，還會讓全身都熱起來，可以說是既解了饞，又暖了身。

吃丸子湯的標配是油塔子，也有餐館會配以烤餅和花卷，是因為較之於油塔子更方便做，成本也低。會吃或常吃丸子湯的人，一問餐館配的不是油塔子，往往會轉身走人。吃一碗丸子湯，不吃一兩個油塔子，用新疆話說，會吃得不夠「瓷實」。

我結婚成家後，經常在家做丸子湯。有時候自己動手炸牛肉丸子，有時候為了圖方便，便去超市買一些，做出的味道都差不多。現在的人都不放心食品安全，但我從未發現有人在丸子上偷工減料的，看來丸子是不容做假的食物。

在社群朋友圈經常見到有人曬家庭中做出的丸子湯，十有八九是不成功之作。做丸子湯首先要把握好時間，前後有四十分鐘即可。首先要在湯燒開後放入難煮的牛肉片、丸子和粉條，煮二十分鐘左右放入粉塊、豆腐和其他耐煮的蔬菜，最後五分鐘放菠菜，煮少許時間即可關火。同時要把握的是湯與菜的比例，要知道煮四十分鐘會有不少湯會被耗掉，加之肉和菜均會膨脹，會使丸子湯越煮越顯得稠，本來要做一碗卻變成了兩碗，要做一人的飯卻變成了兩人都吃不完，以至於到最後看一眼便沒有食欲。所以一定要在事先相應地多加一點湯，保證做出後湯水充足，丸子和肉菜在湯中寬鬆靈動，吃起來才舒服。

偶然間聽說昌吉的「四十九」丸子湯已開到了烏魯木齊，便心中欣喜。在期待「四十九」丸子湯的那一陣子，瑪納斯的一位老闆在烏魯木齊的西北路開了一家丸子湯館，經營一段時間後不景氣，便請人題寫了店名，以期營業狀況有所好轉。那一陣子我和單位同事每天中午去打羽毛球，打完後便到那家店，每人要一份丸子湯，再加一兩個烤餅，連吃帶喝，頗為愜意。

吃過兩次後，我喜歡上了那家丸子湯。他們的湯味很正統，喝一口便可嚐出牛肉的味道。湯好至少就成功了一半，剩下的就是丸子炸得是否外脆內軟，其他配菜是不是新鮮。那家老闆請來的廚師一定做了很多年丸子湯，所以配製的牛肉切得薄，煮得也剛好到火候，吃起來不爛不硬。我還喜歡丸子湯中的豆腐，看上去略粗一些，卻有脆嫩的口感。

因為多年吃丸子湯一直配油塔子，便有些排斥他們配的烤餅。後來，因為天冷便讓服務員把餅子烤一會兒後端上，外面已變得焦黃，等吃過一口，便感覺到了溫熱酥香。我們都頗為欣喜，看來將餅子適當烤一下，無論外觀和內質都會不一樣。自此之後再進那家丸子湯店，熟悉的服務員便問我們：三個丸子湯？我們應聲的同時又加上一句話，餅子烤一烤再上。服務員明白，應聲而去。

一次吃完丸子湯出來，我抬頭看了看掛在門口的店名書法，那字為了突出書法個性，筆劃寫得東倒西歪，很難將整體支撐安穩。一位朋友說，生意做不下去時會用「倒了，垮了」的說法，這字真讓人有這種感覺。我示意他不要那樣說，多給人家盼點好吧。

之後的一天，一切急驟發生變化，我們辦理會員卡的那家羽毛球館突然鎖上了大門。那天大雪紛飛，我們在雪地裡等待許久，才知道承包羽毛球館的老闆跑了，我們再也不能在那家球館打球了。不幸的是，當我們去吃丸子湯時，又驚訝地發現，那家丸子湯店也倒閉了。

天氣似乎一下子冷了很多。

蘇甫湯

蘇甫湯是俄羅斯人的一種菜湯，後被遷入伊犁的俄羅斯人帶過來，從此在新疆紮下了根。要說蘇甫湯，得把蘇甫和湯分開說。

蘇甫一說，指的是俄羅斯人對這道湯菜的叫法，應是俄語。而蘇甫湯則是新疆人的叫法，因其最顯眼的是湯，所以在蘇甫後面加了一個湯字，從此變成固定叫法。

伊犁人喜歡蘇甫湯，時間久了，便發生了諸多與蘇甫湯有關的趣事。

有一人受俄羅斯族朋友邀請，讓他去他們位於喀贊其的家喝蘇甫湯。恰好這人也喜歡喝蘇甫湯，後來更是對俄羅斯族朋友家的蘇甫湯記憶猶新。那天他一進門，正趕上朋友家在過俄羅斯族的柳枝節，朋友一家人用柳樹枝蘸水灑向他，並對他道出一番祝福的話。柳枝節是俄羅斯族的傳統節日，在復活節前一週的星期日。每到那天，人們一大早起床去郊外，採折剛發芽的柳樹枝，帶到教堂去祈禱，是一種專門用於過節的工具。

那人不知柳枝節的內容，在祝福完畢後便坐下喝茶，詢問朋友是否有蘇甫湯可以喝。他上次喝過後一直惦記，今天來的目的就是為了那一口。不料朋友並不回答他，而是向家人使一個眼色，一家人便把他揪住，拽到屋子中央用柳樹枝不停地抽他，並念念有詞：用柳樹枝抽你，用柳樹枝抽你，直到抽得你眼淚流。他們一聲聲念，一下又一下地抽那人，那人被抽得亂跳，不知為何突然間就要挨打。

後來，朋友對那人介紹一番，用柳樹枝抽你，是為了給你驅病鎮痛，這也是柳枝節的一項內容。那人明白過來，便順著朋友所指，讓他們用柳樹枝抽打他的頭、腰和腿，並隨之大聲喊叫：柳樹枝抽到我身上，我的頭不疼了，腰不疼了，腿不疼了。被抽打過一番後，那人滿眼笑容。那是一種祝福，誰能不高興呢？少頃，朋友給那人端來蘇甫湯，告訴他，蘇甫湯早就做好了，如果他不挨一頓「打」便喝不上。那人笑著喝蘇甫湯，覺得多了以前沒有的味道。

另一人做蘇甫湯，則經歷了更為離奇的事情。他去菜市場找到一位俄羅斯族人的攤位，買了羊肉、蓮花白、番茄、馬鈴薯、胡蘿蔔、桂樹乾葉和調料，回去做了一鍋蘇甫湯。一嚐，好是好，但總覺得少了什麼。是什麼呢？他想不出來。正在苦惱間，那位擺攤的俄羅斯族人找上門來，給他送來了列巴和斯米旦。列巴是俄羅斯族人的麵包，而斯米旦是發酵後的生奶皮子，喝蘇甫湯配上這兩種東西，才算是正宗的吃法。

那人將斯米旦抹在列巴上，喝一口蘇甫湯，吃一口列巴，馬上找到了感覺。對了，剛才覺得少了的，就是列巴和斯米旦。那俄羅斯族人說，你走了後，我想你會因為少了兩樣東西回來的，可是直到下班了也不見你回來。我心想少了兩樣東西，喝什麼蘇甫湯呢？下班後就給你送來了。那人之後再做蘇甫湯，再也沒有忘記配列巴和斯米旦。

我喝過的最好的蘇甫湯，也在伊寧市的喀贊其。喀贊其是伊寧市鬧中取靜的地方，從不起眼的入口進入，城市的喧鬧便被隔開，腳下是安靜悠長的巷道。順著巷道往前走，極富民族特色的建築，挺拔的白楊樹，大門旁的花朵，牆角的果樹，以及流淌的渠水，傳遞出安然的生活氣息。這樣的地方，哪怕只是隨便走一走，看一看，也讓人知足。

喀贊其深藏不少做美食的店鋪，有名氣很大的土冰淇淋、列巴、格瓦斯、杏子醬麵包、小麵包等。有一次在喀贊其的一個飯館吃飯，先後上了烤羊肉串、烤包子、薄皮包子、烤饢、優酪乳、小拌麵、抓飯、奶茶、手抓羊肉、馬肉、米腸子、湯飯，以及西瓜、葡萄、杏子、蘋果、梨子、草莓、桃子、無花果和酸梅等，每一種都是一小份，一兩口便可吃完。只記得服務員不停地上菜，不停地收盤子，每個人都忙不迭地吃，似乎一疏忽就會錯過某一種美味。

吃到最後，上了蘇甫湯。一嚐，品出有桂樹葉的異香，但卻多了一股獨特的酸味。按說番茄入湯，是不會有那種酸味的。我用筷子一翻，發現了用黃瓜、蓮花白醃的酸菜，便知道了那股酸味的來由。

朋友介紹說，俄羅斯人進入伊犁後，帶來了很多本民族的特色飲食，但大多入鄉隨俗，變化不小，唯獨蘇甫湯仍保持著原來的味道。時間久了，不但伊犁人喜歡蘇甫湯，就連俄羅斯人在伊犁喝了蘇甫湯，也稱讚是莫斯科或聖彼德堡的味道。

幾年後又去喀贊其，在一戶俄羅斯族人家中，見到主婦在做蘇甫湯。她先將洗淨的羊肉切成塊，用涼水煮開後潷去血沫，待肉煮到七成熟，放入皮芽子煮數分鐘，將切好的蓮花白、番茄、馬鈴薯、胡蘿蔔和桂樹的乾入鍋，加入食鹽和調料，等羊肉煮熟便端上了桌。

蘇甫湯好不好喝，有沒有桂樹的乾葉是關鍵。桂樹的乾葉有異香，入湯後起到調味作用。我喝蘇甫湯時留意過，桂樹乾葉的異香，讓湯有了一股濃烈而獨特的香味，品咂一下，那股香味便從味蕾浸入神經，讓人極為舒爽。有一個說法：人莫不飲食也，鮮能品味也。意思是，知味實不容易，說味就更難。但我敢為蘇甫湯說出其味，那就是桂樹幹葉將酸和甜調解出的一種異香。如果沒有那種樹葉，蘇甫湯將是另一種味道。

這家主婦的小孫女從外面被喚回吃飯，我驚訝地發現，小姑娘眼眸中有頗為明顯的藍色，而且她的舉止神態，與我在聖彼德堡見過的俄羅斯小姑娘極為相似，一時讓我覺得恍若又置身於俄羅斯。我想，小姑娘一家在伊犁可上溯三到四代，但她眼睛裡面的藍色卻延續了下來。

她們一家邀我們一起喝蘇甫湯。因為湯裡有桂葉香，同時，番茄又使湯散出略酸的味道，配上列巴邊吃邊喝，滋味鮮美，口感舒爽。吃完與他們告別，那小姑娘也出來送我們，她眼睛裡面的藍色，在陽光中更為顯眼，亦使她顯得更加漂亮。朋友說，這小姑娘是明星，很多人到了喀贊其，都和她合影。

那天從喀贊其返回，路過一個大院，見四面各自一長溜房子，至今仍然完好。朋友說，此處在二三十年代曾是一個大戶人家，從現在保存的大院規模，就可以看出其當時的家業有多大。另一朋友說起一件鮮為人知的事，是說，當年的一天，那大戶接到迪化（今烏魯木齊）通知，讓他去開會。他喝了一碗蘇甫湯後出門，一去便杳無音信。家人猜測他遭了暗算，不敢再在伊犁待下去，便舉家遷走。他們走得神祕，誰也不知他們去了哪裡。時間到了二十世紀八十年代，從北京來了幾位中國銀行的人。原來是那大戶在銀行存了一筆錢，時間太久需要結算利息和認領。無奈那大戶沒有任何親屬，那筆錢便歸入了國庫。

想起那人是喝了一碗蘇甫湯後出門的，便心裡一酸，那不是蘇甫湯的酸，而是別的滋味。

好營養在肉裡　好手藝在鄉里

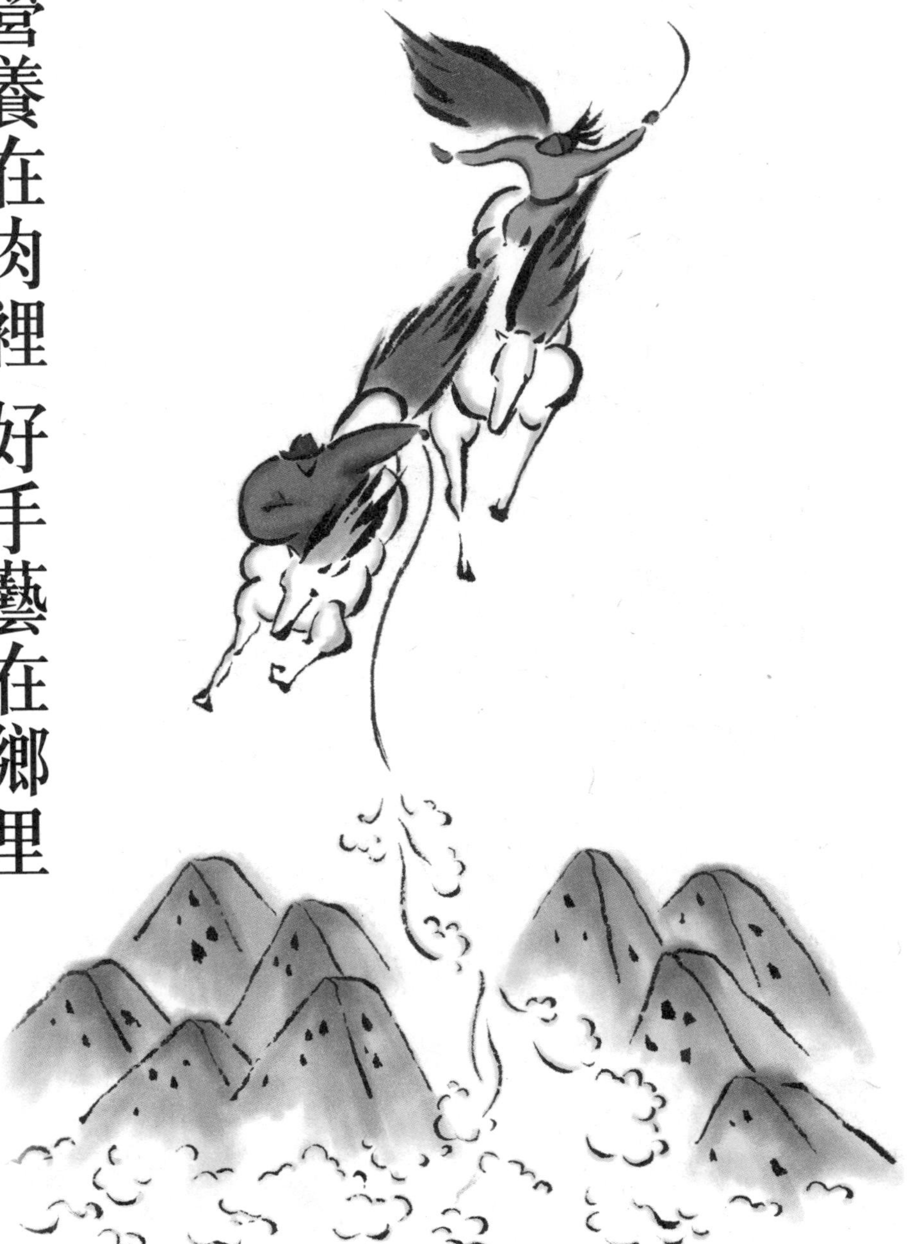

手抓肉

前日的一場大雪，一直持續到今天才停。

便想，雪後氣溫驟降，宜吃羊肉，尤其是大塊手抓肉，吃一頓可禦寒。

於是便去菜市場買羊肉，但掛羊肉的架子卻空著，看來有不少人和我有同樣的想法，已經把羊肉買完了。擺攤的小夥子認識我，掏出手機一番聯繫，很快就有人騎摩托車送來了羊肉。我一看，正是我喜歡的後腿肉，遂請小夥子用斧子剁成塊，付錢後提回了家。

手抓肉這個名字，一看就知道是什麼意思——因為塊大肉多，而且還連骨，便無須借助餐具，直接用手抓起即可食用。曾在和田聽人們提到「薩勒乾果西」，說的就是燉手抓肉。

那次見人做手抓肉。鍋開後，先潷去漂起的血沫，然後把胡蘿卜塊、皮芽子和鹽一起放進去。據說，那樣可達到肉香，湯也香。但燉手抓肉最關鍵的地方，在於煮肉過程中不斷地揚湯。有一句老話為證：「抓飯的關鍵在於『炒』，燉肉的關鍵在於『揚』」。

做手抓肉，不僅只用羊的後腿肉，還會用羊頭、羊脖子和羊蹄，這三種是產婦的特殊食品。有一句諺語說：「一隻羊的營養，全在頭上」。據說，產婦吃了羊頭肉，喝了湯，有助於分娩，亦有助於下奶。

我做手抓肉的方法一向很簡單。先用瓦罐燒上水，然後用清水沖洗切好的羊肉，等洗過幾遍後，瓦罐中的水也就燒開了。這時候要注意一個細節，千萬不可把大塊羊肉一下子全放進鍋中，而是要一塊一塊地放進去，這樣做的目的，是讓每塊羊肉入水時受熱均勻，煮熟後才軟硬適度，吃起來有好的口感。

煮少許時間，肉中的血絲便冒出沫子。此時，用勺子輕輕把沫子潷出，蓋上蓋子用文火燉一小時後，大塊手抓肉已燉熟。我吃手抓肉有一個愛好，不放胡蘿蔔、香菜、皮芽子和乾辣皮，只需放一把鹽，讓鹽入味後即可關火，將大塊羊肉用筷子夾到盤子裡，留羊肉湯稍涼後再喝。

當晚，吃了一頓手抓肉。

雖然人人都可以做手抓肉，但在家庭中卻不常見，因為羊肉現在一公斤在五六十元，在家中沒必要那樣吃羊肉。聽說在一些景區，買一隻羊的價格則會翻兩至三倍。所以，真正吃手抓肉者，幾乎皆在請客場面，花一千元左右買一隻羊，可做出夠十人吃的分量。

手抓肉的口感、肉質和味道，常常因水而異。城市裡的自來水煮出的手抓羊肉，不如山中溪水或雪水燉出的好吃，所以新疆人想吃手抓肉了，多往山上或牧區跑，邀請朋友時的慣用語為：去山上吃個肉，喝個酒。

我吃大塊手抓肉，習慣用手抓著吃。在新疆吃了近三十年已成習慣，用筷子反而不自然。吃之前如果嫌肉塊太大，便取出那把二十多年前在英吉沙縣買的小刀子，把肉削成小塊。此作法實際上是切和割，但新疆人卻偏偏喜歡說成削，而且念 xue，一聽便知是受甘肅和陝西話影響的老新疆話。手抓肉只有這樣吃才過癮，如果為了圖方便在事先剁成小塊，反而吃不出感覺。

第二天，一家報紙邀我寫五百左右介紹手抓肉的文字，我問他們作何用，答曰，近日天氣驟然變冷，準備向百姓推薦有禦寒作用的食物和菜品。我一聽樂了，這不是正好與我昨天吃手抓肉的想法一樣嗎，這樣的事我愛幹。於是，我在手機備忘錄上寫出以下文字：

在新疆所有的肉類中，羊肉的做法最多，它既可高貴到烤全羊那樣的高度，又可以普通到像路邊攤位的烤羊肉串、羊雜碎湯一樣的普通。新疆的羊肉多產於阿勒泰、伊犁和塔城等地，肉質和成色都差不多，但因為做法不同，做出的菜也截然不同。不止在新疆，但凡習慣吃羊肉的地方，所有做菜的方法都適合羊肉，最常見的燒、烤、炒、燜、燉等，用羊肉都能做出很受歡迎的菜。譬如烤有人人皆知的烤羊肉串，炒有蔥爆羊肉，燜有黃燜羊肉，燉有清燉羊肉。新疆人最喜歡的手抓羊肉也是燉出的，只不過從鍋中撈出後，人們的注意力都在大塊手抓肉上，不多去想它製作方法。手抓羊肉在西北五省乃至內蒙古、東北三省等地皆被龐大的人群食之，其受歡迎程度與當地氣溫和養殖條件有關。有遼闊草原和豐富牧場的地方多羊，人們必多食羊肉，而冬季較冷地區吃羊肉是為了禦寒。寧夏、甘肅和青海等地將手抓肉稱為「手抓」，省去一個「肉」字，而新疆人則稱其為「抓肉」，將「手」字省去。新疆人多將食用動作用於食物名，如揪片子、拉條子、撥魚子、炮仗子、抓飯等等，似乎名稱中有動感吃起來才愜意。而手抓羊肉，是這一連串名字中最讓人感到親切的一個。

寫完後一數，尚不足五百字，但不可強求，適可而止最好。

至今想來，吃手抓肉印象最深的一次，是在卡昝河邊防連旁邊的一戶牧民家。主人要給我們做手抓肉，分給我的任務是去山腳的小河中提水。我拎一水桶走到河邊才發現，從雪山上流下的雪水，讓河中好像仍有白色的雪影。不僅如此，它流淌的聲音如大手在拍打，讓我疑惑那是一條奇河，流淌的是非同一般的聖水。

正是那條河中的雪水煮出的手抓羊肉，瘦的地方清爽柔嫩，肥的地方入口即化（有人喜歡手抓羊肉的肥處）。

那牧民的兒子在對面的山岡上放羊，牧民做好抓肉後在霍斯（氈房）門口喊了一聲，他兒子便騎馬飛奔而來，還高唱一首哈薩克族民歌。那小傢伙十二三歲，但他吃抓肉的架勢讓我大為驚歎，不一會兒，他面前便擺了一大堆骨頭，每一塊都啃得乾乾淨淨。

他吃完後騎馬要走，我耽於老天正在下雨便挽留了幾句，他說，雨的事情不大，羊的事情大，我如果把羊放不好，你下次來了吃什麼呢？說著便翻身上馬，衝進了雨霧中。

大盤雞

大盤雞是平民之食，最早出現於北疆一帶的路邊小飯館。幾名跑長途的司機，想換一下天天吃拌麵的口味，便讓老闆炒一隻雞，多放青椒和馬鈴薯，味道重一些即可。老闆融川菜和湘菜風格，將油燒熱後放入白糖、生抽煸炒至上色，再放入郫縣豆瓣醬煸炒出紅油，將雞塊放入鍋中煸炒均勻。然後放入青辣椒、八角、花椒、乾辣椒、香葉、蒜、薑煸炒出香味，將啤酒和一碗水倒入鍋中。大火燒開後轉小火燉十五分鐘，後加馬鈴薯，放入鍋中燉二十分鐘。因為雞肉太多，那老闆遂順手用大盤盛上端出，那幾位司機吃得十分痛快，喊出一聲大盤雞。之後他們每次路過必去吃雞，「大盤雞」一名便傳了出去。

之後，大盤雞店在新疆廣受歡迎，人們進入飯館點菜時喊出「大盤雞」三字，聲音之豪邁在別處不易見到。一份大盤雞，吃到最後加一份「皮帶麵」（拉出的一種麵，以寬著稱），雞肉汁浸入麵中也好吃，所以一份大盤雞可供兩三人或三四人吃飽。經過二十多年的演變，放馬鈴薯的大盤雞已成為經典款。這一款大盤雞的色彩鮮豔，雞肉爽滑麻辣，馬鈴薯軟糯甜潤，辣中有香，粗中帶細，是新疆人最喜歡吃的佳品。此外還有香菇大盤雞、鹹菜大盤雞、豇豆大盤雞、花卷大盤雞、海帶大盤雞、油炸饢大盤雞、凍豆腐大盤雞、雞血餅大盤雞等，尤其是在香噴噴的大盤雞下壓一個饢，待湯汁味道浸入饢中，是一道獨特的美味。

常見的大盤雞有兩種做法，一種是爆炒，亦是最常見的做法。將雞肉洗淨切成塊，用冷水洗至沒有血沫，然後開火燒熱鍋內的油，加入白糖，把火調小，煸炒至白糖微微發紅，放入雞塊翻炒。且不可小看煸炒白糖這個小環節，它對雞肉上色會起到關鍵作用。雞塊微微變色後，加入蔥薑蒜和花椒，翻炒出香味，放進切成滾刀塊的馬鈴薯翻炒一會，加入啤酒、香葉和八角，小火燉二十分鐘。很少有人做菜時用啤酒，而新疆人卻大膽用之，一次要用一瓶。用了啤酒，就不用加水了，味道會濃厚得多。等雞肉微熟，湯汁濃稠，馬鈴薯綿軟時，加入青椒翻炒片刻即可上桌。也有人喜歡在出鍋前放入蒜末，可增加清香的味道。

第二種是乾煸，其做法與爆炒差不多，不同的是不用白糖和啤酒，而是先將雞肉放入熱油中乾煸少許時間，待其變得微黃便撈出，然後入鍋再炒。此做法的特點是肉質緊縮，口感酥脆，吃起來瓷實。家庭中如此做大盤雞費油，所以多用爆炒做法，而餐館則多採用此做法，原因是一則油可重複使用，二則做出的大盤雞品相好，味道獨特，易吸引食客。

無論是開大盤雞店的老闆還是吃大盤雞的食客，都有一個數十年不變的觀點，即一份大盤雞必須要用一整隻雞，否則開店者便不仁義，食客便不高興。有的店在進雞時，也會挑選大小一致的雞，那樣才能讓食客滿意。也有店家會將雞肉私留一些，然後多加馬鈴薯等，看上去仍是滿滿一盤，但明眼食客馬上

便可看出端倪。

如今大盤雞店使用的盤子與二十年前的盤子別無二致，仍保持著大氣的風格，但問題卻出來了。二十年前點一份大盤雞，店家遵守的原則是用一隻整雞，做兩大盤端上桌，細心的食客會數盤中雞的部位，如雞爪、雞腿、雞翅均為兩個，說明店家是實誠人，如果少了則證明遇到了黑心商家，定有一番爭吵。

我刻骨銘心體驗到大盤雞之變，始於有一年陪北京客人去吐魯番的遭遇。我們在吃午餐時點了大盤雞，端上後發現是兩盤，北京客人以為上錯了菜，等解釋一整隻雞可盛兩盤後，他們便對新疆人大加讚賞，我亦覺得臉上有光。不料第二天去另一飯館吃大盤雞，端上來卻只有一盤。也許是老闆聽出那幾位客人的北京口音，便在雞肉數量上做了手腳。

吃大盤雞多年，印象最深的是沙灣的一家。那家店僅有四五張桌子，我們去時沒有空位子，朋友說等吧，來這兒吃大盤雞十有八九要等，坐在等來的位子上吃大盤雞才香。我們於是便坐在門口的樹下等，有兩位姑娘看我們在等，讓服務員把剩下的一半打包，給我們讓出了位子。那家店做大盤雞很利索，二十餘分鐘後就端了上來。仔細一看，裡面有青辣椒和乾辣皮，但沒有放常見的馬鈴薯，而是放了用大白菜醃製的泡菜，綠紅白三色掩映在一起，很是和諧。那泡菜被切成了細絲，浸在湯汁中，夾一筷子一嚐，是那種自製的泡菜，僅有一絲酸味，吃起來仍很脆爽。吃過幾塊雞肉和馬鈴薯後，便發現這泡菜放得妙，使雞肉和馬鈴薯都略帶酸味，少了油膩，多了爽口之感。吃完後出了那家店，朋友說前幾年這家店的老闆發現，人們吃膩了香辣的大盤雞，便嘗試做出了泡菜大盤雞，但卻沒有人來吃。老闆一狠心，決定在一天內白送五十份泡菜大盤雞，凡是來吃者皆免費。這一推銷方法很有效，泡菜大盤雞的名聲馬上傳了出去，第二天就賣了一百多份，等於把前一天免費贈送的全賺了回來。

前不久，我在烏魯木齊發現了一家「沙灣大盤雞」店，其中就有泡菜做的大盤雞。我和妻子去吃，進店點了泡菜大盤雞，一轉眼服務生便端了上來。一嚐便知，是高壓鍋壓的，且是多隻雞放在一起壓熟，待客人點餐後便盛一盤端了上來。這樣一想，便不由得又為大盤雞的褪色而感慨，亦為這家老闆擔心，這樣的大盤雞店，能開多久呢？

椒麻雞

椒麻雞是除了大盤雞外，新疆人喜歡的另一種雞肉菜品。不同的是，大盤雞是熱菜，而椒麻雞是涼菜。在酒店多為小盤裝，但在專營椒麻雞的店中，卻是用大盤裝的，而且像大盤雞一樣，用一隻雞做一份。

無論是哪個省，涼菜都用小盤裝，人們邊喝酒邊吃涼菜，所謂「下酒菜」一說便由此得來。涼菜少而精，大概有助於從容喝酒，如果一上來就是熱菜，吃飽了便喝不下酒。但新疆人不管那麼多，短短幾年便把椒麻雞演變成大盤裝，而且像熱菜一樣吃。究其原因，大概有三，首先是椒麻雞的麻辣效果明顯，口舌受這兩種味道刺激，便感覺不到涼了。其次，吃椒麻雞多配花卷、湯類等，還有人喜歡拌入「皮帶麵」，吃起來有主食的感覺。再次，椒麻雞像大盤雞一樣，也是一整隻雞，用大盤盛裝，氣勢頗為誘人，還怎麼能視之為涼菜？

椒麻雞最吸引人的地方有兩個，其一是麻，其二為辣。人們進了椒麻雞店，一般會點一隻或半隻，服務員會問要什麼麻和什麼辣。食客會根據自己口味報上微麻微辣，或中麻中辣。新疆人其實很能吃辣，經常有人會報上正常麻正常辣，不可思議的是有如此喜好者多為年輕姑娘。且不可小瞧此「正常」二字，在吃椒麻雞時指的是最麻最辣。那樣的椒麻雞上桌，吃第一口就會被麻得嘴皮發麻，覺得嘴裡的雞肉並非是雞肉，而是胡椒或花椒。同時亦會發現一個事實，哪怕再辣的辣椒，只要和花椒放在一起，那辣便立刻被壓了下去，只剩下麻了。怪不得人們通常說起放了辣椒和花椒的菜品時，總要把麻放在前面，說成是麻辣。

椒麻雞選用雞肉，多為土雞和三黃雞。土雞肉質瓷實，味道更純正一些，食之有嚼頭，而三黃雞在各方面都次於土雞，所以價格也在土雞之下。這些年很少能吃到用土雞做的椒麻雞，原因是一隻土雞的價格往往是一隻三黃雞的兩三倍，做成椒麻雞後價格自然隨之上漲，食客們接受起來困難。再則，土雞做起來也費事，煮熟一隻三黃雞一個小時足矣，但煮熟一隻土雞則需要兩個小時左右。開店的人把時間亦視為成本，如果土雞椒麻雞賣得不好，不僅是食材，僅從製作時間上看就賠錢了。

我僅僅只學做了一次椒麻雞，便掌握了其要領。當時，我去昌吉的一位回族朋友家做客，他說中午不吃別的，就吃個椒麻雞。我以為要到街上的飯館去吃，不料他從冰箱取出一隻已弄乾淨的雞說，我們自己動手，做一個祕製椒麻雞。

那時候，關於椒麻雞的做法，很多店都打著「祕製」招牌，好像有很多人都掌握著做椒麻雞的祕訣，聽者以為祕製的椒麻雞會大不一樣，但吃來吃去都差不多。看來，人們都在嘴上下功夫，並未改變椒麻雞一步。其實我不希望椒麻雞被改變，它的色香味已深入人心，改來改去反而糟蹋了一個好東西。

那天，我和朋友把雞洗乾淨後，把鹽和花椒粉抹遍雞的全身，然後放進盆子中，等於是過一道醃製的步驟。然後，朋友拿出一大包輔料，讓我挑出麻椒、花椒、薑、黨參、香葉、桂皮、八角、草果、辣椒、胡椒粒、紅棗、枸杞、白芷等，我一一挑出後擔心會出錯，他看了看說都對。我的興趣上來了，亦相信自己在做飯方面有天賦，便提出由他指揮我來操作，做一個祕製椒麻雞的要求。他答應了，我便鄭重其事地開始做平生第一個椒麻雞。

朋友指揮我將所有輔料剁碎放入鍋中的水裡，然後加入麻辣油、花椒粉、線辣子等，等水燒開，一股濃烈的椒麻味彌漫開來，我斷定我平生做的第一個椒麻雞已成功一半。

我按照朋友的示意把那隻雞放進鍋中，把爐火開到最大。大概煮了四十分鐘，朋友說把火調到文火再煮十分鐘。我問他為何，他說千萬不要忽略這十分鐘文火燉煮，如果少了這十分鐘，雞肉就會有爛熟的感覺，吃到嘴裡就不是一塊肉，而是一團肉。我這才知道做椒麻雞有那麼多的注意事項，同時也想，這大概就是所謂「祕製」吧。

十分鐘後關火，把雞撈出，放到案板上等它晾透。這時候卻並不閒著，朋友說，煮的過程中，椒麻味雖然進入了肉中，但力度已經不夠了，還需要再加一道提味的麻辣汁。他怕我做不好，便親自實作，把線辣椒、麻椒、花椒粉和胡椒粒放進鍋中爆炒，然後盛進小碗澆上熱油，一股更加濃烈的椒麻味便彌漫開來。我們倆把晾透的雞撕成長條狀，一一放進盆子裡。

關於撕雞肉，朋友也有他的一套，他說雞肉的紋理與它們走路的方向是一致的，譬如胸部、翅膀和脖子等地方，從後往前撕便能撕出長條狀，如果不按照這一方向撕，就把雞撕成了疙瘩。我有意試了一下，果然如此。但事隔多年後我認為，從後往前撕有一定的道理，但依從雞走路的方向則是他的個人情趣，我那朋友大概出於對雞的尊重，便杜撰出了那一說法。

那頓椒麻雞做得很成功。等我把切好的大蔥和皮芽子放到雞肉上，把那碗椒麻汁倒進去攪拌均勻，再加入少許雞湯，我們就開始吃了。在吃椒麻雞的整個過程中，我們倆說得最多的是「好吃」二字。

後來便經常吃椒麻雞，尤其在烏魯木齊想吃椒麻雞了，下樓步行十餘分鐘就到了紅山市場旁的「紅冠椒麻雞」，這是一家專賣椒麻雞的店，是我直至目前為止吃到的最好的一家。我和妻子的固定吃法是一個椒麻雞，一份手撕蓮花白，幾個小花卷，外加一碗雞湯。從這家吃到手撕蓮花白後，妻子斷定，蓮花白用手撕，不沾刀，炒出來最好吃。她回家試做了一次，果然不錯，從此後，蓮花白進我家便不再挨刀。那家店的雞湯也很好喝，但後來卻沒有了，問及原因，才知道喜歡喝雞湯的人太多，而一份雞湯才一塊錢，又不能專門做雞湯，便不得不放棄。

在別的地方也能吃到好的椒麻雞，但總覺得還是「紅冠」的最好。人的口味就是這樣，第一次吃過的或吃得次數多的，便成為永久記憶。味覺是有記憶的，而且較之於其他記憶要牢固得多。這些年曾往北京、上海等地帶過好多次椒麻雞，出差或在外學習的朋友總是惦記椒麻雞，乘飛機當天就能吃上，所以他們也就不客氣地對我說，帶個椒麻雞過來。我經常是前一天晚上去「紅冠」交錢預定，第二天早上取上便去機場。每天都有從「紅冠」帶椒麻雞上機場的人，所以他們專門安排一人在早上為大家服務。這幾年有了真空包裝，帶椒麻雞從容多了，再也不怕在路上會壞掉。

前幾天去了一家椒麻雞店，店面裝修得漂亮，食客也多，看來生意不錯。我們去得晚，吃完已是十一點多了，出門在門口碰到一人殺雞。那隻雞本應在別處宰殺後送到店中，但不知為何卻沒有完全殺死，從車上搬下後，腿在亂蹬。開店的老闆情急之下抓起一塊磚，一下就將雞砸死了。那情景很慘，雞頭鮮血四濺，慘叫聲撕心裂肺。眾人一致指責那老闆，他灰溜溜地躲進了店中，另一人隨即把雞拎了進去。天很黑，已看不見那雞流出的血，亦像是什麼也沒有發生。

我想，我以後恐怕不會再到這家店吃椒麻雞了。

饢包肉

饢包肉的做法並不複雜，先在盤子裡鋪一個饢，然後在饢上面蓋一層紅燒的羊肉，等羊肉湯汁浸入饢中，饢便多了一種味道，而且吃起來又軟又鮮。

在眾多食物中，主副食合一的饢包肉，最符合新疆人性格，也深受新疆人喜歡。二十多年前，常見有人在街上推著小吃車，上面放的是盛入盤中的饢包肉，喜歡者買一小份站在街邊吃，是新疆的一道風景。那時候饢已不是稀罕物，只要想吃，到處都可以買得到，但是如果把羊肉和饢放在一起做饢包肉，還是比較昂貴的食物，所以便出現了在街邊吃小份饢包肉的情形。但凡一種食物，如果被人有意識地做成小份賣，那一定是普遍受歡迎的食物。賣家將其做成小份，為的是讓食客在價格上容易接受。小吃車上的饢包肉持續了近十年，後來便不見了，想必是饢包肉的價格已經能夠被人們接受，沒有人到街上去吃小份的了吧？

饢包肉在南疆人家最為常見。做一頓饢包肉，需要多少羊肉，用多大的饢，在最後留多少湯汁，可根據自己的喜好而定。饢不能太大，否則一般的盤子盛不下，更無法將燜好的羊肉覆蓋上去。南疆人為此說過一句話，做饢包肉，饢太大了放不下，羊肉也不夠。饢都是從街上的饢鋪子買來，有的人喜歡將饢或掰或切成塊狀，鋪在盤子裡。有的人喜歡將整個饢鋪在盤中，吃時再撕開。饢在盤中鋪好後，羊肉一熟便趁熱盛入盤中，然後開始吃羊肉。等吃得差不多了，饢已經被湯汁浸得綿軟香糯，夾一塊慢慢品嚐，比平時的乾饢要好吃得多。

會吃饢包肉的人，必是吃一口肉，再吃一口饢，將二者搭配起來，才是吃饢包肉的正確方法。吃饢包肉有怎樣的幸福，我二十多年前聽一個南疆人說過最有趣的總結：饢包肉是有饢又有肉，吃饢的時候像有錢人，吃肉的時候像更有錢的人。

饢包肉的來歷有三個版本，其一是鄉村原始版。說是鄉村農民將羊腿肉和肋條炒熟後就著饢吃，覺得不過癮，遂將饢臥於羊肉底部，待湯汁浸入後再吃，味道就不一樣了。其二是川式改良版。說是川菜廚師在鄉村版的基礎上改進，加入川菜的麻辣調料，但饢不再下鍋燜製，而是將饢蒸熱或者炸熱，然後配以羊肉食用。其三是新式分量版。這種版本不同於前兩種，而是配以三寸左右的小饢，同時一改大盤上菜的方式，實行每人一份的分盤制上菜，顯得與眾不同。

在新疆，沒有人不知道饢包肉。常見的飯館都有這道菜，因為饢和羊肉都是新疆人的主食品種，不愁缺少食材，而其做法也簡單方便，將饢往盤子裡一鋪，羊肉則隨要隨燜，食客立等可食，十分方便快捷。有一次，我在南疆英吉沙縣見一人紅燒羊肉，快熟了卻加了水進去，問他為何那樣做？他問我看見盤子裡的饢了嗎？我一聽便明白他要做饢包肉。那天的饢包肉在我的建議下放了花椒，端上桌一嚐，一股酥麻讓羊肉顯得更加脆嫩，饢更加有味，忍不住多吃了幾塊。

我在南疆莎車縣還見過一戶人家做饢包肉。主人先將羊肉在鍋中用大火翻炒，然後放入薑、蔥、辣椒醬、草果、香葉、孜然，繼續翻炒一會兒，又放入料酒、番茄、胡蘿蔔、皮芽子，翻炒一會兒後加水用大火燒開，改小火燜一小時至羊肉酥爛，加味精和鹽，把切成塊狀的饢放在羊肉上面，煮兩到三分鐘，讓饢變軟並入味，然後把饢撈出鋪到盤子底部，把羊肉覆蓋在饢上，將湯汁澆進羊肉，讓其慢慢浸入饢中。

做饢包肉用的饢，不能用剛從饢坑中打出的熱饢，否則羊肉湯汁會將饢浸得軟塌塌的，湯汁尚未浸入，饢的表面就已變得像麵糊糊一樣了，既不好吃更不好看。再則，熱饢吸收味道的功能略差，外面吃起來似乎有那麼一點意思，但是裡面用新疆話說卻乾揪揪的。所以，做饢包肉用的饢最好是乾饢，從饢坑中打出隔了一夜或放了一天，已經乾透收緊，被羊肉湯汁浸過後，麵質復又鬆散開來，食之口感與味道均恰到好處，能勾起人的食欲。

饢包肉不只是家常菜，在大飯店也可以上桌，用新疆人的話說，是路子最廣的菜。一次與一位朋友說起饢包肉好吃，他說好吃只是一方面，其他方面的作用更多。他像說數來寶一樣說出了饢包肉的好處：禦風寒，治咳嗽，對慢性氣管炎、虛寒哮喘、腎虧陽痿、腹部冷痛、體虛怕冷、腰膝酸軟、面黃肌瘦、氣血兩虧、病後或產後身體虛虧等，均有治療和補益效果。吃饢包肉最好是在冬天，可謂是極佳的冬令補品。

有一年冬天在北疆，想吃饢包肉了，但又覺得北疆多為哈薩克族居住地，恐怕沒有饢包肉。當地的牧民一聽便說，有，怎麼能沒有呢？只要有天就有地，只要有地就有人和羊，只要有人和羊，就想吃什麼有什麼。

說完，他讓老婆給我們燒了一壺奶茶，笑著對我們說，我的奶茶嘛你們先喝著，吃肉之前嘛先喝一點奶茶嘛對肚子好。我們喝著奶茶，和他女兒說話，他在一邊已經剁好羊骨頭肉，劈哩啪啦地在鍋中炒了起來。一個多小時後，一盤饢包肉端上了桌，肉肥瘦相間，饢酥軟適度。

我吃一口羊肉，感覺極為酥爛，入口即化。牧民看著我說，吃！我又吃了一塊饢，又柔又軟，少了饢平時的那種硬脆之感。牧民看我吃完了饢便又說，吃！我終於明白他勸客的方式就一個字——吃！那就吃吧，於是我一口羊肉一口饢，吃得酣暢淋漓。

吃完後與他聊起羊的行情，他說現在的一隻羊能賣五六百塊錢，我問他有多少隻羊，他說三千多隻，我一算大吃一驚，他擁有一百八十多萬元呢！我對他說，你把這些羊全部賣了，在縣城買一套大房子綽綽有餘。他笑著說，買一套大房子人是舒服了，可是我的羊住哪裡呢？他說的是實情，近些年，新農村建設搞得紅紅火火，政府為農牧民統一蓋了獨門小院的房子，讓牧民從山裡搬出來居住。但是很快就出現了問題，牧民們住進了新房子，但羊卻因為沒有羊圈，沒有辦法從山裡轉場出來過冬。無奈之下，每戶牧民便留一兩人在山裡繼續住冬窩子，讓羊在用石頭砌成圍牆的羊圈中過冬。

後來又聊到他的這麼多羊是怎麼養出來的。他說這個簡單，大羊嘛下小羊，小羊長大再下小羊，然後這一批小羊長成大羊還下小羊。總的來說是一批批小羊長成大羊，然後下一批批小羊，然後那一批批小羊又長成大羊，又下小羊，就是這個樣子，快得很！聽他如此一番道理，便讓人為那些想發財卻找不到門路的人著急。

吃了他的饢包肉後，我們便坐車離開了他的氈房。走遠了回頭一看，他的羊像白石頭一樣撒在山披上，而他已被羊群淹沒，不知道在哪隻羊的身旁。

米腸子

新疆多羊，人們利用其全身資源，開發出諸多形式奇特，味道香醇，營養豐富的食物。譬如米腸子，僅聽其名，又有米又有腸子，很難想像是何物。其實說來簡單，人們宰羊後，細心將羊腸翻洗乾淨，然後把羊肝、心和少量羊油切成小粒，加適量胡椒粉、孜然粉、精鹽，與洗淨的白米拌和均勻作餡，填入羊腸內。然後用繩紮緊封口，入鍋煮。在腸子中的白米半熟時，還需用釬子遍扎腸壁，使之放氣放水，以防腸壁脹破。待米與肉全熟後取出放涼，切成片或小段，配一碟蘸料，即可食用。

此做法簡單，幾乎人人都會。

新疆有一個說法，吃得好不好，就看是不是「五大件」。所謂「五大件」，是指將煮好的米腸子、麵肺子、黑肺子、羊小肚、麵筋切成片或塊，根據個人的口味需求，搭配在一起裝盤，澆上用醋、辣子油、蒜汁、香菜和其他佐料調製而成的調味汁，拌勻後就可以吃了。

新疆人很喜歡米腸子，不論是在家中，還是在飯館，都少不了來上一盤。有些飯館做得精緻，將米腸子做出了珍饈佳餚的樣子。

其實一般人很難接受米腸子，究其原因是做這道菜少不了羊的下水，像羊雜碎湯和麵肺子一樣，僅從外觀和配搭物來看，難免讓人心裡犯嘀咕，遲遲不敢下箸。

我偶然間聽說米腸子常被用於待客，便想，既然米腸子被推到如此重要的地位，那一定是有講究的。後來便明白了其中緣由，米腸子之所以被用於待客，是因為其製作過程細緻，是一寸一寸用手搓洗無數遍，把它原有的不潔之感搓洗成莊重，亦讓內心生出潔淨之感，繼而又生出親近感來。人就是這樣，但凡經自己雙手侍弄出的東西，總是放心的。

有些食物做熟後，會從顏色上透出誘惑，這就是所謂的「色香味」中的「色」了。對米腸子，我早有耳聞，但一直沒有機會品嚐。直到十多年前，在一次聚餐中，聽朋友點菜時念到「米腸子」三個字，很是欣喜，終於可以吃到米腸子了。那是一家清真餐廳，菜品多有民族特色，米腸子也位列其中，著實讓人覺得意外。

米腸子被切成片上了桌，從側面可見其中的米和其他配料。米腸子是重新被蒸過的，白米咬起來略顯綿軟，並覺出了調料浸入的味道。吃過那次米腸子後，便在心中暗想，米腸子是有魔力的，它經過塞充後顯得飽滿，煮熟後又變得淡黃，呈現出肉類常見的誘惑。

之後便喜歡上了米腸子，在菜市場碰到便買一點，回家或加少許青椒爆炒，或冷切涼拌，味道均不錯。

一次，一位朋友問我，米腸子的特點應該是出在白米上吧？我想了想，覺得白米是在口感上起到了調和作用。但要說米腸子的最大特點，還在於它的包裹方面，想想把原本要扔棄的腸子利用起來，再塞入一些食物煮熟，整個過程都是在製作。

在阿克蘇曾見過一位長年堅持吃米腸子的老人，他身體硬朗，精神抖擻，走路比一般人快很多。村中每每有人宰羊，他便把羊下水要回家，搓洗乾淨後做出一副米腸子來。他常常感嘆，只有一副腸子，如果腸子多了，全村人就都吃上米腸子了。也就是那一副米腸子，他往往能吃十天左右，每天切一截，切成薄片或指甲蓋般大小，炒上一盤，慢慢品味，好不快哉！

老人的傳奇卻在吃米腸子之外。他在山裡放了一輩子羊，新農村建設讓所有牧民都定居下來，他也不例外。但他在房子裡住不習慣，數次提出想搬到山裡的牧場去。他說，那裡夏天有霍斯，冬天有冬窩子，不管是颳風下雨還是下雪，只要聽到羊的叫聲，白天就有勁，晚上就能睡得踏實。而搬到新農村建設的房子裡，連一點風的聲音也聽不到，好幾次居然夢游到房前屋後找羊群。但牧場已因退牧還草而封閉，放了一輩子羊的他也不能再去放羊。按照政府的規劃，他將在村中養老。如此，他只覺得度日如年，每天都坐在村口的石頭上，望著牧場的方向出神。

我見到他時，他一再請求我替他想想辦法，看能否讓他回到牧場上去。我能想出什麼辦法呢？我也有不如意的事情，常常都無能為力。

那天他要請我們吃燜米腸子，但他的米腸子顯然不夠我們幾個人吃，大家便婉拒了。但他說，不要認為米腸子太少，你們只要坐一坐，馬上就給你們做出米腸子，保證讓每個人都吃得飽飽的。

他一陣忙碌，果然把一鍋清燉米腸子端了過來。他很聰明，利用清燉羊肉增加了分量，又放了番茄，使一鍋湯透出誘人的顏色。細看，裡面還加了恰瑪古、黃蘿蔔和皮芽子，內容豐富，味道濃厚。尤其是經過燉煮的米腸子，更加糯綿柔軟，咬開後在口腔迅速化開，香氣浸漫開來，幸福溢滿胸膛。至於那湯，則酸甜交加，直沁舌根，很是提神，讓人忍不住一口接一口地喝。

吃完離開時，他叮囑我別忘了他的事情，我不忍心讓他受打擊，便說試著找找人吧。不料此事成了我的心病，總覺得我隨意應付的一句話，會讓他苦苦盼望。我托人給他帶話，他委託我的事情沒有希望，讓他不要抱任何幻想。但傳回的消息說，他在一個夜晚神祕消失了，至今沒有人知道他的去向。帶話的人還說，他走的時候，屋子裡還有一副羊腸子。聽到「羊腸子」三個字，我心裡湧出複雜的滋味。

馬腸子

關於新疆哪個地方的馬腸子最好，曾有兩位朋友爭論不休。

一位說新疆的阿勒泰、塔城和博樂等地有馬，有馬就有馬肉，有馬肉就有馬腸子，尤其是塔城出的燻馬肉很有名，所以一定有好馬腸子。

另一位朋友不以為然，他認為，新疆的馬腸子以伊犁的為最好，如果說還有比伊犁的馬腸子更好的，那他一定是沒有吃過好馬腸子。只有吃了伊犁的馬腸子，別的地方的馬腸子，一輩子不吃一口也不會想。他說出那樣的狠話，讓另一朋友憤然離去。

其實沒有好與不好之分，每個人偏愛一種東西，常常會對其大加讚賞，因為那種東西讓他體會到快樂並留下深刻印象，所以他便很容易相信，進而對其給予定義。這就有點像「誰不說俺家鄉好」，個體的體驗帶來的心理滿足，難免會造成固執的認知。

不過近年來，伊犁人在馬腸子上大做文章，大有樹立起唯我獨尊、天下無雙的大旗，把為馬腸子吶喊的聲音喊遍全疆乃至全國的架勢。其他地州在這件事上落後了，等他們反應過來後為時已晚，新疆人已經習慣把馬腸子稱為「伊犁馬腸子」，別的地區哪怕吆喝聲再大，也因為不擁有話語權而無濟於事。

伊犁人之所以在這件事上當仁不讓，是因為他們自信伊犁有好馬，好馬必出好肉和好腸。伊犁自古就有好馬，烏孫人（哈薩克族人的祖先）當時在伊黎河谷建立烏孫王國時，便以烏孫馬而享譽西域。漢武帝得到烏孫馬後，將其命名為「天馬」。不過他是個見異思遷的人，不久後，當他聽說大宛國有更甚於天馬的汗血寶馬，便將「天馬」一名挪到了汗血寶馬身上，而將烏孫馬改稱為「西極馬」。張騫第二次出使西域，其中一個任務就是為漢武帝尋找汗血寶馬，可惜未能遂願。李廣利當時在西域打出了威風，讓西域諸王國聞之心驚，害怕漢朝軍隊的長矛利劍，忽一日突然指向他們。先前，漢朝沃野侯趙破奴率領的兩萬大軍被匈奴擊敗，趙破奴亦成為俘虜。朝中有人建議，讓正在西域征戰的李廣利放棄攻打大宛，以防陷入不利境地。但那件事反而刺激了漢武帝，他下令將漢朝中的囚徒、地痞、惡霸等，統一調整到大軍中擔任騎兵，使李廣利的征討軍隊增加到六萬多人。同時，他又下令將全國所有犯罪的官吏、逃亡者、入贅婦家為婿者、商人、原屬商人戶籍者、父母或祖父母屬商人戶籍者，這七種人一律罰服兵役，給攻打大宛城的漢軍運送糧草。有了如此規模的保障，李廣利的三萬先頭部隊直抵大宛，迅速切斷城外水源，同時從地下挖出通道，殺進了大宛城。大宛國貴族對李廣利的大軍深為恐懼，認為是國王害怕失去天馬，竟然殺了漢朝的求馬使者，給大宛國引來了災禍。於是，他們殺了大宛國王，給李廣利獻上了天馬。與大宛國相鄰的康居國，本應援助大宛國，但懾於李廣利的大軍厲害，便保持了沉默。這件事讓且鞮侯單于害怕，他擔心漢朝軍隊掉轉馬頭，來攻擊匈奴。所以他意圖討好漢武帝，為匈奴贏得喘息的機會。且鞮侯單于的這一心思，漢朝無一人能看出，都相信且鞮侯單于的忠心，樂觀地以為，以後漢匈關係將趨於緩和。這一疏忽，讓且鞮侯單于順利躲過了險關，亦為蘇武出使匈奴埋下了隱患。再後來，因為蘇武的一名部下參與了匈奴的內訌，且鞮侯單于將蘇武放逐北海，在饑餓苦寒中煎熬了十九年後，才得以返回長安。

很難想像，這一連串的歷史震盪，竟有很大程度是因馬而起，可見馬在伊犁乃至新疆發展中所占有的重要地位。現如今的伊犁馬是烏孫馬和汗血寶馬的後裔，它們不但外形俊秀挺拔，健壯完美，而且奔跑速度極快，令一般馬望塵莫及。

伊犁的昭蘇馬場如今多有天馬，人們把天馬當皇后和公主一樣伺候，為馬建有空調房、淋浴間、配餐室、就餐室和專用通道。他們給它們起名為皇后、公主、王子、伯爵和莊主等。馬場的人說，不把它們當皇后公主一樣伺候不行啊，有一次，一匹貴重的馬被蚊子叮咬後感染，用專機運到香港才醫治好，花了一百多萬元。此事讓人聽得一驚，是什麼馬花那麼多錢？答曰：是一匹經英國育種的汗血寶馬，值一千多萬呢！

我問伊犁馬在當前的價格，他們說最貴的一匹在兩千萬元，最便宜的在三到五萬元之間。這麼貴的馬自然是不會宰殺賣肉和做馬腸子的，就連最便宜的馬恐怕也不會賣給人果腹。被用於做馬肉和馬腸子的馬，一是入冬前患病，情況不好，或者經一個夏天沒有長起來，牧民判斷過不了冬的馬，便將它們宰殺掉，用於製作馬肉和馬腸子。還有一種是牧民專門養的肉食馬，供給市場製作馬肉和馬腸子。牧民從不賣他們放牧時騎乘的馬，那樣的馬最便宜的也在兩萬塊左右，如果宰殺做馬肉和馬腸子，一公斤七八百元，誰能吃得起？所以說，奉獻出馬肉和馬腸的馬，都是普通的馬。

每年秋末，哈薩克族人都要舉行一次冬宰，選出適量肥壯和過不了冬的牛羊宰殺，儲備到冬天食用。馬也在冬宰之列，但因為馬貴重，往往只選擇少量。人們從馬腹中整體取出腸子，去掉裡面的穢物，然後清洗乾淨，裝入事先備好的肉，紮住兩頭開口，掛起來晾一兩天，然後在下面點燃松枝開始煙燻。講究的人會搭一個木頭架子，掛在上面的馬腸子便顯得頗為壯觀。

裝入腸子的肉有兩種，一種為剁碎的瘦肉，叫「去聚克」，隨便取馬身上的肉，用菜刀不停地剁，直至變成碎末，然後用手捏緊裝入腸裡。另一種為帶肋骨的肉，叫「馬卡孜」，選擇這一類的肉很有講究，必須有一點骨頭，但是卻不能太長太硬，否則會把腸子紮破，讓人忙活半天前功盡棄。無論是哪一種肉，都要在事先放入鹽、胡椒和孜然醃一天，這樣就會讓肉本身有了味道，再被燻製提味，吃起來便非常可口。

馬腸子的吃法有蒸、煮和爆炒等。蒸和煮出的馬腸不可直接切開，而是用牙籤紮出小洞，放出裡面的熱氣，等慢慢散熱後切開，口感和味道會更好。也有馬腸子納仁、馬腸子拌麵等，不過都是將煮熟的馬腸子巧妙搭配，一則圖個形式完美，二則吃個新鮮感。

馬腸子屬於熱性食物，在冬天吃可禦寒，但吃得太多會上火，還會讓人流鼻血。有一人貪吃馬腸子，導致兩個鼻孔流鼻血。他不好意思對醫生說他吃多了馬腸子，而是含含糊糊地說，馬調皮得很，我吃了它的肉，它在我的血管裡奔跑呢，把我的血都擠出來了。

伊犁人獨占馬腸子聲名後，塔城、博樂和阿勒泰人動了心思，最終從伊犁州為副省級，從行政級別上管他們幾個地區為理由，強調他們的馬腸子，也是人人皆知的「伊犁馬腸子」。這是馬腸子的又一次波折，至今尚無定論。爭也罷，搶也罷，都是因為人們喜歡馬腸子。不過從另一角度而言，能不能把事情做大，就在於你會不會動心思。這個世界的熱鬧，正在於此。

燻馬肉

一匹馬在奔跑之際，能否想到，它離一堆燻馬肉，還有多遠？

也就是說，馬在最後的結局，必然會成為燻馬肉。

這是上蒼的布道，不可逆轉，亦不可改變。

馬不會想到這些，這是我替馬想的。替馬如此想上一番，好像我為馬做了些什麼，心裡好受了很多。之所以這樣想，與我見到的一匹馬有關。十餘年前在阿勒泰的一個村莊，有一天聽一人說，他的一匹馬將在三天後死去。我當時聽得很是吃驚，三天以後的事情，而且是一匹不能言語的馬的死亡，人怎麼能夠知道呢？村子裡的人說，阿勒泰有那樣的神人，不光知道動物的死亡，而且還能夠說出自己的死亡時間和地點。我對這樣的事情將信將疑，並且猜測是一種迷信。我的態度和議論很快就傳到了說出馬死亡時間的那人的耳朵裡，他找到我說，這個事情根本不用懷疑，不信的話你就等著看結果吧，三天以後，我的馬會在一塊大石頭跟前死去。他將馬的死亡方式，死亡時的情形等等，都說得清清楚楚，但是我看那馬好端端的，一點也不像得病或有其他隱疾，為何他要如此狠心地斷言，它在三天後會死去呢？

我不信。

到了第三天，那馬果然死了。那天，那人騎著那馬放牧歸來，他好像忘記了自己在三天前說過的話，騎在馬上晃晃悠悠，一副優哉遊哉的樣子。他放牧的地方離村子不遠，出了山口，只需過了那塊草灘就可以進村了。但是他的羊群在經過一塊大石頭時，突然亂成一團。他對胯下的那馬抽了一鞭子，意欲趕過去把羊攔住。但是那匹馬僅僅只是被抽了一鞭子，便頭一歪轟然倒地，未出一聲便死了。那匹馬的死亡地點，死亡方式，皆與那人三天前所說一模一樣。消息傳回村子裡，人們都很平靜，好像它們已經親眼看見過很多這樣的事情，再發生一兩件，在他們看來不足為奇。

我不得不信，真有人能夠預測死亡。

後又聽說，村中有人能預測自己的死亡，且準確無誤。但凡預測了自己死亡的人，便將情況早早地告訴家人，並且準備好裹屍布，以便自己死後，家人料理後事時從容一些。

準確預測了馬的死亡的那人，後來亦預測了他自己的死亡之日。

在死之前，他已將來年該冬宰做馬腸子和燻馬肉的馬，該騸的牛，羊群能下多少羊羔，可去或不可去的草場，家中哪根木樑有所鬆動，哪道柵欄歪斜等情況，一一對家人作了交代。家人倒也平常，在他死亡的那天早上，像是不會發生什麼似的，和他一起喝奶茶，吃包爾薩克，然後看著他騎馬去了草場。他預測的死亡地在草場，他從馬背上下來，在地上坐了一會兒，便身子一歪，死了。

活可知，死亦可知。這樣的事，神奇倒是神奇，但總讓人疑惑，一個人早早知道了自己的死亡，心頭會掠過怎樣的陰影？

倒是冬宰的馬，卻是意料之中的預測。我在《馬腸子》一文中，寫了一匹馬死後，會留下一副馬腸子。那樣寫是因為要強調馬腸子的重要，其實除了馬腸子外，一匹馬還會留下燻馬肉。瘦弱的馬過不了冬，但人們不會拋棄它們。當它們停止奔跑，就會成為燻馬肉，那是它們的另一種使命。

每年入冬，哈薩克族牧民都要進行一場冬宰。我曾見一人將馬放出，讓它們在村前的草地上奔跑，跑著跑著，便有幾匹慢了下來。那人面色凝重地將它們趕出了馬群，不用問，它們是過不了冬的馬，會在第一場大雪落下之前，宰殺做成燻馬肉，以備過冬食用。

冬宰開始前，人們往往會念叨一句：你們沒有罪，替有罪的人去贖罪吧。

做燻馬肉，要先將馬肉剁成塊，撒上鹽，搭在木架子上，四周用東西遮擋一下，然後點燃松枝煙燻，直至燻乾，即成燻馬肉。哈薩克語將燻馬肉稱為「索古姆」，有時候也將這一稱呼用於馬腸子。整個冬天大雪紛飛，天寒地凍，人們在冬窩子或霍斯中吃燻馬肉，喝奶茶，倒也悠閒自在。

燻馬肉是熱性的，吃一頓會讓全身暖和，而奶茶則要一碗又一碗地喝，直至喝得渾身舒服，也就是人們常說的喝透，一天最重要的事情才算是完成了。牧民每天都這樣過著，一直到來年春天，他們走出地窩子或霍斯，趕著羊轉場，進入夏牧場。

燻馬肉的做法很多，有爆炒、紅燒、涼拌、清蒸等，爆炒時可放紅辣椒、大蔥等。紅燒則要少放調料，因為燻馬肉本身味道足，調料多了反而破壞了原來的味道。涼拌則會出現新疆常見的皮芽子，被切成薄片後，臥於燻馬肉下麵，吃一口肉再吃一口皮芽子，口感頗好，而且有助消化，調理血脂。清蒸燻馬肉，則是將肉蒸一小時，或切成塊，或切成片放在納仁上，讓客人就著麵吃。如果是整塊的燻馬肉，則會用木盤端來一兩把小刀，由在場有身份或年長者操作，將馬肉削成片狀，供大家食用。

家庭做燻馬肉，一般都用於炒菜，常見的配菜有芹菜、蒜苗、蒜薹、豌豆、捲心菜、蘿蔔乾、青椒、豆角、豌豆莢、香芋、青筍、冬筍、藜蒿、豆芽、苦瓜等。此外，還可以做燻肉塔、燻肉炒飯、燻肉炒麵、燻肉拌麵、燻肉卷餅、燻肉比薩等。做熟的燻馬肉，色澤黃潤，入口香滑，毫無油膩的感覺。尤其是切成片裝入盤子上桌，看上去肥瘦分明，肉質細膩，極具少數民族風味。

大多數馬的結局，都會成為燻馬肉。有一人發現，馬看見一個地方經常掛著燻馬肉，每每走近，都本能地繞開。它們覺得自己膘肥體壯，不願意過早地走向那個地方。

也有馬死後，既未留下一副馬腸子，亦未變成燻馬肉。有一人在夏牧場放牧幾月，入冬前轉場去冬窩子。本應三天的路，因為他心急，便要兩天走完，結果一匹馬因為疲憊不堪，墜下懸崖摔得血肉模糊。那人下到崖底，為那馬的慘死懊悔不已。他騎了那匹馬好幾年，不曾想最後卻是那樣的結果。那人想起人們常說的一句話：「馬活著時馱著人奔跑，死了讓人吃掉。」但那馬已血肉模糊，加之慘死之狀確實不忍目睹，便將那馬埋了。

平鍋羊肉

十餘年前的一個夏天，我在帕米爾高原的一家塔吉克族人家小住，每天沒有什麼事可做，隨便走走，看藍天白雲，聽鳥兒好聽的叫聲。一天，一陣風刮起，一片樹葉飛了起來，我遠遠地看著，覺得它是一隻鳥兒。我在心裡說，再飛高一點，你就真是一隻鳥兒了。像是我們之間有某種感應，它真的又飛了起來，像是正在遠離大地，一直要飛到太陽中去。我又在心裡說，飛到太陽中去吧，讓太陽看看大地的狂妄。我盯著它看，它越飛越高，越飛越小。突然風停了，它飄搖著從空中落下，落到了村後的山谷中。這是一片幸福的樹葉，被風的大手抓著，沒有努力就完成了一次飛翔。

那戶人家的房前，有大草灘和小河，屋後有雪山，雪山上偶爾有鷹飛過。在那樣的地方居住，安靜而又從容。有諺語說：「人再高也在山下，山再高也在雲下。」在那戶人家，我便深切地感受這樣的情景。

主人一大早給我端上奶茶，我連喝五碗，感覺像人們常說的喝奶茶就要喝透那樣，渾身溫熱，神清氣爽。坐在院子裡仰望對面的慕士塔格雪峰，發現雪峰上面的陽光比別處的陽光明亮，自上而下像斧頭一般，把山峰劈出了冷峻的脈紋。

一天傍晚，我看見慕士塔格雪峰上空出現一朵潔白的雲，尚未看出名堂，卻聽得一個小孩大叫：「那是一隻羊！」那朵雲看上去很健壯，像羊群的匯聚，行走在遼遠的天空中。晚雲金黃，恍若一隻羊慢慢移動，然後被天空淹沒。多好啊！一隻羊行走在天空中，它不用再馱負這個世界的痛苦。

慕士塔格有一事，聞之讓人震撼。有一年，一隻獵鷹在半空發現一隻小狼，它跟蹤了一會兒後，以迅猛之勢撲下，用尖利的雙爪抓住了它。獵鷹本來想抓瞎小狼的眼睛，然後再去叼它的喉嚨，不料小狼卻很兇惡，一口咬住鷹的翅膀。鷹怕自己被狼拖入樹叢中無法飛起，便扯著小狼疾跑，意欲將小狼甩掉，但是那小狼咬住獵鷹不鬆口。獵鷹拖著小狼跑到懸崖邊，它想把小狼甩到懸崖中去，但無論它怎樣扭甩，小狼都不鬆口。其實小狼明白，它鬆口就會被甩下去摔死，所以它咬住鷹翅不放。獵鷹沒有了力氣，身子開始軟了。但它不服輸，仍用最後的力氣，拖著小狼向著懸崖下方跳去。它們一起掉到崖底，摔得像兩朵駭人的血色花朵。

自慕士塔格向東而去，有公格爾峰、公格爾九別峰、喬戈里峰等，因為融水量大，被稱為是懸在天上的「白色水庫」。帕米爾大大小小的湖泊，數不清的河流，都是雪山上的積雪融化後，流下來匯聚而成的。著名的葉爾羌河，也是從帕米爾流下來，流入了塔克拉瑪干沙漠。

一天早上，主人對我說，今天中午請你吃個「平鍋羊肉」。他發音不準，起初我以為他說的是「蘋果羊肉」，便揣測是把蘋果和羊肉放在一起做出的美食。

離中午還早，我便出去閒逛，碰到一戶人家往牆上灑麵粉，才知道「諾魯孜節」到了。塔吉克族人很重視這個節日，會在屋中對著透進陽光的地方灑麵粉，意即感激天賜幸福。同時，他們還會用麵粉在牆上畫圖案，表示要把幸福永遠留住。一人將盆中的麵粉灑完、畫完後，說了一句話，我從他的語音判斷，他是說，要回去吃蘋果羊肉。於是便想，看來過這個節日，人們除了吃諾魯孜飯，還會吃蘋果羊肉。

直至回到我住的那戶人家，才知道在大半天中，我以為的「蘋果羊肉」是錯的，主人拿出一個鐵盒一樣的平鍋，我才知道他要用平鍋做羊肉，那麼名字應該叫平鍋羊肉，而不是蘋果羊肉。

但他卻先不做羊肉，而是先在麵中拌上羊油，用布子蓋住餳一會兒，然後一邊揉一邊加入雪菊和玫瑰花，揉好後壓出與平鍋一致的圓形，再估一估大小，把四周抻抻，餅算是做成了。然後，他挑出淨肉切成塊狀，放上孜然和胡椒粉拌勻，以起到醃製作用。醃過一會兒，又把皮芽子絲放進去，在平鍋底部輔上一層羊肉，把麵餅鋪在羊肉上面，又在餅子上蓋了一層羊肉，蓋上平鍋蓋子埋進火堆。那火已經燒成一大堆火紅的炭，平鍋被埋進去，裡面的食物就靠這堆炭燜熟。

做完這些，他擦去額頭的汗珠，對我說，你騎馬玩去吧，等到你的溝子（屁股）被顛得開花了，平鍋羊肉就好了。我閒著也是閒著，那就去騎馬。他的馬看上去不起眼，但一騎上去便覺得不對勁，它的速度很快，一邁開四蹄便狂奔，我只覺得草地像是被什麼向後拽去，一陣恍惚之感。我怕摔下去便放開韁繩，用雙手緊抓馬鞍，不料馬跑得更快，我在馬背上東倒西歪，如果不是用雙腳使勁蹬著腳鐙，恐怕早就掉了下去。

他在我身後扔過來一句話，放開韁繩，把溝子坐穩，配合馬的起伏。我依照他的方法，果然自如了一些。那匹馬很快又狂奔起來，似乎不把我甩下馬背便不甘休。他又在我身後喊叫，騎不住了就緊抓韁繩，馬就會停住。我趕緊猛拉韁繩，馬嘶鳴一聲停了下來，我趕緊從馬背上跳了下來。

騎馬不是一兩天就能學會的事情，我怏怏然回到院中，喝了一碗奶茶，才好受了一些。

在等待平鍋羊肉的過程中，我四處閒逛，發現他家屋後有一個盤羊頭骨。我想用一百塊錢把它買下，不料他卻死活不賣。後來我才明白，他的意思是，我出錢的話他不賣，但是他指了一下我手腕上的電子錶，意思是可以用電子錶換盤羊頭。他在放牧時需要用電子表看時間，於是我們欣然成交。

平鍋羊肉從火堆中掏出打開後，一股香味便撲鼻而來。也許是燜熟的原因，肉質看上去頗為脆嫩，每一塊都很誘人。主人說，吃這個平鍋羊肉，先吃肉，然後吃燜餅，最後又吃肉，享受得很。我嚐了一塊羊肉，外脆裡嫩，尤其是燜熟的味道，與任何一種羊肉的做法都不一樣。

我注意到平鍋羊肉中只放了皮芽子，或許封閉起來靠高溫燜熟的東西，只有皮芽子能夠調味。吃完第一層羊肉，便露出那個燜餅，正猶豫著不知該怎樣吃，主人用小刀子把燜餅劃開，挑一塊給我，我一嚐便忍不住叫好。羊油在平鍋中受到高溫，對燜起到了煎炸效果，所以吃起來略有脆感。接著細品，又嚐出燜餅因羊油浸入，夾雜著肉味，散發出一股奇特的香味。

兩天後，我抱著盤羊頭離去。現在每每想起這件事便後悔，如果我當時悄悄把一百塊錢壓在盤子底下該有多好。

我當時沒有那樣做，是因為沒有想到，還是捨不得一百塊錢？

十餘年前的事情，至今已無任何記憶。

羊肉燜餅

羊肉燜餅與歷史上的兩個人物有關，一個是成吉思汗，另一個是紀曉嵐。

與成吉思汗有關的事，我視之是一次「走進來」，羊肉燜餅經由成吉思汗的傳播，從此成為一道食品。當年成吉思汗帶兵打仗，因為戰事緊急，吃飯便成了問題。一天又遇到緊急軍情，他急令夥夫做飯，保證士兵們吃飽後投入戰鬥。伙夫不敢怠慢，將宰好的羊剁成塊在鍋中爆炒。羊肉很快熟了，但先前準備好的餅子卻因為天熱，都變得乾硬難啃。伙夫便將餅子放進羊肉中燜了一會兒，然後一起出鍋讓士兵們吃。成吉思汗吃過後覺得肉鮮餅軟，於是賜名為羊肉燜餅。之後，但凡軍情緊急，他便讓伙夫做羊肉燜餅。因為這道菜方便易做，用於戰前裹腹，效率和效果都很顯著。而成吉思汗的隊伍也因此能夠快速反應，從未貽誤戰機。

後大軍在回歸途中，有兩個老伙夫因年邁體衰走不動了，得到准許後留在了獨山城。他們將羊肉燜餅中的餅子改進為薄皮，形式和味道大為改觀。當地人聞到了香味，紛紛前來討問其製作方法，兩位便將做羊肉燜餅的方法傳給了當地人。獨山城就是今天的木壘，今日木壘的羊

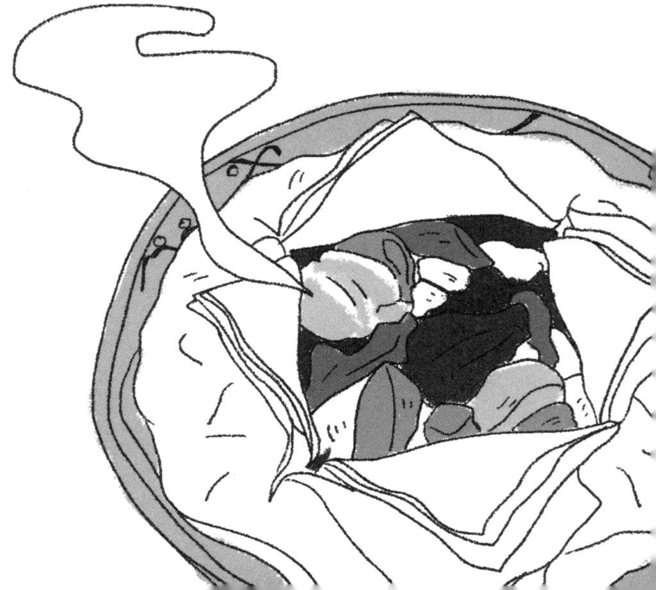

肉燜餅，以羊肉鮮美，麵餅薄透，味道濃香而揚名，很多人到了木壘必吃，所以很多餐館都有。但很少有人知道木壘羊肉燜餅的來歷，更沒有人會想到，一代天驕成吉思汗曾為此地留下了一道美食。

如今在新疆亦可覓得成吉思汗的足跡，譬如在阿爾泰山，可聽到他「六出阿山」的歷史。青河有一個大石塚，遠看是一個石堆，走近才發覺其大如石山，人站在下面須仰頭才可看見頂端的石頭。人們說，成吉思汗南下打仗時命殁，大軍將他的屍體運至青河，埋在了這裡。有一年，有日本人組成專家團到青河考證此事，但最後卻不了了之。

在喀納斯湖附近的一個山谷，人們說成吉思汗當年率軍在此打過一場惡戰，死傷不計其數。多少年過去了，當地牧民不敢在黑夜趕牛羊經過那兒，因為之前有牧民轉場進入那裡時，牛羊便嘶鳴亂竄，牧民胯下的馬更是狂跳亂轉，還曾把牧民重重地摔在地上。

第二個與羊肉燜餅有關的歷史人物是紀曉嵐。羊肉燜餅經由他，又成為「走出去」的一道菜。當年的紀曉嵐在朝廷中很有地位。有一天得知他的一位親戚將被嚴查，便讓下人送去煙和茶，暗示親戚會有「嚴查」。後來那件事敗露，他從京城被貶往烏魯木齊，經過巴里坤時，當地知縣因敬重他，欲盛情招待一番。無奈紀曉嵐是戴罪之人，知縣不好公開款待，於是心生一計，在羊肉上蓋了一層貼餅，外人看來不過是一大盤餅。紀曉嵐吃過後留下深刻印象，待日後他命運轉變，遂大力推薦羊肉燜餅，一道美食由此傳開。

紀曉嵐在烏魯木齊的九家灣住過，曾在此寫下不少詩文，尤以《閱微草堂筆記》中的鬼怪故事為上乘。我到烏魯木齊的第一個冬天湊巧也住於九家灣，其時讀紀先生大作，讓我看得頭皮發麻，覺得那漫天大雪中似乎有鬼魅在穿飛。

《閱微草堂筆記》中有一事，至今印象深刻。紀曉嵐在烏魯木齊時，有一天中午下屬來報，軍校王某被派到伊犁運送軍械，其妻一人在家，這個時辰仍然緊閉大門，呼叫不應，恐怕出了什麼事。

紀曉嵐讓烏魯木齊的同知木金泰去查看。木金泰破門而入，發現一男一女在床上裸亡，細看，二人均被刀剖刺了腹部。那女人乃軍校王某之妻，但那男子是誰，從何處來？木金泰向鄰居打聽，終無頭緒。當晚，女屍突然呻吟著復活，到第二天便開口說話。她供出緣由：她自小與那男子相愛，嫁人後仍與他偷偷幽會。後來她隨丈夫駐防西域，那男子因難耐思念便又來找她。丈夫去伊犁後她把他藏在屋裡，所以鄰居不知實情。丈夫快回來了，二人為這短暫相會之後的分別而傷痛，遂決定一起自殺。女人記得自殺時疼痛得昏迷了過去，靈魂像是做夢般離軀體而去。她急忙找他，四處不見他的影子，只好在沙漠中遊蕩。碰到一個鬼，便把她綁入地獄，一頓審問羞辱。隨後一查她的陽壽未盡，便打了她一百大板。那大板為鐵鑄，打得她死去活來，最後便昏了過去，等到醒來，才知自己起死回生又返回人間。查驗她的腿，果然有傷痕。駐防大臣於是判決：「她已在陰間受了冥罰，通姦罪就不再重複處罰了。」紀曉嵐後來在《烏魯木齊雜詩》寫有這樣一首詩：「鴛鴦畢竟不雙飛，天上人間舊願違。白草蕭蕭埋旅櫬，一生腸斷華山畿。」寫的便是此事。

紀曉嵐在《閱微草堂筆記》中記錄的另一事，與傳說中的「小人兒」有關。按照今日方位，其發生地應在烏魯木齊妖魔山一帶。當時，牧馬者經常看到一尺左右的小人出現，而且男女老幼一應俱全。在紅柳吐花時，它們便折斷柳枝盤成小圈戴在頭上，然後成群跳舞，發出像唱歌一樣的呦呦聲。有時，小人會趁人不備潛入帳篷偷盜食物，被發現後跪下哭泣，被抓住則絕食而亡。放掉它們後，它們走幾步便要回頭看看，如果追上去呵斥，它們便又跪下哭泣。等走得離人遠了，估計人再也追不上了，便大步跨山越澗而去。誰也不知道它們叫什麼名字，居於何處。眾人猜測，它們並非木魅山獸，也許是僬僥國的小人。因它們極像小孩，又喜歡紅柳，便被人稱為「紅柳娃」。縣丞邱天錦有一日視察牧場，捉一小人帶回製成臘乾，其鬍鬚、頭髮、眼睛等與人一模一樣。由此證明，《山海經》中所謂的小人國，確實曾經存在。紀曉嵐好奇，便隨士兵進山，見紅柳枝上有東西蹦跳，遂捉之，果真是一小人兒。他們將其置於掌心觀之，它們雖小，卻吹鬍子瞪眼，對他們怒聲責罵。細看，它們手腳齊全，神態活靈活現，與人無異。少頃，它們見怒罵無效，便改為哭泣，其聲如嬰兒般讓人心顫。眾人於心不忍，遂將那小人兒放之。它們從紅柳枝上蹦跳而去，直至安全後才停下，然後回過頭來，對眾人復又怒罵一番。

如今的新疆人喜歡吃羊肉燜餅，家庭餐桌上多見。也有人稱其為「烽火肉」，尤以哈密一帶堅持此說法者為最多。細想，「烽火肉」亦是「封火肉」的意思，也就是用餅子將羊肉封起來做熟的意思。

不論叫什麼，做法卻都一樣：先把連骨肉剁成小塊，紅燒一會兒後加水燉煮，同時擀出如同鍋一樣大小的餅子，且要擀得像紙一樣薄，一張一張抹上清油摞起來，待肉快燒熟時，把餅子攤放在肉上，蓋上鍋蓋，然後用中火煮蒸。出鍋的餅子軟而不黏，油而不膩，薄而不碎。再澆上原汁原味的肉湯，別有一番風味。

在奇台，人們則將羊肉燜餅稱為「羊肉封餅」。我原以為奇台羊肉的香味、餅子的勁道，暗藏什麼絕招，直到在奇台見到一個人做這道菜的全過程，才知道燜與封在做法上截然不同。一般人是將餅子一層層燜於羊肉上，蓋上鍋蓋利用蒸汽將餅子蒸熟，而那人則在紅燒羊肉時不加水，餅子擀好後每次只放一張，蒸熟後又換另一張，且每次用筷子扎一小洞，倒入原汁羊湯進去，既可保證羊肉不被燒糊，又可讓餅子入味。最關鍵的是他們說的那個「封」字，就是用餅子把羊肉封得嚴嚴實實，可使羊肉和餅子的味道俱佳。

「燜」和「封」的門道不同，要的其實都是自己喜歡的味道。

那人自恃廚藝高超，不願多講封餅的細節。其實在一旁看一會兒也就會了，多做幾次亦能達到他的水準。但見到他為做封餅宰殺羊羔，還是讓人驚訝不已。原來，羊肉封餅只用一歲羊羔的肋條或前腿肉，其味道和口感才最好。那天他輕撫羊羔的頭，喉嚨間發出一種輕吟低唱的聲音，那羊羔聽得沉迷，遂臥在他身邊，迎接生命的死亡。

宰殺完後，那人說了一句話：「馬的命運是被人騎老，羊的命運是被人吃掉。」一隻羊，完成了它在世間的奉獻。

胡辣羊蹄

一次與朋友們說到胡辣羊蹄，大家不說它如何好吃，而是說如果廚藝不好，做出的胡辣羊蹄會如何不好吃。事後我想，其實大家還是在說胡辣羊蹄的好，只是用預測失敗的方式，在強調如何做才能吃到最好的胡辣羊蹄罷了。這就像手捧一個瓷器，怕碎了，便強調如何捧好才不會掉下去一樣。

胡辣羊蹄有一段趣事。五十多年前，有一位叫張元松的江蘇青年回應國家號召，支邊到了新疆。他因為踏實好學，被派去學習廚藝，學成後很快脫穎而出，成為一家餐館的大廚。有一天，他看見人們將羊蹄棄之不用，甚覺可惜，於是撿回一個仔細端詳，終於琢磨出了清洗、去蹄殼、燒細毛、刮黑、用堿水漂洗、滷煮等工序，最後做成了胡辣羊蹄，一經推出便備受青睞，很快就揚名出去。

胡辣羊蹄以昌吉的為最好，人們到了昌吉，除了想吃丸子湯、椒麻雞、油香等，基本上都會念叨胡辣羊蹄。昌吉本地的朋友聽說後，臉上會浮出自豪的神情，並馬上帶他們去吃胡辣羊蹄。一種食物連外地人都念念不忘，本地人一定會知道哪家最好，帶朋友去自然不會失望。

胡辣羊蹄在昌吉的農貿市場和夜市等均有攤點，熟知者想吃，往往不去飯館，而是直奔農貿市場。在一些固定的角落，必然有一鍋滷熟的羊蹄擺在那兒，鮮嫩金黃，冒著熱氣，饞得忍不住買一個，然後手執而食。夜市上的胡辣羊蹄，大多出現在夏秋季節，到了第一場大雪落下，就沒有人經營夜市了，也就不見了胡辣羊蹄。新疆的夜市，一般從五月初開始，所以有「五一夜市」的說法，久而久之便成為烏魯木齊的一個夜市的名字。在夜市上，吃胡辣羊蹄，喝紅烏蘇啤酒，是新疆人最喜歡的休閒方式。在新疆，紅烏蘇啤酒一直深受人們青睞，喝著喝著喝出了感情，索性起了一個「奪命大烏蘇」的名字，意即紅烏蘇啤酒太好喝，簡直像是要人的命似的！

至於飯館裡的胡辣羊蹄，則是比較貴的一道菜，一般都在七八十元之間。論及價格為何這麼貴，有人說，一隻羊才四個蹄子，一盤要十幾個羊蹄，一下子就得好幾隻羊把蹄子全部奉獻出來，能不貴嗎？在飯館裡吃飯，如果點的多是烤羊肉串、烤包子、抓飯、薄皮包子、烤羊排、薄餅羊肉、胡爾燉（將羊肉、馬鈴薯和胡蘿蔔等放在一起燉熟的湯）、過油肉、胡辣羊蹄、喬爾泰（狗魚）、清燉鴿子、恰瑪古等，配粉湯、優酪乳，最後上一份由西瓜、哈密瓜、葡萄配成的果盤，便可以斷定吃飯的是新疆人，而且是會吃的新疆人。

我的朋友老馬家住昌吉，我說他是城裡人，他卻說他在農村有一個院子，有幾間平房。我說他是農村人，他又強調從未種過一天地，每日忙城裡人的事情。他每天為城中供三百個胡辣羊蹄，我問他如此之多的胡辣羊蹄，占昌吉總量的幾成，他說如今的人喜歡吃胡辣羊蹄，他這一點並不濟事。

在老馬家吃過一次胡辣羊蹄，並親眼看見了他做胡辣羊蹄的全部過程。其實在每天晚上，他和家人都要忙半宿，先是去掉羊蹄的蹄殼，用火燒去表皮的細毛，再用鹼水洗淨，刮去焦黑部分，最後用鹼水漂淨。忙畢，已到三四點，老馬喜形於色地看著一堆乾乾淨淨的羊蹄。說是羊蹄，其實已露出蹄筋和一長截骨頭，看著讓人心動。胡辣羊蹄必須有骨頭有肉，在夜市上食之便於手執，在餐廳中雖不用手捧著吃，但便於用筷子從骨頭上搗下皮肉。

老馬的妻子用八角、茴香、桂皮、香葉、辣椒、乾薑和料酒做了一鍋滷水。老馬將此滷水稱為老湯鍋。他給爐膛里加了煤，不一會兒鍋中的滷湯便沸騰了。老馬將羊蹄放進滷湯中，蓋上鍋蓋，說這樣滷上三小時，羊蹄就滷爛了。

我為了看製作胡辣羊蹄的全過程，陪老馬一家熬了一個通宵，老馬謔笑我饞得不行，一直在一旁等著吃胡辣羊蹄，他妻子則一笑，讓人覺得還是她體貼人。在同一件事情上，男人和女人不僅態度不同，就連開玩笑，也是女人更溫柔。

三小時後，老馬的妻子把滷好的羊蹄撈出七八個，不一會兒用胡椒和辣椒面佐料拌好，又淋上少許滷湯汁，一盤胡辣羊蹄就擺在了面前。老馬招呼我吃，則一邊吃一邊說，羊蹄本身沒有肉，就是一層皮，切勿滷得過爛，否則會導致肉分離的悲慘下場。那一盤胡辣羊蹄鮮美不膩，辣而味爽，吃完後回味悠長，沒離開老馬家便盼望下次再來。

八點鐘，需要羊蹄的人便上門了，老馬的女兒已經起床，忙於統計數量和收款，老馬和妻子則坐在一邊休息。女兒大學畢業後在烏魯木齊一家公司上班，平時忙得回不來，只有週日才回來給父母幫忙。她的賬算得好，收款亦無差錯，父母經常動員她回來，有了她的加入，他們家的胡辣羊蹄會做得更好更多。但女兒喜歡烏魯木齊，說大學生不在大城市發展，回到家裡會被人笑話。

我問她在烏魯木齊做什麼，她說是一家銷售公司，要完成的銷售額很高，她上半年沒有完成任務，不但獎金沒拿上，工資也只是保底的一部分。說著這些，她面露沉重之色，岔開了話題。這些年輕人著實是不容易的，我在烏魯木齊經常碰到忙於跑銷售的年輕人，看上去西裝革履，但卻一臉沉重和無奈，幾乎所有人的皮鞋都磨去了後跟。老馬的女兒也是其中一員，想必經歷了不少辛酸。我想，如果她和父母一起經營胡辣羊蹄，一則可發揮她的專長，二則沒那麼辛苦。但我又有多大的本事，不好指點別人的命運，話到嘴邊猶豫著咽了下去。以後每次吃胡辣羊蹄，總是想起老馬的女兒，不知她的情況怎樣。

去年想在家中做一次胡辣羊蹄，便去菜市場買羊蹄，問過價格後才知道，羊肉現在不便宜，羊蹄便水漲船高，較之以往貴了兩三倍。我咬咬牙買了五個，卻因為無法在家中火燒皮毛和清洗，請人加工又花了一筆錢，算下來五個羊蹄已貴得離譜。早知如此，還不如直接去餐館點上一盤胡辣羊蹄，吃得順心，還不花冤枉錢。回家做好後慢慢吃，又想起老馬，已經有好幾年沒去他家了，不知他將胡辣羊蹄經營得如何。世事變化太快，我前些年常去的好幾家做胡辣羊蹄的餐館，本來生意很不錯，但後來卻都不經營胡辣羊蹄了，而是改成了速食，出出進進皆為年輕人。我這個年齡的人想吃胡辣羊蹄，只好去尋那些老店。

一天，突然接到老馬女兒的電話，說老馬讓她來給我送羊蹄，見面後才知道，她果然回家經營羊蹄了。她變了，不僅衣著樸素，而且言談也從容大方，看得出是這幾年得到了鍛煉。送她走時，我叮囑她以後來烏魯木齊，多到我這兒坐坐，她一笑說，現在天天忙羊蹄的事情，很少過來。再說，她已經習慣了在家做羊蹄。說話間，她眼中閃過一絲憂鬱，轉身走了。

冰碴駒俐

前日大雪，我站在窗前看了一會兒，心生一個念頭，在如此寒冷的下雪天，如果吃一頓冰碴駒俐，會使全身暖和，心情也舒暢。以前在這樣的天氣裡，總有朋友邀約我去吃冰碴駒俐，今年大家都忙，顧不上這件事了。

冰碴駒俐這個名字，如果不詳細解釋的話，很多人都不知說的是何物。實際上，冰碴駒俐就是山羊，但此山羊並非普通山羊，而是能夠爬上懸崖峭壁吃草的山羊，或者說是山羊中的佼佼者。但是把冰碴駒俐簡單說成是山羊，似乎也不妥，應該細說才合適。新疆人常將駒俐稱為「駒俐子」，是因為它們善爬山，速度快，加一個「子」字，強調其英姿颯爽，比普通山羊漂亮。同時，駒俐吃高海拔山地的草，譬如貝母、黨參、黃連、金銀蓮和野草莓等，所以它們的肉質鮮嫩，味道比綿羊肉更醇香。它們的脖骨、羊排、羊腿、羊腩、羊肚等部位，可滿足人們燉、滷、炒、烤等不同需求。

至於「冰碴」二字，與駒俐們的生存環境有關。駒俐生存在高海拔的極寒區，平時只能吃著冰碴中的草，喝雪水生存。生存條件讓它們經受了嚴酷的洗禮，因此其肉質更緊實，味道更鮮香醇美。下第一場雪後，駒俐們因為在山上喝不上水，便踩著冰碴下山覓水，人們看見它們在冰碴中行走得極不易，便在「駒俐」前面加上「冰碴」二字，於是它們便有了「冰碴駒俐」一名。

我還聽說，冰碴駒俐這個名字，與它們的命運有關。它們在冬季吃不上草，便踩著冰碴四處尋覓，如果看見懸崖峭壁間有草，便不懼危險攀爬上去，用嘴扯下來咀嚼。而越是陡峭的地方，越是生長著眾多藥用植物。冰碴駒俐果腹了大量中草藥，只長精瘦肉，而且沒有膻味。牧民吃過冰碴駒俐後，覺得其肉質相當不錯，便待機圍獵，但它們不下雪便不下山，牧民為此要熬過春夏秋三個季節。到了第一場雪落下，冰碴駒俐為了一口水，便落入牧民的獵捕圈套，成為牧民入冬的第一頓羊肉。

新疆有一個說法：「笨黃羊，賊駒俐」，是把黃羊和駒俐做比較，比出了前者的笨，後者的聰明。有一年，一群冰碴駒俐在一場大雪後下山喝水，有人埋伏在半道意欲突襲。它們從空氣中聞到了那人的氣味，領頭的頭羊於是用頭將一塊石頭推了下去，差一點砸到了那人身上。那人一聲驚呼，如果一群冰碴駒俐往下推石頭，還不把他砸成肉泥？他連滾帶爬地逃竄，冰碴駒俐在山岡上發出一連串歡鳴。

與冰碴駒俐比起來，黃羊確實顯得很笨。我見過黃羊在雪霽後下山喝水，它們從山上狂奔而下，在河邊長飲時許久都不將頭抬起。附近有人，牛羊和馬亦發出嗚叫，但它們卻不管不顧。黃羊為了長飲往往會搭上性命，因為人們會乘此機會將它們捕獲。

黃羊的天敵是雪豹，雪豹知道黃羊雪霽後會下山，便在黃羊途經之處埋伏等待。有一次，一隻雪豹選擇一個低窪處臥下，任由大雪將它埋住，等到一隻黃羊經過時一躍而出，將那隻黃羊撕咬倒地，灑在雪地上的鮮血如同綻開的紅色花朵。隨後，雪豹將那隻黃羊拖走吃掉。雪豹善於生存，它將吃不完的黃羊掛在樹上，以俟時日。

駒俐也會為了一口水而冒險，但它們不會像黃羊那麼笨。雪豹咬死黃羊的那一幕，被一隻駒俐遠遠地看見，它撒開四蹄躲開。到了晚上，駒俐便發揮聰明才智，開始行動了。它悄悄爬上樹將黃羊屍體掀下去，然後又掀進了山崖。雪豹過幾日來吃「乾糧」，樹上卻已空空如也。它忍受不了饑餓，遂去別處覓食，而成群的駒俐則安然無憂地從那裡經過，去河谷暢飲河水。駒俐之聰明，在這件事中體現得淋漓盡致。

冰碴駒俐尤其受北疆人青睞，原因是北疆在冬天多雪，黃羊吃草和受凍的情況，均合乎冰碴駒俐的標準。人們吃冰碴駒俐的心態也很怪，只在入冬的第一場大雪後吃一頓，其他時間提都不提，冰碴駒俐便因第一場大雪顯出其非凡的意義。

有一人在某一日受邀請赴宴，對方事先告知他有冰碴駒俐，可多吃或仔細品嚐。那人落座後便一直想，涼菜不吃，熱菜不看，要把肚子留給冰碴駒俐。後來上了一大盤羊肉，別人都吃得頗為高興，唯有他象徵性地吃了一塊，仍然要把肚子留給冰碴駒俐。後來眾人吃畢離席，那人疑惑地問，冰碴駒俐呢？不是說有冰碴駒俐嗎，怎麼還沒有端上來就結束了？眾人笑，他這才明白，他象徵性吃過一塊的那一大盤羊肉，就是冰碴駒俐。

說來也巧，我在心裡念叨冰碴駒俐，朋友打來電話說，南山的老張捎話來，請我們到南山去吃冰碴駒俐。我一口答應，但又有些疑惑，幾天前已經下過一場雪，冰碴駒俐恐怕已經下過山了。朋友笑著說，老張就知道你會這樣問，他早就把答案給你準備好了。前幾天的那場雪只下在烏魯木齊，南山就飄了一點小意思，所以這場雪才是南山的第一場雪，冰碴駒俐也剛剛從山上下來。

這就對了，時間和落雪的時機都對，冰碴駒俐自然也不會錯。幾位朋友一起上山，老張把大家迎到他家裡，一進門便看見有人正在用斧頭剁羊肉，不用問，他剁的一定是冰碴駒俐。細看，他剁成的皆為帶骨的大塊，用清水沖洗後，放進燒開的水中煮熟，然後撈入盤中端上了桌。

老張神情持重，把大塊冰碴駒俐削成小塊。我注意到，他削肉的姿態優雅，像是在進行某種儀式，而且頗為講究地突出了兩個細節。其一，他削下冰碴駒俐面部的肉，呈給在座的年齡最長者，說只有最有面子的人才可享用羊臉，亦有今後一定要給大家長面子一說。其二，他把削下的冰碴駒俐的耳朵給在場的年齡最小的人，意即你是在座年齡最小的，以後要聽大家的話。

等把冰碴駒俐全部削成小塊，老張便在上面撒上皮芽子、鹽和香菜等，然後用幽默的話語招呼眾人：今天的冰碴駒俐好得很，吃的是中草藥，喝的是礦泉水，走的是黃金道，穿的是毛皮襖，最重要的是，它還是沒有結過婚的羊娃子，所以大家要好好兒地吃啊！眾人受他鼓動，便開始吃，間或喝一碗羊肉湯。老張笑著說，你們會吃嘛，一口冰碴駒俐一口湯，灌縫縫哩！

大家吃著冰碴駒俐，說起關於吃羊肉的種種趣事。我第一次吃羊肉是一九九二年在葉城的巴扎上，帶我進城的老兵在一攤位上點了抓肉大快朵頤，而我因為之前在老家基本上沒碰過羊肉，吃了一兩口便不再動筷子。老兵是陝西人，他笑著說，你娃娃到新疆的時間還太短，以後新疆會讓你喜歡上羊肉的。如今二十多年過去，我除了吃羊肉，基本上已不吃別的肉，變成了地道的新疆人。

吃完冰碴駒俐，一位朋友要帶一塊冰碴駒俐的腿骨下山，問他要做什麼？他說他聽說有一個習俗，如果遇上拿不准的事情，就把羊腿骨在火中燒一燒，從裂紋上可判斷出凶吉。

看他一臉摯誠，大家讓他遂願。

酒讓人醉　茶讓人醒

伊力特

前些天出差外地，一位朋友在吃飯時問，新疆人現在還喝「伊力特」酒嗎？我被問得一愣，遂意識到已有多年沒有喝過伊力特了。回到新疆打聽了一下，最早的那種伊力特，如今已鮮有人問津，倒是從伊力特延伸而來的新產品，譬如「伊力特曲」、「伊力老窖」、「伊力王酒」、「金伊力」、「伊力春」等，經常出現在人們的酒桌上。

說起伊力特酒，腦子裡冒出的是最早的那種包裝盒，用草書寫就的「伊力特」三個字，襯以金黃底色，顯得頗為蒼勁有力。最早的伊力特酒瓶是白色的，封口用了紅色錫紙，看上去頗為喜慶。後來改成了「伊力特曲」，酒名改成了橫放，襯以白底，其包裝設計顯得擁擠凌亂，不如最早的那一批大方。果然，伊力特曲賣得不如伊力特，亦不如伊力特好喝，不久就又更換成了新的品種。伊力特的度數雖然標得不高，但實際上卻味烈勁大，一口喝下去，一股辣烈的味道自口腔直衝腦際，腦袋嗡的一下便有了眩暈感。伊力特最大的特點是來勢兇猛，所以喝伊力特要悠著喝，如果喝得快，喝得猛，很快就會醉倒。曾聽到一人說他在前一晚吃飯的情景，他只記得喝的酒是伊力特，至於菜嘛，他是涼菜沒吃，熱菜沒見。很顯然，他很快便喝醉了，一口菜也沒有顧得上吃。新疆人因為經常喝伊力特，倒不會醉得那麼快，但喝著喝著就開始唱了起來，唱著唱著就又跳起了舞，所以伊力特在新疆還有一個名字——跳舞酒，說的是喝伊力特容易讓人興奮，一興奮就要唱歌跳舞。

新疆人喜歡伊力特系列，在酒桌邊坐定後往往說，喝個伊力吧，然後才具體說到是老窖或是其他。老窖是伊力老窖的簡稱，有十五年、二十年和三十年的。從某種程度上而言，酒的釀製時間就是價值，時間越長便越貴。伊力老窖的度數低，最低的只有三十八度，其他則在四十多度，味道醇香，口感綿柔，飲之不上頭，深受人們青睞。伊力老窖一出，伊力特便很少有人喝了，畢竟喝酒喝到最後舒舒服服地從酒桌邊離開，文雅妥帖地與朋友告別，然後平平安安回到家中都是人人期望的。而喝伊力老窖，基本上能夠做到這一點，何樂而不為呢？伊力老窖在包裝上也下了一番功夫，每瓶僅裝半斤，喝起來輕鬆，沒有多大壓力。但新疆人難以克制豪飲的習慣，一上酒桌便每人發一瓶，自己斟自己喝，到最後統一檢驗酒瓶子，如果誰的瓶子裡還有酒，就得一口喝乾。有一人每給自己斟一杯酒便說一句：酒是自己的，喝一口少一口，趁早往下喝吧！

伊力特酒的來歷頗有意思。新疆解放後有十餘萬軍人就地變為兵團人，這是共和國最特殊的一代軍人。他們打了很多年的仗，一直打到西北以西的新疆，然後亦兵亦農，一邊屯墾一邊戍邊。屯墾戍邊古已有之，最早者是秦代的蒙恬，他率士兵在北方邊關抵禦匈奴時，擇季節耕地種田，達到自給自足。新一代兵團人因身份特殊，便出現多種與眾不同的現象，如他們多年保持團、連等編製，農工每月可領工資，情況好於其他省的農民。兵團農工開墾出了大片土地，收穫了大量的高粱、玉米、小麥和豌豆，加之又發現天山積雪融化後的雪水不錯，於是就想嘗試釀酒。結果，竟釀出了後來廣受歡迎的純糧食酒，人們無比欣喜。雪水從山上流淌而下，流過田野和山川後，變得清冽甘醇，實為釀酒之首選。

釀出伊力特酒的地方說來頗有意思。最早是在十團農場養豬的副業加工廠，後搬到肖爾布拉克大規模生產。肖爾布拉克在蒙古語中意為「城泉」，但卻出了酒，讓人不得不相信此乃天賜。

我一九九二年第一次喝伊力特時，其宣傳語「英雄本色」叫得正響。此說法來自他們把釀造出的第一鍋酒灑向大地，祭奠那些犧牲了的英雄戰友的舉動。後來又聽到頗具溫情的說法：有伊力特的地方，就有家鄉的感覺。這一說法是指那些兵團人以新疆為家，從此把新疆當成了第二故鄉。

好東西常常會有對應的比較，伊力特便有了「新疆茅臺」的雅號。我第一次喝伊力特時，第一杯喝下感覺酒味醇正，甜綿爽口，香氣濃郁，回味悠長，心想，此酒好喝，應該沒事。後來便一杯接一杯地喝，至於桌上擺的是什麼菜，概不知道。那天喝得大醉，第二天兩腿發軟，但頭腦清醒，便固執地認為，伊力特仍為好酒。中午吃飯時才聽人說到伊力特關於「跳舞酒」的說法，頭嗡的一下，又有了醉意。

酒是讓人飲的，飲之必讓人神智活躍，嘴巴多話，亦會衝動做出不理智舉動。十年前，烏魯木齊舉辦全國書市，各出版社的朋友來了不少。朋友帶來的朋友很快便也成了我的朋友，於是我在飯館請了三桌。那天喝的是伊力特，我在前兩個包廂應對兩圈後，已有騰雲駕霧的感覺，等我走向第三個包廂，老遠看見迎面一人已明顯喝高了，他邊走邊嘀咕要去趕王族的飯局，弄得我忍不住大笑。

在一次筆會中，我中午喝伊力特喝大了，進得一家五星級酒店，見大廳水池中有漂亮的金魚，便想把那金魚抓在手裡。結果當時出現的情況是，等我反應過來已站在水裡，那漂亮的金魚都被嚇得亂游成一團。人喝多了，思維和動作驚人一致，產生想法的同時其實已經做了，這是我付出慘痛代價後才明白的道理。

一位朋友喝伊力特後大醉，我們給他在賓館開了一個房間，然後從他手機中翻出他妻子的號碼撥過去，讓她到賓館照看丈夫。第二天傳來消息說，她丈夫半夜醒來，見對面床上躺一女子，頓時嚇得一身冷汗，等湊近一看是他妻子時，一頭倒下復又睡去。

另有一個人喝醉後回到家，給一起喝酒的朋友打電話，詢問他到家否，然後就說起去年的事情，完了又說起前年的事情，接著又說起大前年的事情。朋友不耐煩，但又不好掛電話，便把聽筒放一邊，倒在沙發上休息。這一休息便酣然入睡，睡了一個多小時後醒來，拿起聽筒一聽，他還在電話裡說著什麼。

我聽說過一事頗有趣。說有一個人一天晚上住白哈巴村，第二天早上起來晨跑，有十餘條狗將他圍住汪汪大叫，做撲抓撕咬之狀。他左衝右突跑不出去，情急之下突然想到一個辦法，裝出酒醉的樣子東倒西歪。狗知道村中多有醉漢，以為他是村裡人，便「嗚嗚」幾聲後將身影閃進了柵欄內。他看見狗不見了，才迅速跑回住處，說半輩子酒總算沒白喝，今天算是換回了一條命。

另一件和伊力特酒有關的事情也是聽說的。一位獵人打獵時被一隻狼咬住左臂，他怕狼竄起咬他的脖子，一急之下，打開隨身攜帶的一瓶伊力特酒，將瓶口塞入狼嘴，一通猛灌。狼被酒嗆得在地上打滾，好不容易把酒瓶子甩了出去，但已經醉了。他用石頭將狼腰打斷，用一根粗藤把它縛住拉回了家。後來，那張狼皮被他每天晚上鋪在身下，變成了他溫暖無比的褥子。

我快要離開村子時，聽說他躺在床上不能動了，人們給他吃任何藥都無濟於事，眼看著一天不如一天。有一天早上，他突然有了精神，讓家裡人給他拿伊力特酒，喝下半瓶酒後，精神開始煥發。家裡人想讓他吃點東西，他說有點累了，想休息，說完就躺下了。那一躺下，就再也沒有起來。

家人給他張羅後事，他的身體已經枯瘦無比，但臉色卻很紅潤，跟活著時一樣。家人對此都很驚訝，想著他喝了一輩子酒，下葬時，把兩瓶伊力特酒放在了他身邊。

格瓦斯

格瓦斯是一種飲料，味道和口感接近啤酒，但度數沒有啤酒的度數高，多喝一點不會上頭臉紅。新疆的夏天，人們喝得最多的是格瓦斯，標配是一扎格瓦斯、一份黃麵、幾串烤肉、一碗優酪乳、幾塊西瓜，哪怕天再熱，也能吃喝得通體涼爽。

格瓦斯的別名很多，有格瓦奇、卡瓦斯、啤窩子、土啤酒、土飲料、蜂蜜酒等等。別名多，說明喜歡喝的人多，今天給它取一個名字，明天又取一個名字，時間長了，便有了十餘個名字。但不管叫什麼，喝的都是同一種東西。

說到起名字，新疆人似乎樂此不疲，譬如阿勒泰的白哈巴和禾木村，因其風景優美，當地人就有「神的後花園」和「神的自留地」的叫法。而禾木因為曾經有很杜哈熊，人們多以獵捕哈熊為生，以至於獵到的哈熊多得吃不完，便掛在樹上風乾。所以禾木另有一個叫法——掛在樹上的熊油。而與哈熊有關的「哈熊溝」一名，在新疆則有近十個，都是因為以前哈熊經常出沒而得名。再譬如塔克拉瑪干沙漠，人們常形容它為「死亡之海」，南疆人則有「進得去出不來」的說法。

吃喝是口腹之欲，味蕾之福。新疆人覺得喝格瓦斯頗為愜意，便賦予其一個說法：喝格瓦斯，是新疆的夏天最從容的方式。如果細分下來，北疆人喝格瓦斯較之於南疆人要多得多，尤其是阿勒泰、塔城、伊犁等地的夜市上，常見成桶的格瓦斯在售賣，但往往不到凌晨十二點，就被人們喝得乾乾淨淨。布林津的夜市在新疆很有名，與布林津的夜市一樣有名的是一位叫吉娜的俄羅斯族老太太。她常年在夜市上賣格瓦斯和優酪乳，以至於人們只要去布爾津的夜市，如果想喝格瓦斯和優酪乳，便一定要去吉娜的攤位。而布林津人只要說去看看吉娜，意思必然是去喝她的格瓦斯和優酪乳。吉娜的格瓦斯和優酪乳多年來始終堅持四個一：一直好喝，一直是同一顏色，一直是同一味道，一直是一個價格。而她本人，只要每天晚上出現在夜市上，便成為一道風景，她的微笑、幽默和熱情，早已為人們所熟知，經久彌久便成為人們的記憶。前些年，她遭遇了巨大的生活變故，先是丈夫去世，後兒子又不幸病故。但是她卻撐了過來，只休息了兩天，就又推著格瓦斯出現在夜市上，微笑著接待遊客，用忙碌消減內心的悲痛。到了八十歲，她因心梗離開了人世。她在人生的最後時光，嘴角仍掛著人們熟悉的微笑，就像是睡著了一樣。

吉娜做的格瓦斯之所以好喝，與她的俄羅斯族身份有關。格瓦斯是舶來品，她自小從俄羅斯來到新疆，做格瓦斯算是輕車熟路，手到擒來。

格瓦斯出在俄羅斯，在俄羅斯語中是「發酵」的意思，在當地已有一千年左右的歷史，被譽為「俄羅斯飲食的靈魂」。格瓦斯的歷史說來很有意思，以前在俄國的一個小飯店，有食客吃麵包時將渣子掉在桌子上，離去時並未收拾。店主覺得甚為可惜，遂將麵包渣收集起來，裝在瓶子裡待用。一位服務生不知詳情，將食客沒有喝完的啤酒倒進了那個瓶中，不料幾天後，瓶子裡的麵包渣發酵成了濃郁醇香的汁液，其獨特的味道一下子就受到了當地人的喜愛。人們還發現，這種飲品具有助消化、調節腸胃的作用，因此在俄羅斯迅速流傳了起來。當時，從沙皇到農民，人人對格瓦斯愛不釋手。有史料載，有一年，一批俄羅斯貴族遷至嚮往已久的巴黎，卻因為喝不上格瓦斯而打道回府。他們回到俄羅斯喝上了格瓦斯，從此不再羨慕巴黎人的生活。一八五〇年左右，大批俄羅斯人進入新疆伊黎河谷一帶，格瓦斯隨即被他們帶入，從此在新疆普及開來。

俄羅斯人製作格瓦斯，其南部和北部因習俗各異，做法也截然不同，但在新疆的做法卻大致相同。人們將麵包切成小塊，放進烤箱烤到焦黃，然後燒開一鍋水，放入白糖和麥芽糖，晾到三十度，將乾酵母、檸檬皮、葡萄乾和烤好的麵包乾一起放進去，發酵一天一夜。之後用紗布過濾掉沉澱物和氣泡，倒入酒桶或酒瓶，放進冰箱冷藏一天便可飲用。

有一年，我們從喀什開一輛大卡車去烏魯木齊拉貨，中午在阿克蘇城邊的一個冷飲攤上準備買飲料喝。老闆說，飲料有什麼好喝的，喝得越多出的汗越多，不如喝格瓦斯好，不但能從腳底涼到頭頂，而且連頭髮都能給你涼下來。我們經不住誘惑，每人要了一杯格瓦斯，一口喝進嘴裡，果然涼爽甘甜，通透舒坦。老闆笑著說，怕你們喝不習慣，都沒有給你們推薦一扎，只推薦了一杯。我們讓老闆給每人上一紮，老闆從櫃子裡拿出一罐蜂蜜，給每扎中放了一大勺，笑著說，格瓦斯里加了蜂蜜，那是又甜又涼，幸福得很！大家邊喝邊稱讚，猶如品嚐到了絕世佳釀。

我們從烏魯木齊返回時，一路都在念叨阿克蘇的格瓦斯，到了城邊的那個小攤，時間正是酷熱的正午，我們便把車停在路邊，跳下車往小攤邊走去。那老闆遠遠地認出了我們，笑著說，今天是喝格瓦斯的好天氣，你們好好喝一場，說著便端上了冰鎮的格瓦斯。喝完之後，一位戰友感嘆說，這麼好的格瓦斯，離開阿克蘇就再也喝不上了。那老闆笑著說不用發愁，格瓦斯有哩，酒瓶子也有哩，裝幾瓶帶上，一路就喝回去了。他的提議得到了大家的認可，於是我們買了十瓶格瓦斯，一路上喝得十分開心，到了部隊還剩四瓶，每人分了一瓶又喝了一天。自那次之後，我每每想起阿克蘇，便總是想起那位老闆的格瓦斯。但二十多年過去了，一切都在飛速發展，不知那個路邊的小攤還在嗎？

平時在餐廳或冷飲店點一杯格瓦斯，卻喝不出感覺，後來才明白，喝格瓦斯一定要在太陽曝曬下，且要有微風吹動，那樣才能感受到涼爽之意。去年《花城》和《伊黎河》兩家雜誌在昭蘇舉辦筆會，天氣酷熱，我們在昭蘇草原的哈薩克族農家樂乘涼，看見一個小姑娘領著她弟弟在洗手。政府引來自來水，每個農家樂都安裝了一個水龍頭，用的時候扭開水龍頭開關即可。我們被小姑娘洗手的認真模樣吸引，便與她閒聊，得知她爸爸不幸去世了，家中僅靠媽媽帶著她和弟弟艱難度日。我們問她上學沒有，她說在上小學，現在是暑假。又問她家有農家樂嗎？她指了指旁邊的兩個塑膠桶，意思是有，專門賣桶中的東西。等我們知道那桶中裝的是格瓦斯後，便讓她給我們每人上一杯。她拿出杯子用自來水一遍又一遍地沖洗，直到她認為洗乾淨後，才倒滿格瓦斯給我們。

我們邊喝邊與她聊天，她話不多，但聽到我們說到有意思的事情時，會微微一笑。我注意到她弟弟始終站在她身邊，她一直拉著弟弟的手。

我們幾人喝得高興，忘了叫《花城》主編朱燕玲也過去喝一杯，等我們愧疚地去找她和另幾位女士時，卻發現她們已在一戶人家享用了豐富的水果餐。我掃了一眼，桌上的蘋果、西瓜、葡萄、杏子、梨子、桃子等水果。伊黎河谷是吃喝的天堂，錯過一個地方的美食，另一個地方也必然有美食在等著你。

我們返回時，看見那小姑娘又在洗杯子。她把所有杯子都洗乾淨，一一收進櫃中，然後拉著弟弟的手回家去了。

穆賽萊斯

穆賽萊斯是一種有故事的飲品，新疆人享用多年，雖未對其進行分類，但並未影響人們對它的喜愛。正因為如此，新疆人反而毫無顧慮，喝出了穆賽萊斯的貼心、溫暖和深情。在阿瓦提、巴楚和麥蓋提等地，人們將穆賽萊斯當作日常飲品，下地前喝一兩杯，回來再喝一兩杯，日子便從容而舒坦。穆賽萊斯不像白酒，總是那麼激蕩。也不像葡萄酒，總是那麼注重形式。更不像飲料，容易讓人暴飲。有一個多年喝穆賽萊斯的人說過一句話：喝穆賽萊斯就像活著一樣，說起來重要，但你不能把它天天掛在嘴上。

俄羅斯的康．巴烏斯托夫斯基在一首詩中寫過穆賽萊斯：

讓我們墜入誘惑穆賽萊斯
穆賽萊斯
冬天千杯萬盞
我一死
您就到我的墳上來呀
拿點香腸
再帶一瓶老酒

出於對穆賽萊斯的熱愛，這位詩人視其為老酒。

穆賽萊斯的產地在南疆的阿瓦提縣，是刀郎人居住的地方。提起「刀郎」二字，很多人都會想起歌手刀郎。二十多年前，四川人羅林來到新疆，喜歡上了新疆民歌，遂用藝名「刀郎」唱紅大江南北。他有一首〈2002年的第一場雪〉，其中有一句「停靠在八樓的二路汽車」，讓外地人疑惑汽車怎能停到八樓上去？只有烏魯木齊人知道，「八樓」指的是昆侖賓館，因其在烏魯木齊建得最早，且有八層，所以烏魯木齊人習慣地稱它為「八樓」，人們去昆侖賓館或在周圍辦事，都習慣說去一下「八樓」。刀郎在歌中所唱的二路汽車指的是二路公，在二〇〇二年有「八樓」一站。

最早的穆賽萊斯，出自一位熱戀的姑娘之手。當時，那姑娘與一位刀郎小夥子相愛，但因為刀郎人經常處於遷徙之中，小夥子也不得不離開心愛的姑娘。臨別時，小夥子對姑娘說，你等著我，葡萄成熟的時候我一定會出現在你面前。姑娘苦苦等待，卻不見那小夥子的蹤影。她怕他回來吃不上葡萄，便把葡萄摘下放進鍋裡，後又怕葡萄壞掉，便點火將葡萄煮熟。幾經折騰，弄出了一種好喝的飲料。人們一嚐，有一股暖流浸遍全身，口腔中長久浸潤甜酸交織的味道。一場沒有結局的愛情，卻醞釀出好喝的飲品來，於是人們紛紛效仿，家家都變成了穆賽萊斯作坊。

據說故事的發生地，是現在的阿瓦提縣的阿依巴格村，曾聽一個人說起那兒時用過這樣一句話：那是一個愛情傷心，嘴巴幸福的地方。我二十多年前去過阿依巴格，車子穿行過幾段難行的土路後，終於看到了做穆賽萊斯的人。他們雖然沒有表示出不高興，卻一直不熱情。當時我想，這也不奇怪，阿依巴格人做穆賽萊斯和喝穆賽萊斯，就像一天吃三頓飯一樣從容自如，而我們這些人大老遠地跑來看稀奇，然後又發出一連串驚歎，與他們又有什麼關係？

後來，在另一戶人家，我們終於看到了做穆賽萊斯的全過程。

首先，人們選出新鮮、透亮和飽滿的葡萄，洗淨後裝入布袋中，然後穿上套有塑膠袋的膠鞋踩踏出汁液，再把葡萄渣倒進鍋中，加水熬煮兩小時左右，裝入布袋擠壓出汁液，與第一次踩出的汁液合而為一，倒入鍋中再煮，濾去白色泡沫和雜物，直至鍋中煮出黑色泡沫，再文火煮三小時停火。我們看不了全過程，詢問後得知，煮出的東西在鍋中存放一天一夜後，倒入土陶自然發酵，並放入鴿子肉、大芸、鹿鞭、鹿血、藏紅花等，然後封口，一週後便可以開壇享用了。

在新疆不同的地方，釀穆賽萊斯會加入不同的輔料——鹿茸、小豆蔻、枸杞、紅花、肉蓯蓉、藏紅花、玫瑰花、丁香、桑葚、杏子等，有的地方還放雪雞和烤熟的羊羔肉。穆賽萊斯在缸裡發酵時，會發出像開水煮沸的聲音，甚至還會發出「砰砰砰」的類似於爆炸一樣的聲音。高明的釀酒師一聽響聲，就能判斷出穆賽萊斯已釀到哪種程度。

喝穆賽萊斯一般只吃兩種東西：羊頭肉和烤羊肉。阿依巴格的羊也叫刀郎羊，吃遍塔里木河沖積地帶的堿草，沒有羊膻味。穆賽萊斯和羊肉祛病強身，因此，阿依巴格的男人健碩陽剛，女人風姿嫵媚。

那次在海勒畔村，雖然心情不悅，但是喝到了穆賽萊斯。一位好客的維吾爾族人將我們迎進他家院子，把兩個小碗放在氈子上，先倒滿兩碗穆賽萊斯，端起說一聲維吾爾族語「活些」

（相當於漢語中的乾杯，並含有「幸福」的意思），然後將兩碗接連喝盡，將穆賽萊斯壺和碗交給左邊的一人。那人接過後也說一聲「活些」，依照主人的方法，也喝兩碗，再將碗遞給他左邊的一人。後面的人以此類推，一直傳了下去。屋子裡一片「活些」聲，一直喝到月掛中天。

主人喝得很高興，便給我們講起喝穆賽萊斯的趣事：有的人喝了穆賽萊斯後，身體裡就會產生一種莫名的美妙，然後就變成了「雜巴依」（維吾爾族語：醉鬼），有的人變成了「賊大鬼」（新疆人形容聰明而狡猾的人），有的人變成了「卡瓦」（維吾爾族語，原意是葫蘆，引申為愚蠢、笨蛋），有的人就會湧進刀郎人的麥西熱甫中，跳賽乃姆、唱木卡姆……但這都不是穆賽萊斯的錯，要怪就怪嘴巴太能喝，酒量太大。主人怕我們誤會，便又強調說，人們喝穆賽萊斯不是為了變成「雜巴依」或「卡瓦」，而是要把身體滋養得強壯和有力量。沙漠邊緣的生活常常會變得艱難，沒有好身體就過不上好日子。

刨冰

刨冰，是將冰塊刨成碎塊狀，淋上煉乳、糖漿，再配以各種水果或其他配料製成的冷飲，入口化渣，口感細膩，是新疆人消暑降溫的最佳飲品。我在疏勒生活的六年，親手實作次數最多的就是刨冰，以至於有時候談論刨冰，明明知道它叫沙朗刀克，但一張口還是叫出刨冰。

疏勒離喀什很近，在那六年，我走遍了喀什所有的地方，包括帕米爾、喀喇昆侖山、塔克拉瑪干沙漠等地。至今印象最深的是，常常坐車跑上一天，一扭頭卻發現，還在同一座雪山下，或者還在同一片沙漠之中。那山是喀喇昆侖山，那沙漠便是塔克拉瑪干沙漠。新疆的大，在當時便有了深刻的體會。在酷夏長途跋涉，每遇縣城或鄉鎮，便停下車說，吃個刨冰再走吧。在新疆，有人的地方，便必然有刨冰，下車一眼就可以看見路邊的刨冰攤子。攤主看見我們走過去，一句話也不問，揭開蒙在冰桶上的布子，取出一塊冰砸碎，然後放入盛冷飲的懷中，搖幾下便遞了過來。

新疆的刨冰有一個有意思的解釋，即「傻子和笨蛋吃的」。此說法來自一個鮮為人知的典故，說是把刨冰和優酪乳和在一起，喝起來好是好，涼爽是涼爽，但二者皆為涼性之物，吃多了會讓人腸胃不適，特別是胃寒的人更會受折磨。於是人們把熬好的糖稀放進刨冰，因為糖稀是熱性的，不但解決了刨冰過寒的問題，還增加了新鮮的口感。而不知道加糖稀的人，一直那樣喝著刨冰，會被喀什人取笑為傻子或笨蛋。後來我才知道，除了糖漿外，喀什人還將蜂蜜放入刨冰，也有別樣的口感。

刨冰在中國歷史悠久，亦有趣事。唐代文學家裴晉公喜食「魚兒酒」，那「魚」與真魚無關，僅有魚的影子，為裴晉公獨創。每年進入寒冬，他選精緻冰片，用小刀精刻出小魚狀，放入冰窖冷藏。待逢節日，他便在家請客食「魚」。他先將酒燒沸，然後酌入盞中，每盞中投一「魚」

進去，招呼客人：請飲魚兒酒。客人皆嚴肅，飲酒的同時，恍若吃到了魚。

在宋代，皇家和民間的藏冰都極具規模，人們在夏天將大量的冰塊從冰窖中拿出來使用，民間亦有非常活躍的藏冰買賣。唐宋兩朝，人們食冰的方式有兩種，一種是將冰塊化成涼水，即冷飲。另一種是將冰塊敲成小塊放入食物中，即冰食，也就相當於今天的刨冰。據《宋史》記載，朝廷重臣在四時八節會受到皇帝的特別賞賜，其中在伏日這一天，賞賜物即「蜜沙冰」。沙，指的是豆沙，而「蜜沙冰」就是澆上蜜，放上豆沙的冰，也就是刨冰。賞賜物中還有一種「乳糖真雪」，就是在碎冰上撒上煉乳，與現在的「霜淇淋」極為相似。

我喝刨冰有一個習慣，要先觀賞一下刨冰的融化過程，親眼看見各種調配原料的味道散發至最大，並細心觀看如雪狀的冰晶與鮮嫩欲滴的水果、各種飲料融為一體。然後才端起杯子，用小匙快速攪拌，其醞釀和期待的心理過程妙不可言，尤其是參與感亦讓人欣悅。攪拌好了，舀一小匙放入口中，讓冰晶正面接觸舌頭中部，這是讓刨冰風味直達味蕾的最佳方法，如果嘴裡含滿刨冰輕抿嘴唇，讓多層次的味道散發在整個唇齒之間，則感覺更好。喝下刨冰，可閉上嘴巴體驗水果冰的香味，用嗅覺去感受它的細滑甜爽。最後再回味一下，唇齒享受了冰的涼、甜、香的美感後，帶出的深意會浸遍全身，人很快就涼快了。

在喀什市馬勒巴格鄉，我接觸到了在當地做刨冰生意的老闆吐洪江。他在每年「三九四九凍死狗」的季節，雇三十個人到十八村的大亞郎水庫採冰，然後運入冰窖中儲備到夏天，供給喀什大大小小的優酪乳店、冰淇淋店和冷飲攤點。我就是受吐洪江影響，從此把加冰的優酪乳、冰淇淋和冷飲等直接叫刨冰。到了酷熱的夏天，只要聽到「刨冰」二字，便知道有東西可用來解渴了。

新疆人喜歡把所有事情都簡單地表達，聽習慣了便能明白是什麼意思。譬如刨冰，一旦被加進優酪乳，便馬上改稱為優酪乳刨冰，僅這四個字就能帶來涼意。

我第一次去找吐洪江，他外出不在家。返回的路上，朋友說起喀什的一個人數孩子的事，大家覺得頗有意思。後來我在喀什作家劉學傑的一篇文章中讀到了敘述那件事的文字：「司馬義阿洪的十個孩子睡覺後，每天要清點人數。這麼多人擠在一個大炕上，地下二十只鞋子交錯混雜，數鞋子已數不清楚了，他就每天站在炕前，點著孩子的腦袋清點：『必，西該，約去，挑梯，拜西，奧呆，葉呆，賽格斯，脫勾斯，翁（一、二、三、四、五、六、七、八、九、十）。』數夠『翁』，他才放心回屋睡覺。突然有一天，他點了三遍也不夠『翁』，驚慌地大吼了一聲：快給我起來！九個孩子站在炕上排成一隊，確實差一個。此時，已是凌晨一點了，這孩子到哪裡去了呢？叫人啼笑皆非的是，丟掉的孩子是哪一個呢？司馬義阿洪又點起大名來，結果，差的是老六『庫來西』。當夜全家大小分頭去尋，在他的同學家裡找到了，虛驚一場……」

我對吐洪江在冬天採冰的事感興趣，經朋友聯繫，跟他去看了一次。那天很冷，我穿了厚厚的軍大衣，仍感覺寒冷像刀子一樣往身體裡刺。吐洪江設計了一台切冰機——在一個小車上安裝了柴油機，前面裝一個電鋸圓盤切割片，屬於電動作業。就是這樣一個切冰機，一天切割出的冰塊要六輛拖拉機不停地跑六趟才能拉完。

因為操作切冰機有危險，弄不好，切割片打碎或破冰飛出，會傷及到人，所以操作者是吐洪江的弟弟艾力江。只見他頭戴摩托車手用的封閉頭盔，身上層層疊疊地穿了雨衣和布衣，儼然是外星人正驅趕鋼鐵怪獸，在某個星際長河中開河破冰。

吐洪江雇來的三十個人，用鐵鉤鐵叉把切出的冰塊或推拉或撬杠，刷的一聲就到了岸邊。

後來我又跟著吐洪江去看了他的兩個大冰窖，一腳邁進去便有一股寒氣浸得臉生疼。他的冰窖很寬大，從窖底到窖頂可以摞十二層冰，如果有縫隙就用碎冰填實，只有這樣才不會讓空氣流通，避免冰塊化掉。吐洪江對縫隙的重視程度比對冰塊還專注，一問才知道，他每年採冰要花去十餘萬元，如有不慎弄出一冰窖化水，就會讓他賠得血本無歸。

檢驗冰窖溫度的方法也很有意思，如果溫度高了，事先放進去的一碗牛奶就會起泡，吐洪江就會敲碎幾塊冰讓其降溫。如果溫度低了，則會牽幾隻羊進去，利用它們的呼吸和體溫提高溫度。等到夏天來臨，吐洪江把冰塊出售給各個優酪乳、冰淇淋和冷飲的攤主，於是在喀什大街小巷、各個巴扎、飯店和飲料店，那些冰塊被人們用刨刀一層層刮下，很快就與人們的口腔和舌頭相遇。

至今已有好幾年沒有吃刨冰了，每到酷夏便總是想起吐洪江的冰窖。如果能夠再去喀什，一定先吃他做的刨冰，然後到他的冰窖中避暑一番。

奶茶

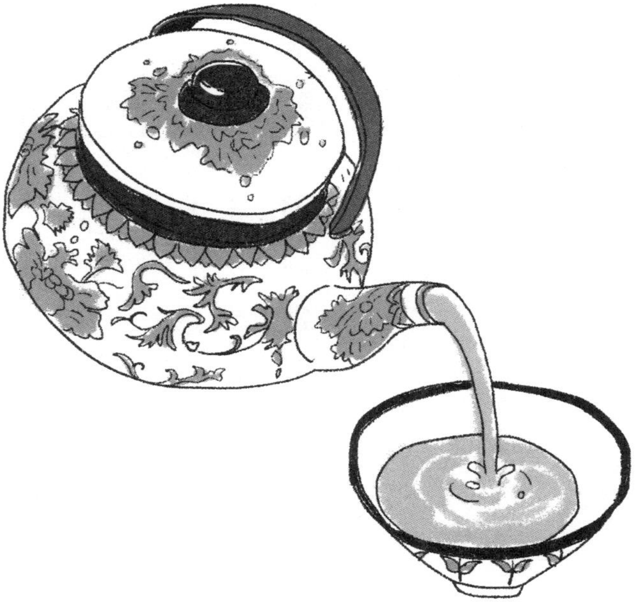

十餘年前在白哈巴村，一到下雨天，村裡人都在家中喝奶茶。白哈巴村一帶陰濕，如果下雨就更冷了，讓人覺得雨水攜帶著冷颼颼的刀子，不聲不響地撲進村子，像要剜進人的骨頭裡。

在下雨天要喝奶茶，而且是一碗一碗不停地喝，直至喝透，喝飽，方可抵抗山中的寒氣。

新疆產茶不多，但卻很有特點。譬如羅布麻茶，以生長在沙漠鹽鹼地帶的羅布麻為主要原料，相傳是由古代樓蘭人親手培育，摘採，並加工製成。再譬如沙棘茶，又叫黑刺，多出於阿勒泰一帶。還有昆侖雪菊，又名「血菊」，其金色花朵經沸水沖泡後，湯汁呈現出猶如琥珀一般的絳紅色，飲之淡稠適中、甜潤爽口，為人們所鍾愛。

新疆的藥茶久負盛名，具有健脾胃、消食、祛風、散寒、通經等功效。藥茶以小豆蔻、肉豆蔻、肉桂、丁香、孜然、胡椒、乾薑、蓽澄茄等加工而成，南疆人，尤其是和田人常飲藥茶，並有專門的藥茶師。

在白哈巴有一句諺語：只要你來找我，就是朋友。只要你是我的朋友，進門就有一碗茶。這裡說的一碗茶，指的是奶茶。白哈巴村後面是雪山，因為終年不化，便覺得那雪非常古老。人們在喝奶茶的間隙，會面無表情地看幾眼雪山。只有在白哈巴這樣的地方，可見到大雨與雪山同在，有時候好像大雨淹沒了雪山，但大雨像一條顫抖的尾巴，一晃又被雪山壓到了低處。不管天氣如何，人們都熟視無睹，不會把手中的奶茶碗放下。

等到又一場大雨下起，我進入一戶人家。還沒等我開口，主人便說，雨嘛下它的嘛，我們嘛奶茶喝上嘛，把身體裡面和外面都喝熱，就舒服了嘛。他在火堆上架上茶壺，加大火把水燒開，然後放進茶葉開始煮。

我看著壺裡的動靜，很快，茶葉便翻滾起來，茶水的顏色越來越濃。主人拿一個木頭勺子不停地攪動，似乎好喝的茶是攪出來的。我在一邊耐心看，也耐心等。等主人攪得差不多了，把茶水倒入碗中，加上羊奶，碗中的茶水便變了顏色，呈現出淡白色。但很快，淡白色淡去，呈現出略灰但又帶有暗黃的顏色。大家議論，這應該是什麼顏色？主人笑著答曰，什麼顏色，就是奶茶的顏色嘛，難道奶茶不應該有顏色嗎？我們一笑，遂認為主人所言極是，這就是奶茶的顏色。主人舀一小勺嚐了嚐，又放進去一把鹽，喜悅滿足之情溢於言表。

一壺奶茶就是這樣完成的。

主人又端來一盤饊子，一碟酥油，把碗一一擺在我們面前，提著茶壺把奶茶倒入碗中，示意我們根據自己口味加酥油即可。我舀了一勺酥油放進奶茶中，表面立刻泛開一層金黃的油花。這個好，喝之前先看看好看的油花也不錯。等那層油花浸開，我估計可以喝了，便端起碗喝了一口。真好喝，既有茶水的濃烈，又不失奶汁的醇香，再加上酥油的厚膩，舌間便有了強烈的味覺衝擊力。我把碗晃晃，想讓那層油花浸入奶茶中，但油花翻滾了幾下仍浮在表面，我這才知道，酥油不會浸入奶茶中，也許人們喝奶茶喝的就是這個味道。

我喝完一碗，主人提起茶壺又要給碗裡添上，我忙表示喝了一碗已經夠了，他不高興地說，你來了，我的奶茶有哩，你作為朋友的意思嘛，只有一點點，不行，必須喝兩碗才能從我的房子裡出去！

他邊說邊倒茶，結果壺中的茶卻不夠了。他一臉窘迫，極為利索地又燒了一壺。等到我喝完第二碗，他才笑著說，現在我告訴你必須要喝兩碗的原因，你嘛，用兩條腿走進了我家，喝兩碗奶茶，再用兩條腿走出去，圖個吉利嘛。噢，多麼好的寓意！

幾年後再次去白哈巴，村中因為旅遊開發，已發生了很大變化。路修成了水泥路，牧民騎著馬從不上路，而是在路邊的草地上奔跑。記得白哈巴先前長滿松樹，村中彌漫著一股濃烈的松香味，現在聞一聞，那美妙的味道還在。

村莊變了，但多雨的天氣卻未變。我們到達的那天晚上便下了一場大雨，一整夜都聽見屋外雨聲不斷，林濤洶湧，心想明天恐怕還會是大雨，得窩在房子裡待一天。不料第二天早上一推開門，是一個大晴天，山間連一絲霧也不見，牛羊正歡叫著，前往村前的草場。我們吃過早飯後去村後山坡上的幾戶人家，一番爬坡鑽林，終於在腰酸背痛之際到了一戶人家。感到口渴，便問女主人能否給我們一點水喝，女主人聽不懂漢語，從屋後喊來一位小姑娘，她在縣城小學校學的是漢語，說家中的奶茶一壺十五塊錢，我們想喝的話很快就能弄好。我們正求之不得呢，便讓她趕緊去燒。很快，一壺奶茶便擺在了院子裡的木頭桌子上。我喝了一口，一股溫熱而濃厚的奶茶味便在口腔中浸開，渾身也熱了起來。我們坐在院子裡喝奶茶，曬太陽，想起上次喝兩碗奶茶的說法，便和小姑娘聊起這個話題，她不多說話，但很顯然，她也知道那個說法。喝完奶茶付錢，我給了小姑娘一張二十元的鈔票，她找回我五元。我把那五元錢給了她的小弟弟，她說我不會算帳，奶茶的錢已經付過了，那五元錢是找回給我的，不是她弟弟的。我又解釋一遍是給她小弟弟的，她急紅了臉，一定要把錢塞回我手裡。我妻子說，這是大人給小孩的錢，是疼愛小孩子的意思，她這才讓弟弟把錢裝進了口袋。

我們離開時，小姑娘送我們到柵欄跟前，叮囑我們如果再來白哈巴，還去他們家喝奶茶。多麼好的小姑娘，我們記住了你，也記住了你們家的奶茶，下次一定還到你們家坐坐。

現在，我很想喝一碗圖瓦人的奶茶，但想起白哈巴那麼冷的大雨，渾身不由得一顫。

羅布麻茶

茶之奇事頗多。魯迅先生在《古小說鉤沉》中記有一事，說上古時，丹丘一帶出大茗茶，服之能生出羽翼。此說法如果說的是人，那麼人生出羽翼作何用處？魯迅先生只是提及了此事，卻並未做任何解釋，想必是因為上古之事，神乎奇乎，沒有答案。

另有一事很詳細，說有一余姚人，名曰虞洪，某日在山中遇一道士，被引至瀑布前說，他是丹丘人，聞之虞洪善用具飲茶，故斷定虞洪仁惠，並告之，此山中有大茗茶樹，採下好茶，用茶具飲之最佳。他不久將離世，所以寄望虞洪，囑虞洪將這一祕密傳世。那道士說完那番話後，去了哪裡，無人知道。但此事有兩點好，其一，道出飲大茗茶必配茶具，極富現實溫度。其二，人間傳承，見美德，亦見人心。這樣的事，讀來頗為有趣。後來，虞洪在山中立碑，祭祀那道士，並讓家人入山，果然獲得大茗好茶。

產於新疆的羅布麻，亦有趣事。大約在兩千年前，羅布麻有一個好聽的名字——東方的葉子，想必是羅布麻沿著絲綢之路到西方後，得了此名。其實，東方的葉子一說，指的是茶葉。也就是說，羅布麻很早時，就已經被人們當成茶葉在喝。

羅布麻產於塔里木河和孔雀河一帶，此兩地屬羅布泊範圍，所以它的名字中便有了「羅布」二字。新疆人說起羅布麻，從語氣可明顯地感覺到，他們不是在說一種茶，而是在說一種神奇的事物。與人們細聊羅布麻才知道，人們不僅僅把羅布麻當茶喝，而是將其當成了養身健體的補品。譬如喝羅布麻茶，有平肝安神，清熱利水的功效，可用於緩解肝陽眩暈，心悸失眠，水腫尿少，高血壓病，神經衰弱，腎炎等症狀，適用於中老年人、高血壓、高血脂、心腦血管等疾病的人群。

有一年五月，我在塔里木河邊見到一片羅布麻，它們只開粉色小花，花香並不濃郁，身姿也不妖嬈，實為常見的樸素植物。於是便想，從任何一株植物或一根草，其實是看不出名堂的，要想細究其不同凡響之處，還得經過長時間的親身實踐，才能知道其益處所在。在這方面做得最好的是李時珍，他走遍山川大地，親口嘗試過無數種植物，判斷出其中對人體有用者，並寫下一部《本草綱目》。

羅布麻在《西域水道記》中也有記載：「羅布人用胡楊做舟，曲木為罐，劈梭梭為柴，插蘆葦為室，織野麻為衣，取羅布葉，花代茶飲已有千年之久。」那時的人們生存得極為不易，放眼望出去，能吃能喝者不多，所以只能就地取材，建屋做衣。住的穿的可勉強應付，但吃的食物卻勉強不得，於是乎人們小心嘗試，終發現羅布麻葉可泡水飲用，遂將其當成了茶葉。羅布麻茶最早被譽為神茶，後又有野茶、夾竹桃麻、茶花麻等稱呼。但新疆是一個不產茶的地方，加之僅僅被生存在羅布泊一帶的羅布人飲用，所以沒有得到傳名出去的機會，乃至到了今天，在新疆也並不為眾人悉知。

早先在羅布泊的樓蘭人，和羅布麻有數千年的淵源。一九〇〇年，斯文．赫定在嚮導奧爾德克的帶領下，發現了樓蘭故城。他們出土的美女乾屍身著羅布麻衣，可見兩千多年前樓蘭人穿的就是羅布麻。當然，歷經兩千年的羅布麻衣出土後很快就氧化腐朽了，斯文．赫定正在遺憾，一扭頭卻看見奧爾德克身上穿的正是羅布麻衣，於是他轉憂為喜。從奧爾德克嘴裡打聽到，當時的確還有人穿羅布麻衣。奧爾德克是奇人，自小在河邊長大的他水性極好，在水裡捕魚和抓鴨子時遊走如飛。不僅如此，他還能背百斤左右的麥子從河的一邊遊到另一邊。他父親看到兒子有那樣的本事，便高興地大叫：「我的奧爾德克兒子，我的奧爾德克兒子（奧爾德克，意為鴨子）」。他的本名叫烏斯曼，但被他父親那樣一叫，人們便都叫他奧爾德克，反而忘了他的本名。奧爾德克身強力壯，是塔克拉瑪干沙漠中的活地圖，正是他給斯文．赫定當了嚮導，並且在發現了樓蘭古城後告訴給他，才使斯文．赫定在考古界贏得大名。但因為他只是偏僻一隅的打魚人，加之沒有話語權，所以發現了樓蘭的人，便被國際考古界認定是斯文．赫定。奧爾德克對此一無所知，在斯文．赫定離開後，他仍然穿羅布衣，天天喝羅布茶，過著與世無爭的生活。後來，他雙目失明，在七十八歲那年病故。

史書記載雖然可靠，但卻缺少新鮮細節，若想找到活潑的趣事，還是和人脫不了關係。譬如人們最早發現羅布麻的用處，是將其枝葉用於做草帽，戴在頭部有一股涼意，可起到醒腦安神作用。後來人們將羅布麻纖維紡織成衣，穿上可治療頭暈、感冒等疾病。

漢代的張騫雖然出使西域時非常艱難，但他一路卻喜歡觀察植物和蔬菜。也許他在這方面天生靈異，見樓蘭人多將羅布麻泡水喝，便帶了一些回去呈敬給漢武帝劉徹。劉徹嚐過後頗為欣喜，下令將羅布麻從西域運入長安，讓宮廷人員製成茶葉供他飲用。此後，羅布麻茶便成為他的常備茶炊，因此他活了七十一歲。乾隆在紀曉嵐的書中看到羅布麻茶頗具神效，亦將羅布麻茶定為宮中御品，從此享受羅布麻茶的食療效果，活到了八十九歲，是中國歷史上最長壽的帝王。從漢武帝到乾隆，再到如今羅布老人之長壽，都與長期喝羅布麻茶密不可分。因此，如今的人們說到羅布麻，必然要提羅布麻茶，並習慣性地強調它對人體的好處。

羅布麻的另一魅力在民間綻放。人們收割羅布麻後，將最好的部分用於編織漁網，次者用於製衣、織毯、泡澡和裝扮洞房。人們還會將羅布麻絮和羊絨混合紡織，或做成帕拉孜（地毯），或做成袷袢（外衣），可謂物盡其用。

每到五月的第一場暴雨前，常見人們忙於採摘羅布麻花。其時，花瓣初長成，被採回後收藏。一旦有人生病，就用熱水沖服，其療效頗為明顯。我有一次在庫爾勒的一家餐廳，聽說有羅布麻茶，便點了一壺。倒入碗中後，其湯色略黃，似乎有什麼凝在裡面不動，手一晃卻漾起漣漪，一圈圈擴散開復又凝攏來。喝一口覺得味道略淡，倒也爽口。

羅布人逐水而居，穿羅布麻衣，喝羅布麻茶，吃羅布麻粉，抽羅布麻煙，人們以為他們是被時間遺忘的人。結果有一年，全國統計出三千七百餘名百歲老人，羅布人就有八百餘名。又一年統計健康百歲老人十九名，羅布人又占六名。這個遙遠的地方，一時令世人驚奇。

塔里木河流域多羅布麻，亦多百歲老人，他們鶴髮童顏，耳聰目明，有人笑談他們做新郎也沒問題，更別說下地幹活和打魚了。他們得益於天賜大漠神物——羅布麻茶，長年用羅布麻葉和花瓣泡茶飲用，便延緩衰老，延年益壽。

我曾在一戶羅布人家吃過飯，抓飯上來後他們只吃少許，拌麵上來亦只吃幾口。我以為他們因年長便少食，但他們吃飯的時間持續得很長，飯畢後吃核桃，吃完核桃又吃紅棗，然後又接著吃葡萄、西瓜和杏子，最後喝一碗羅布茶，然後是一臉的心滿意足。他們勸我吃一些水果，無奈我將抓飯和拌麵吃得夠飽，已吃不下任何東西。

黑磚茶

新疆人喝了數十年黑磚茶，喝出了感情，亦深知黑磚茶對身體的重要，於是便創造出一句諺語：一天不喝茶，三天都頭疼。

二十餘年前在部隊，我的一位新疆籍戰友每天晚飯後都會在連隊的院子裡煮黑磚茶喝。他煮黑磚茶頗具儀式感，先將黑磚茶掰成小碎塊，放入小壺中煮到火候，卻不直接喝，而是倒入碗中，復又倒回壺中，如此反覆三五遍才開始喝。問及原因，他說那叫「燙心茶」，要掌握好湯汁的滾燙度，喝時如暖流襲身，喝畢出一身大

汗，可以帶出體內的毒素。有一戰友問他那樣喝茶，到底是為了口福，還是為了養生？他一笑說，你問的兩個問題，其實是一個問題。說著，他晃了一下手中的茶說，這個黑磚茶，喝了既有口福也能養生。

他手裡的黑磚茶，其實是茯黑磚茶，其形似餅，是經過壓製等加工步驟的，看上去瓷實厚重。茯黑磚茶最早產於湖南，所以又叫湖茶，曾經在很長一段時間內銷量極大，全國各地人喝的都是此茶。湖南人做茯黑磚茶，專在酷熱的三伏天。其時，人們汗流浹背，嚴格遵循每一道工序，將茶製作成餅，然後銷往大江南北。因為是在三伏天製作而成，故又稱為茯黑磚茶。

我嚐過一次那位戰友的黑磚茶，湯釅紅又透亮，味道濃烈但不苦澀，既清香又順暢。當時的部隊管得嚴，但卻容許那位戰友生爐子煮茶，一則因為他是老兵，二則喝茶倒也無大礙。夏日大家怕熱，大多不到他的爐子跟前去，只有他一人在那兒喝茶。有時見他喝得一頭大汗，襯衣已濕得貼在了身上，亦喝得不亦樂乎。到了冬天，戰友們一見他的爐子冒煙，便湊過去要一兩碗喝，身上很快便暖和起來。他喝的黑磚茶由家人定期寄來，他每每收到寄來的黑磚茶包裹，臉上都會浮出喜悅的神情，腳步也會輕快很多。

後來，我在新疆走的地方多了，發現新疆人都喜歡喝黑磚茶。黑磚茶至今在新疆的銷量仍然很大，主要是因為新疆人多食牛羊肉，尤其是吃烤羊肉串、抓飯、烤包子時，必然要喝。黑磚茶好像能讓人上癮，我喝過幾次後，便覺得再好的龍井、毛尖、碧螺春和鐵觀音，都不如黑磚茶有口勁，以至於去飯館吃飯，總是習慣性讓服務員泡一壺黑磚茶。如果飯館中備有黑磚茶，就會馬上倒一碗。如果沒有準備，服務員會去後堂，不一會兒也會端來一壺。

慢慢地便明白，以牛羊肉居多的新疆飯菜，配黑磚茶可去油膩，清腸胃，是十分科學的飲食方法。但我發現，大多數人並不考慮這麼多，只是喜歡黑磚茶的味道，亦喜歡喝黑磚茶時的氣氛。黑磚茶味重，飲之首先解乏，其次便宜，每家每戶都喝得起。

新疆人是缺不了黑磚茶的，所以，原產於湖南的黑磚茶，被新疆人喝出了邊疆特色。譬如在牧區，有一種「以物換茶」的習俗，物指的是羊，用其換取的黑磚茶則成為重要的生活必備品。每年入冬前，牧民們會將經過一個夏天食草後膘情差，難以過冬的羊淘汰出羊群，與專門販賣羊的人換黑磚茶。一隻羊換的黑磚茶，可以喝一個冬天。牧民常說：黑磚茶是穿在肚子裡的皮襖，哪怕天再冷，只要一碗黑磚茶喝下去，渾身就熱了。

如今，上了年紀的新疆老人還保持著喝黑磚茶的習慣。他們的早餐往往是一碗黑磚茶，一個饢足矣。老人大多牙不好，但黑磚茶卻能幫忙。他們掰一塊饢，在茶水中蘸一下，乾硬的饢立刻就變軟了。至於年輕人，吃牛羊肉時也必然會喝黑磚茶，黑磚茶的那種濃釅的湯汁，配以肥厚的牛羊肉，已成為一種固定的吃法。我這麼多年已養成這種習慣，如果吃烤羊肉串、手抓肉和烤羊排，沒有一碗黑磚茶，便如同新疆人常說的：心裡乾揪揪的。我相信，黑磚茶能在新疆一直被人們喝下去。

與黑磚茶有關的故事也多。在地處北疆的一個邊防連，聽到一匹馬和黑磚茶有關的事情。那個邊防連附近有水，卻無法飲用，只好用馬到山下的河中去拉水。戰士們打造了一輛拉水車，用馬一天拉三趟，除了保障連隊使用外，另送一些給附近的牧民煮黑磚茶喝。

剛開始，每拉一趟都必須有人跟著，後來有一次，一位戰士不想來回跑，裝好水後對拉水的馬說，你已經跑了無數次，應該認得路了吧？今天你試著單獨拉一次。馬好像聽懂了他的話，便拉著水車走了。它確實認得路，拉水回去保障了連隊做飯用水，亦讓牧民每天都能喝上黑磚茶。

從此，拉水的戰士只要把水裝好，對它說一聲，回去吧，它拉起水車便走。那個戰士得著了空閒，索性躺在石頭上休息，嘴裡唱道：早晨一杯茶，賽過十七八。中午一杯茶，勁靠牛馬拉。晚上一杯茶，消食又解乏……歌是附近的牧民喝黑磚茶時唱的，那戰士記住了歌詞，卻不會曲調，只能南腔北調地唱。

那匹馬到了連隊，炊事班的戰士把水卸下後，也對它說一句，回去吧，它便又向河邊走去。就那樣，它在一條路上來回走了四年。牧民說，沒有解放軍的馬，我們就喝不上黑磚茶，喝不上黑磚茶，就沒力氣放牧。

後來，連隊有了自來水，那匹馬就「失業」了。戰士們圍著水龍頭洗臉，洗衣服，多好的水啊，想怎樣用就怎樣用，想用多少就用多少，那種用水如油的日子終於結束了。那匹馬望著水龍頭，在院子裡走來走去，走到負責拉水的那個戰士門前，便停下朝裡面張望，過一會兒又轉身走了。後來，它不再在院子裡走動，臥在院子外面，一會兒望望天空，一會兒望望遠處的樹。有人在附近走動，它便盯著看，直到他們消失才低下頭。

牧民們心疼它，說他們如今喝上了自來水煮出的黑磚茶，方便確實是方便，但卻讓一匹馬閒了。馬怎麼能閒呢？讓它們閒著，比要它們的命還難受。但他們改變不了一匹馬的命運，嘆息幾聲後遂沉默。

有一天早晨，戰士們發現它不見了。有人在昨晚曾聽見它叫過幾聲，然後有蹄聲駛向遠處。大家一致斷定，它離開連隊去了草原。大家隱約感覺到它離去的原因，不知該說什麼。

兩年後的一天，它突然又回來了。它在外面流浪了兩年多時間，渾身瘦得沒有一點肉，毛長得又雜又長，還有樹葉夾雜在其間。戰士們心疼它，便給它洗澡，餵它好吃的東西。大家都覺得它能夠回來，以後會把這裡當家。牧民見它回來亦很高興，這幾年他們已覺出，自來水煮出的黑磚茶不如河水煮出的好喝，那河裡流的是積雪融化後的雪水，清冽、潔淨和甘甜，煮黑磚茶再好不過了。他們對那匹馬說，你回來了就不要再離開了，以後給我們拉水，我們喝黑磚茶就靠你了。它似乎聽明白了，又似乎沒有聽明白，沒有任何反應。

第二天早上，戰士們在水龍頭下洗漱，那匹馬看見水龍頭裡流出的水，痛心疾首地叫了一聲，衝出院子奔向了荒野深處。它又走了，從此再也沒有回來。

只要沿途有氈房 走一年也餓不著

錫伯大餅

十餘年前，我偶然在烏魯木齊的一家餐廳，發現有錫伯大餅，吃過後滿心歡喜，之後便常去吃，以至於不覺間持續了十餘年。

人常說，十年店不可住，十年飯可常吃。看來有一定的道理。

食物在歲月中延續，其實少不了人的相隨。我喜歡那家餐廳的原因有兩個，其一，它們一直做錫伯大餅，去了不會落空。其二，那家餐廳的樓頂敞亮，夏天開著玻璃窗有涼風，冬天可邊吃邊賞窗外的雪景。

餐廳老闆叫傅加力強，熟悉後我稱他傅加。每去他的餐廳不用點菜，他按照我的習慣上一小份錫伯大餅，一碟花花菜，一盤椒蒿炒馬鈴薯絲，一碗包穀粥。有時為了吃得舒服，便餓著肚子去。有時忍不住饞勁，去了卻吃不了多少。

吃東西，無論吃多吃少，讓嘴巴過癮足矣。

有如此享受，便約要好的朋友常去。吃畢準備回家，有一朋友提議找個地方喝酒，立刻遭到傅加反對。他說，你們剛吃了沒有大魚大肉的錫伯大餅，也沒有喝酒，是多麼舒服，千萬不要破壞了這難得的享受。

就那樣和傅加成了朋友。

曾看過傅加做錫伯大餅的情景。他將發好的麵揉好，用擀麵杖擀成圓形，然後將麵餅卷在擀麵杖上，放入圓形的平底鍋中，用文火慢慢烤熟。他做出的大餅不焦不嫩，不軟不硬，其熟透的顏色就像和煦的陽光，誘惑人的腸胃，把溫暖漫延到心裡。

傅加對生活在新疆的錫伯族的歷史瞭若指掌。他說，清政府在二百多年前曾做出一個決定：為鞏固西北，尤其是新疆邊防，在東北徵調錫伯族軍民三千餘名，遷往新疆北疆（伊犁）駐防。這批人在路上走了十七個月，用雙腳走出了一條西遷之路，最後到達了目的地伊黎河畔。他們在西遷的路上，每天吃發麵餅，便把酵麵帶到了伊犁，隨後，又傳到了塔城、烏魯木齊等地。

錫伯大餅因為用民族的名字打頭，所以名氣大。而錫伯族也是一個十分注重禮儀的民族，也有一些禁忌。比如睡覺時脫下的褲、鞋、襪等不能放在高處。不能從衣帽、被子、枕頭上跨過。吃飯時不能坐門檻或站立行走。嚴禁用筷子敲打飯桌、飯碗，或把筷子橫在碗上。遞刀給別人要刀尖朝自己，刀把朝對方。忌食狗肉，族內同姓禁止通婚等等。

錫伯人打圍有個古老的習俗，不論獵取的野味多少，所有參加者無論大小都是平均分配，即便過路人碰到分獵物時，也毫無例外地分得一份。不過，獵物的頭和蹄子應分給首先命中者，作為一種獎勵。錫伯人認為，獵物是大自然賜予大家的，不是屬於哪一個人的，不能獨占。

傅加自小在本民族歷史的薰陶下長大，長大後卻在美食方面表現出了天賦。依稀記得，他把一盤剛出鍋的錫伯大餅端上桌後，常常會分析一番。有一次他說，很多人都會為錫伯大餅鬆軟勁道

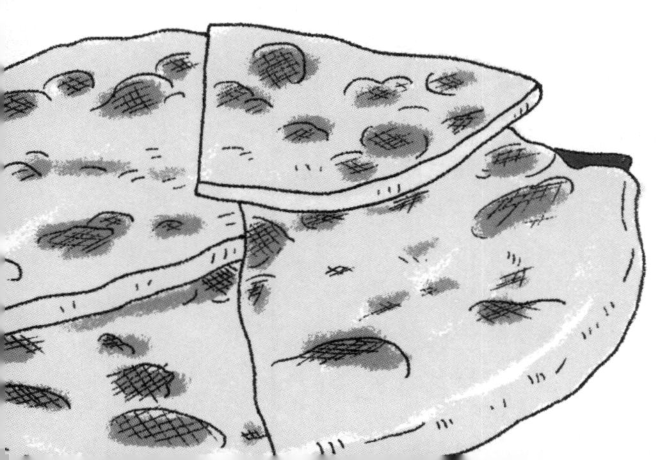

的外觀，散發著撲鼻的麥麵味道而心動，這大概就是錫伯大餅最主要的特點，樸素、親切和實在。人雖然都喜歡吃美味珍饈，但樸素的味覺一旦被喚醒，同樣勢不可擋。錫伯大餅是日常生活的脊樑，支撐著人們從容、坦然和自在的生活，所以它作為錫伯族人最愛吃的食物，其出現頻率之多，像南方人的米飯、北方人的麵食，以及其他少數民族的奶茶、奶酒和風乾肉一樣，在餐桌上不可或缺。

也就是從傅加嘴裡知道，錫伯族人吃錫伯大餅，喜歡當天烤出的，出鍋即食。錫伯大餅鬆軟、清香和溫熱的味道，已成為牢固的味覺記憶。有一次在他的餐廳，見有那麼多人在吃錫伯大餅，便忍不住問，大餅可是一張一張做出，供得上那麼多食客嗎？他說，這個餐廳存在的理由，就是一張大餅，如果連大餅都做不好，早就沒人來了。

傅加的錫伯大餅獨好，並配有類似於下飯菜的花花菜，以及夾入錫伯大餅中的辣椒醬，樣式正統，味道純正。我曾親眼看見他將韭菜、蓮花白、紅辣椒和皮芽子切碎，然後醃製成花花菜。花花菜既有涼拌菜的清爽，也有鹹菜的脆嫩，其口感頗為獨特。

我每次去吃，傅加都早早地將錫伯大餅擺放於桌上。我到了之後，根據自己的喜好，或夾一些花花菜和辣椒醬在餅上，卷成筒狀，或將大餅從中間慢慢揭成兩層，把花花菜和辣椒醬夾進去後合攏，然後捏住邊沿開始吃。不論是哪一種吃法，均頗具形式感，而且咀嚼有味。

有幾次邀十餘位朋友去吃。傅加一看來的人多，便配上涼拌的豇豆、切塊的血腸，還有一盆椒蒿燉魚、手抓羊肉、爆炒雞肉，最後是一盆揪片子。大家都喜歡錫伯大餅，別的菜吃不了幾口，手裡便又是一塊錫伯大餅。

有朋友不知道吃錫伯大餅有講究，大餅上桌，拿起就吃，傅加趕緊示範：吃錫伯大餅要講究正反兩面，分別寓意天和地，吃時不能將其混淆。大家便不敢動手了，聽他詳細介紹一番後才知道，「天」即大餅有大花紋的一面，而「地」則為有細小花紋的一面。也有人將「天」稱大花，將「地」稱為小花。擺放大餅時要看清楚，必須要把大花的一面朝上，小花的一面朝下，即天壓地的意思。

一次與傅加聊天，他說他將來要去研究歷史，我覺得他聰明，知識結構也不錯，就順口鼓勵了他一句，不料幾年後的一天才發現，再也聯繫不上他了，也許他全身心投入到某個課題，去做田野調查了。

傅加走後，那家店改成了湘菜館，因為經營不善，很快便停業了。後來聽到傅加的消息，說他回伊犁後結婚了，想必他娶的是一位錫伯族姑娘。記得他給我說過，錫伯大餅直接影響錫伯族女人的命運，因為衡量一個錫伯族女人要看三點：灶台是否乾淨，丈夫的衣領是否有黑垢，大餅是否烙得好。他還告訴過我另一風俗，說出嫁的錫伯族新媳婦，第一次為公婆做早餐，烙出第一張錫伯大餅會偷偷吃掉，因為第一次為公婆做飯難免心情緊張，掌握不好火候。第二張錫伯大餅烙好後，則悄悄把丈夫叫進廚房品評。之後，新媳婦才有自信將第三張錫伯大餅呈現給公婆。

去年的一天，突然接到傅加的電話，說他的妻子學歷史專業。他們二人從新疆出發，要逆向走一遍當年祖先們走過的路，其終點當然是東北。他說這是一個民族的事，比一個餐廳大多了。我相信他能完成，遂在電話中送去了鼓勵和祝福。

如今，傅加和妻子可能還在路上。西遷是他們的祖先在天地間走出的路，一路上，錫伯大餅給了他們力量，讓他們慢慢走向遠方。

路再長再遠，想必他們也不會畏懼，因為人和天地一起活著。

沙爾闊勒

先前聽人說沙爾闊勒好吃，但因為不知沙爾闊勒的意思是什麼，便不知是什麼樣的食物，只是記住了其通俗的說法——吃山喝湖。

為什麼吃的是山，喝的是湖？

不解。

後來去帕米爾次數多了，亦接觸了不少柯爾克孜族人，從他們的嘴裡得知，沙爾闊勒是柯爾克孜族的美食，帕米爾多高山湖泊，他們天天看山，天天看湖，看得多了，便要把食物做得像雪山和湖泊一樣，然後吃掉。如此一說便明白了，沙爾闊勒就是像山亦像湖的一種食物。

生活在帕米爾高原的柯爾克孜族人，其名稱含義有多種，包括「四十個部落」、「四十個姑娘」、「山裡的放牧人」或「草原人」等說法，而他們自己則認為「山是我們的父親，水是我們的母親」。柯爾克孜一詞，與一個叫烏古孜的人有關。烏古孜是一位國王，他很勇敢也很有智慧。但他的一個兒子卻因為與兄弟們不和，帶領他的部落遷到了日陰（北方）的「柯爾」（大山）腳下，在那裡以狩獵的方式生存了下去。烏古孜寬宏大量，不但不認為那個兒子是叛離，而且封其為「柯爾人」，意思是山裡的放牧人。柯爾人逐水草而居，慢慢繁衍壯大，生存地遍布兩座大山。而那兩座大山中，其中一座有十條河，另一座有三十條河，滿足了他們的生存需要。那四十條河流淌向前，最終匯合成葉乃賽河。柯爾人感激河流的養育之恩，遂將葉乃賽河稱為母親河。柯爾克孜族人將山視為父親，將河視為母親的由來，便在於此。

說起柯爾克孜族人，必然會提起史詩《瑪納斯》。《瑪納斯》是我國三大英雄史詩之一，講述的是柯爾克孜族英雄瑪納斯反抗異族侵略的歷史絕響。而英雄瑪納斯的後代們，因吃下像雪山和湖泊狀的食物，他們的心，就會比山高，比湖泊還深。沙爾闊勒作為一道食物，其寓意大概就是這樣。有諺語說：馬是人的翅膀，飯是人的力量。沿著這句諺語，可把人們吃有形狀的食物，理解為向內心索要力量。另有一句諺語：看山看久了，心便比山高。這句諺語，可理解為大自然對人的影響，或者說物我互融，然後昇華。

我第一次吃沙爾闊勒，是在帕米爾高原。那天在一個湖邊閒逛，突然不遠處彌漫起一股塵灰。等塵灰落下，倏然閃出幾匹馬，很快就到了眼前。騎馬者是柯爾克孜族人，問他們要趕重要聚會嗎？他們回答說，馴鷹，很重要，但是已經結束了，我們要回家去。我對馴鷹嚮往已久，便為錯過機會而遺憾。他們寬慰我，明年還有，想看的話到時候再來。

閒聊中，他們說，家裡的沙爾闊勒已經做好了，想不想到家裡去當一回客人，吃一下？雖然不知道沙爾闊勒是什麼食物，但有這等好事自然要去。他們下馬帶路，我跟在後面，很快就走到山腳下的幾座房子前。不用問，這裡是他們的家。進入房內，聞到香味，便猜想是沙爾闊勒的味道。喝過奶茶後，主人端來一盤東西，一邊招呼我坐到桌子邊，一邊說，香香的沙爾闊勒找你的嘴來了。我第一眼看過去，便發現那裡面沒有牛羊肉。柯爾克孜族的食物多用牛羊肉，沙爾闊勒卻不用，看來裡面有學問。

他說，做沙爾闊勒這種飯，用的是你認識的白米、牛奶和酥油，但是現在你只能看見做熟的飯，牛奶已經鑽進了白米身體裡。他說話風趣幽默，但沙爾闊勒到底是怎麼做出的，我還是不明白。他便又說，用牛奶煮出的米飯，顏色會更加的白。他說話間便開始操作了，先取出一個橢圓形盤子，把米飯放在盤沿四周，用手慢慢捏出山巒形狀，再在盤子中央鋪一些米飯，輕撫出盆地的樣子，最後把酥油輕輕倒入進去，看上去猶如一汪湖水。因為湖是由融化的酥油做的，所以這「湖水」便是黃色的。

沒想到無意間的偶遇，讓我碰到了這麼美好的食物，只覺得餐桌上的沙爾闊勒，猶如雪山倒映在金色的湖當中，其精巧的造型，極富藝術表現力，不要說吃，僅僅看就已經是很美的享受。主人用勺子盛上一口飯，伸進盆中的「湖水」裡蘸上酥油，極富儀式感地享用。我依照他的方法試吃，嚐出加了酥油卻並不油膩，反而更加綿軟酥鬆的味道。邊吃邊聊，主人說，他每做沙爾闊勒，但凡有人從家門口經過，必邀請其到家中品嚐。我想起蒙古族人亦有相似的習俗，他們在外野餐時，凡碰到者皆被視為客人，都要被邀請一起吃肉喝酒。

吃完告別，一出門看見湖對面的雪山，便明白人們之所以把沙爾闊勒做成雪山狀，原來是天天看雪山的緣故。

當晚下大雪，我宿於湖邊的帳篷中，臨睡前發現有一群羊站在小山包上，雖然夜色深黑，但仍可辨出落雪已使它們變白。我不知羊在雪夜是否會冷，整夜是否入睡，如果羊是一輩子不睡覺的動物，一個雪夜又意味著什麼？這些問題無解，我遂進入帳篷躺下。

第二天早上，出帳篷看到羊群第一眼，忍不住驚呼一聲——羊被積雪壓著，幾乎全身已經變白，但它們卻一動不動，仍然仰望著湖對面的雪山。

離去時起風了，有雪被風刮到我肩上，我感覺被什麼拍了一下。

羊肚子燜肉

羊肚子燜肉，簡言之，就是把羊肉裝進羊肚子中，埋進炭火中燜熟。

羊肚子燜肉在哈薩克語中叫「闊木別」，是哈薩克族牧民外出放牧時，利用野外現有條件經常做的一道美食。現如今的牧民，其放牧條件已大為改觀，譬如平時騎摩托車放牧，用卡車拉運羊群轉場，發電機和無線電視都也在霍斯中常見，較之以往已發生了天翻地覆的變化。至於羊肚子燜肉，已經很少有人做了，如果想吃，得跟著上了年紀的牧民走很遠的路，到了沒有做飯條件的地方，他們才會做羊肚子燜肉。

我第一次吃羊肚子燜肉，是在木壘的沙漠中。牧民葉賽爾家養長眉駝，他曾帶我去沙漠深處牧駝和羊。臨出門時，他說我們只帶三把東西，到時候在沙漠中吃個羊肚子燜肉。我細問後才知道，他說的是一把刀子，一把鹽，還有一把是孜然等調料，而羊肚子燜肉是什麼，他卻笑而不答。我肯定羊肚子燜肉是吃的，他說到時候你就知道怎麼吃了，現在給你說，你看不見，瞎想還白費腦子。

進了沙漠，他宰殺了一隻小羊，精選羊肉浸泡在鹽水裡，然後開始在沙土中挖坑。他邊挖邊說，闊木別除了羊肚子燜肉這個名字外，還有人把它叫哈薩克肚包肉、羊肚包羊肉、火燒燜肉和燜羊肚肉等。他說闊木別是以前哈薩克族人遊牧時，利用小羊羔就地做出的一種肉食。我問他闊木別翻譯過來是什麼意思，他嫌我懶，說我交了很多哈薩克族朋友，卻不學哈薩克語。他說闊木別在哈薩克語中叫「加吾比熱克」，他漢語不好，無法告訴我翻譯成漢語的意思。我有些遺憾，但又覺得我該學哈薩克語了，否則吃再多的新疆美食，也吃不出名堂。

葉賽爾見我不習慣叫闊木別，便改口稱其為羊肚子燜肉。他很快挖好了坑，將撿來的柴火放進去，燒起一堆火。葉賽爾說，南北疆做羊肚子燜肉有區別，北疆多用土坑，南疆多用沙坑。羊肚子燜肉因土質不同，或所用木柴不同，燜製出的味道也不同。我多少看出了一些門道，做羊肚子燜肉需要沙坑和火，用的是古老的方法，想必味道也一定不錯。

沙坑中的火堆需要時間才能燃盡，葉賽爾在等待的過程中，將羊肚子清洗乾淨，並翻套過來，然後把浸泡好的羊肉塞進去，再把那包調料打開，裡面是花椒、胡椒、大蒜、皮芽子、孜然等，他在手心將其揉拌均勻，撒在羊肉上，用羊腸子紮緊羊肚子的口子。我看明白了，羊肚子燜肉就是在羊肚子裡包上羊肉，在火坑中燜製而成。現在葉賽爾完成的是加工步驟，名曰包肉。

坑裡的木柴已燃盡，形成了炭灰。葉賽爾把塞滿了羊肉，圓鼓鼓的羊肚子放進坑裡，用炭灰埋嚴實，然後又加柴點燃小火，目的是讓羊肚子持續受熱。挖坑和包肉步驟已畢，只剩下燜肉過程。葉賽爾卷了一根莫合煙慢慢抽，我坐在一邊看雲朵，目光追隨飛翔的鳥兒，等待羊肚子中的肉被燜熟。

這時，他給我講起了長眉駝的趣事。他說，長眉駝的數量僅二百餘峰，比大熊貓還稀少。它們的眼簾有三層，比一般駱駝多了一層，可很好地防風沙。它們的眉毛自眼簾垂落而下，把臉龐護攏得如同圓月，所以得名長眉駝。

幾年前的一個冬天，他的一峰長眉駝走失了，被一群狼圍住，咬傷了身上的很多地方，不光腿已無法站穩，就連脖子也血流如注。它掙扎著跑到了一棵胡楊樹前，把自己的頭顱伸上去架在一個樹杈上，然後便不動了。狼群一擁而上，撕咬它的身體，甚至咬斷了它的脖子，它龐大的身軀轟然倒地，狼群瘋狂地進行了一場饕餮。之後，狼群離去，葉賽爾的父親阿吉坎找到出事點後，看見它的頭顱仍架在那個樹杈上，那漂亮的長眉和頭上長長的駝毛完好無損，正隨風飄拂。狼也有被長眉駝征服的時候，有一次，一峰長眉駝在外面十幾天未回，天突然下雪了，主人不得不趕著駝群遷徙到另一個草場。雪停了後，主人正要去找它，卻見它飛奔著跑進了牧場。奇怪的是它並不回到駝群中去，而是直接跑到主人跟前。主人見它跑得氣喘吁吁，再往它背上一看，它背上馱著一隻狼。狼驚恐地從駝背上跳下，試圖逃出牧場，但牧場上人多，很快就把它圍住打死了。原來，它在大雪天遇到了一群狼，一隻狼跳上它的背咬它的脖子，它撒開四蹄就跑，狼在它快速的奔跑中既不敢跳下，也咬不著它的脖子，只好緊緊趴在它背上不動。它判斷出主人一定把畜群遷徙到了那個草場，那個草場在它心裡裝著，所以就把狼馱了過來。

一小時後，葉賽爾挖開土坑，用木棍將炭灰慢慢撥開，羊肚子便出來了。羊肚子被燜熟後變成了黑色，像只黑煤球，說不上好看，也說不上不好看。葉賽爾將羊肚子上的灰吹淨，用小刀輕輕一劃，羊肚子便裂開，露出濃香四溢的羊肉。我驚訝地發現，如此燜熟的羊肉很鮮嫩，第一塊吃進嘴裡，便吃出酥軟的感覺，其肥處浸出一股燙熱的油味，但不膩，是一種獨特的香，入口回味綿長。

葉賽爾擔心我不會吃，便提醒我要混雜著吃，一塊瘦肉配一塊肥肉，那樣才有味道。我依他所教試吃，果然更有滋味。吃畢，葉賽爾躺在一塊石頭上睡覺，我看見他的羊已四散開去，擔心下午無法收攏，但看他睡得那樣踏實，便覺得不用擔心。等他醒來一問，他笑了一下沒說什麼。到了下午，他站在高處喊叫幾聲，羊群便很聽話地向他走來。

羊肚子燜肉如今在城市中也能見到，烏魯木齊的一些飯店就有這道菜。當然其燜製方法已大為改變，雖然還是先用羊肚子包好肉，但已經不用埋在沙土中，而是用錫紙將羊肚子包肉包裹起來，放入烤箱裡燜製而成。還有一種常見的做法，是用錫紙包好羊肚子包肉後，在外麵糊上備好的泥巴，套上鋼圈放進饢坑裡炙烤。有人另辟蹊徑，把羊頭、羊排、羊胯骨和前腿等部位放進羊肚子裡面，燜製或烤熟後也是獨具特色的菜品。也有人在家裡做出了羊肚子燜肉，他將羊肚子包肉拌上各式調料，放入蒸鍋清蒸一小時左右，出鍋後一嚐，口感獨特，味道鮮濃。

放牧中接觸到的美食，讓我一直念念不忘。

冬拜吉干

第一次聽到冬拜吉干，不知為何物。

有人解釋，說是「白夾黑」，讓人聽得雲裡霧裡。後來終於弄明白，冬拜吉干的白，說的是羊尾油。冬拜吉干的黑，則說的是羊肝。至於「白夾黑」，就是用羊肝夾上羊尾油，其顏色有黑有白，而其形狀像漢堡一樣，用手捏住吃掉。因為形式獨特，顏色好看，因此又被人稱為「雪花羊肝」。

於是便明白，冬拜吉干是一道獨特的風味小吃。

冬拜吉干是南疆喀什、阿圖什一帶的維吾爾族的獨特美食，多出現在家庭餐桌上。在哈薩克族中，冬拜吉干多在「吾勒特熱托依」儀式上出現，且多有趣事。未婚的青年男女最喜歡聽到吾勒特熱托依，因為它的意思是訂婚，寓意相戀的人終於得到了雙方家人的認可。訂婚儀式歷來沿襲在女方家舉行的傳統。到了那一天，男方父母會邀請近親，帶一匹健壯的馬，另備其他禮物高高興興地前往女方家。女方家則早早地煮好羊肉，熱情款待男方客人。冬拜吉干上桌後，雖然首先要給客人吃，但客人不能親自動手去拿，而是由女方派出的代表（一般是婦女）拿起冬拜吉干，餵到每位客人嘴裡。

客人不能只顧享用，而是要拿出備好的小禮物，送給餵他們冬拜吉干的婦女。如果客人忘了準備禮物，餵冬拜吉干的婦女就會拿起酸奶塗抹在他臉上。此為訂婚儀式中必不可少的取樂方式，誰也不能躲避，更不能生氣。更加熱鬧的是，女方的青壯男子會把男方的青壯男子拉到氈房外，推進小河或早已挖好的坑裡。那坑裡的水或淺或深，客人和主人在此嬉笑打鬧，這是儀式中最熱烈的環節——踏水禮，寓意雙方永不反悔。待訂婚儀式結束，女方會給離去的男方客人贈送牲畜、布料和食物等禮物。

有一年在喀什，碰到宰羊的場景，宰羊者說，等一會兒把羊拾掇乾淨了，先弄個冬拜吉干給大家吃一下。終於要吃到冬拜吉干了，但宰羊者卻不細說冬拜吉干的情況，只說反正冬拜吉干等著你的嘴，你的嘴在等著冬拜吉干，到時候讓它們見個面，就什麼都知道了。不用說，他說的「見個面」就是吃，吃過就會明白一切。

那天見到了從宰羊到做冬拜吉干的全過程。羊被宰殺後，將羊肝、羊尾油和羊肉一起入鍋中的涼水，待煮開後將血沫舀去，用大火燉煮。原以為這種燉煮是需要文火的，但是主人不停地往爐中加柴火，鍋中便一會兒翻出白，一會兒又翻出黑，是羊尾油和羊肝在鍋中起伏的樣子。羊肝無須多煮，幾分鐘就熟了，主人把羊肝撈出，切成薄片放置一邊，然後等羊尾油熟了以後，也切成薄片，按羊尾油片的大小，夾在早已切好的羊肝薄片中，並撒些孜然、精鹽和胡椒粉等調味品，放在了每個人的面前。

大家面面相覷，羊尾油肥得讓人畏懼，怎麼下嚥?主人一笑說，有些事情看著是一回事，吃起來又是另一回事，吃過了才知道是怎麼樣。譬如湖南的臭豆腐，在名字上就直接來一個「臭」字，但是吃過的人都不會說臭。他說著便吃了一塊，大家看見他的喉嚨上下蠕動了幾下，一塊冬拜吉干就下肚了。吃完後他說，羊肝嘛味淡得很，羊尾油嘛又膩得你難受，但是把這兩種東西合起來吃，哎呀那可真是妙不可言。

受他誘惑，加之羊肉已擺在一邊，如果不先吃掉冬拜吉干，下一步便無法開始。我們便拿起冬拜吉干，輕輕咬一口在嘴裡咀嚼。此時，羊肝已收緊，配以軟糯的羊尾油，香而不膩，甚至讓人不捨得下嚥。

主人看見大家吃得舒心，自豪地說，怎麼樣，冬拜吉干是個好東西吧？不吃不知道，一吃忘不了。好吃，便就沒什麼顧慮了，索性放開吃吧。吃冬拜吉干有個訣竅，咬住羊肝薄片後，須一口咬下，且不可讓其鬆開，否則夾在裡面的羊尾油就會滑出，會讓人吃得一嘴油。正確的吃法是用舌頭頂住羊肝薄片，嚼爛後嚥下。如此便不是單一的羊肝味，或羊尾油味。掌握了正確的吃法，發現冬拜吉干是越吃越香，那一盤冬拜吉干很快便被吃光了。往廚房方向張望，已沒有動靜，一定是沒有了。想吃，期待下次吧，今日就此打住。吃完冬拜吉干，便開始吃羊肉了，但大家仍對冬拜吉干感興趣。主人介紹說，塔吉克族人結婚時，專做冬拜吉干待客。當主人將麵粉灑在牆上，把羊牽到房頂宰殺，任由羊血順著牆壁流下後，冬拜吉干也就做好了。客人們頗為慎重地吃掉它，祝福新郎和新娘，希望他們百年和好。

吃過冬拜吉干，想起有一次在福建聽到的一個習俗，女兒把男朋友帶回家，如果父親看得上小夥子，便會給他做雞吃。當地人認為，雞身上最好吃的是雞屁股，除了準女婿外，別人是不能動的。雞屁股和羊尾油都是讓人怯畏的東西，但因為風俗不同，就被賦予了不同的意義，便也就有了不同的魅力。

後來又知道，主人在招待客人食用冬拜吉干時，還有一個講究，譬如來客多少，就準備多少羊肝和羊尾油，保證每位客人都能吃到一份。而客人在品嚐了一份冬拜吉干後，才開始吃肉和其他飯菜。而塔吉克人用冬拜吉干待客，可以證明，這是現宰殺的新鮮羊肉。知道了這個講究，以後再吃冬拜吉干就很感動，因為這是主人專門宰的羊。

後來碰到一個人說起冬拜吉干，卻連聲嘆息。問及原因，才知道，城裡人不吃冬拜吉干，而牧民們覺得，冬拜吉干是祖宗傳下來的東西，應該好好地傳承下去。於是他決定開一個專營冬拜吉干的飯館，但找到其他牧民才知道，羊都成批賣了出去，羊尾油和羊肝都被扔了。那人無奈，只能搖頭嘆息。

胡爾達克

胡爾達克，就是人們常說的哈薩克馬鈴薯。

本來是很簡單的一道菜，但在菜名上卻冠以一個民族的名字，可見這個民族對這道菜的喜愛。胡爾達克的做法很簡單，用一句話說，就是把羊腿肉切成丁，皮芽子切絲，馬鈴薯和胡蘿蔔切丁，先在熱油中炒熟羊肉丁，然後下皮芽子翻炒，再放入馬鈴薯和胡蘿蔔，加少量水，燉熟出鍋即可食用。做胡爾達克之所以放馬鈴薯和胡蘿蔔，與哈薩克族至今仍沿襲古老的遊牧生活有關。因為要逐水草而居，隨季節遷徙，馬鈴薯和胡蘿蔔這種容易攜帶，而且不易變質的蔬菜便成為他們飲食的首選。

我曾見過一位牧民在轉場時，在馬背上馱一個大袋子，似乎裝有酒瓶子，我問他是馱了一大袋酒嗎？他搖頭。我用手去摸，感覺酒瓶僅有幾個，大多是馬鈴薯。他與我閒聊說，馬鈴薯和酒這兩樣東西，一個是吃的一個是喝的，吃的讓肚子舒服，喝的讓腦子舒服，就這樣轉場，還有什麼不滿足的呢？

在那次轉場中，他給我講了兩件事。一牧民在轉場中，見駱駝不停粗喘，且發出怪異的叫聲。他仔細一看，發現駝背上的衣物中，有一隻毛茸茸的耳朵。他們以為羊爬到了駝背上，待掀開衣物，見一隻狼驚慌地跳了下去。原來，這只狼藏在駝背上，是想給狼群帶路，引它們晚上來偷襲羊群。

另一牧民在轉場中，也遭遇過狼。那天，他看見對面山岡上有十餘群羊，每群皆十餘隻，正緩緩走向牧道。他很高興，心想終於有人做伴了。但他又覺得奇怪，為何那羊每群皆十幾隻，且每群分開行走，不聚在一起？未等他弄明白，便發生了令他驚愕的變化，那些「羊」看見他和他的羊，嘶啞地嗥叫著撲來，一團黃塵隨之彌漫而起，山岡頃刻間變得模糊起來。是狼！那牧民驚叫聲未落，便看見密集的狼頭快速向他衝過來。他迅速爬上樹，一條條狼的脊背從樹下竄過。數分鐘後，所有的狼都奔跑了過去。他抱著樹幹滑下，大叫一聲，我的羊到哪裡去了？緩過神以後，他不得不承認，剛才的狼群沖過來時，他的羊未及逃跑，均被狼群給迅速拖走了。

在後來的轉場中，他給我們做了一次胡爾達克，我在一旁看到了全過程，也就學會了做這道菜。他將羊肉、馬鈴薯、胡蘿蔔和皮芽子切成丁，然後又將薑切成末。等鍋中的油燒熱後，將皮芽子丁和薑末入鍋爆炒出香味，然後下馬鈴薯、羊肉和胡蘿蔔，翻炒兩到三分鐘後加入適量的醬油、料酒和醋，繼續翻炒變色後放入鹽，然後加水淹過馬鈴薯，用大火燉煮約十分鐘。當水只剩下少許，而馬鈴薯和羊肉、胡蘿蔔等已熟透融合，便出鍋盛入盤子中。

那天因為人多，分別做了拌麵、米飯和納仁，還有攜帶的饢。我們用胡爾達克下飯，不管配什麼主食，都覺得很香。因胡爾達克製作簡單，除了在牧場中是日常飲食外，在哈薩克族人的冬宰節上也經常出現。我一次性學會做胡爾達克後，經常在家做。我喜歡放豆腐乾、恰瑪古和馬鈴薯，適量與羊肉丁一起爆炒，尤其是放入蠔油，再滴入幾滴紅燒汁，味道會更加濃厚，噴香下飯，尤其是將湯汁拌入米飯，吃起來更有滋味。

二〇一三年在北京工作時，我給同事做過幾次胡爾達克。大家平時吃的是馬鈴薯塊，而我改為小方丁，把豆腐乾和肉切成同樣的形狀，在炒煮過程中便分不出馬鈴薯和豆腐乾了，尤其是加調料變色後，就更分不出何為菜類何為肉類了。做熟上桌後，同事吃得很高興，說整盤東西看上去都像肉一樣。他們也

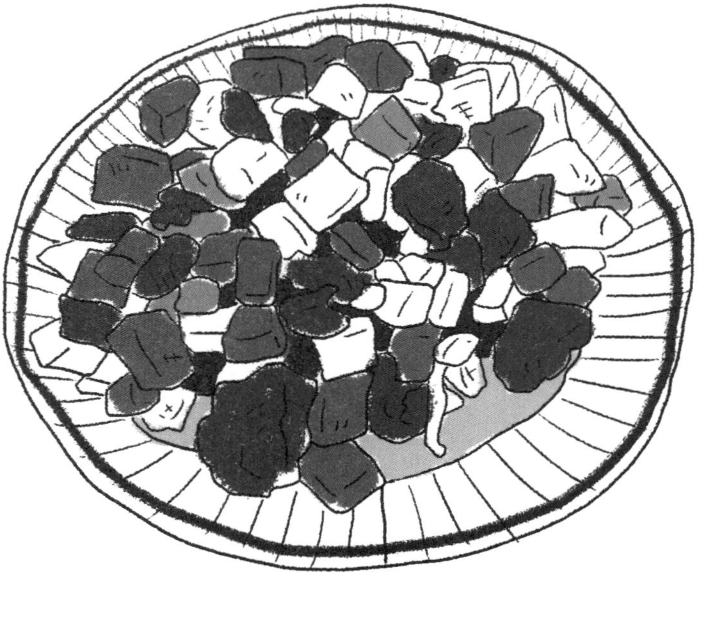

一次學會了做胡爾達克，但他們經常會把調料加多，吃起來略為麻辣，且有些生硬。我已經到了吃飯很注意的年齡，本想開導一番他們，但看見他們吃得喜形於色，便忍了忍沒說什麼。

前年在塔城參加一個文學筆會，吃到了一次最正宗的胡爾達克。塔城是一個美食之城，因為有哈薩克族、俄羅斯族、烏孜別克族和達斡爾族等民族的文化背景，所以其飲食五花八門，各具特色。譬如俄羅斯族的列巴、蘇甫湯和魚子醬，達斡爾族的手把肉、優酪乳拌飯、冷麵，哈薩克族的馬腸子、納仁、包爾薩克，烏孜別克族的抓飯、油饢、奶茶和涼麵等。那天，擺在餐桌上的是不同民族的典型菜品，但我對那盤胡爾達克情有獨鍾，吃第一口時便嚐出馬鈴薯酥爛，羊肉脆嫩。因為放了番茄醬，湯汁的味道中有一絲甜酸，口感與味道俱佳。桌上的人可能不認識胡爾達克，誤以為那只是一盤普通的馬鈴薯丁炒肉，所以幾乎沒有人動一筷子，於是便被我一個人吃了，心裡還暗自得意。印象中，那盤胡爾達克中放了藿香，後來我在家做胡爾達克時也試放了藿香，果然味道分外不同。

那天吃完飯出來，我一個人在院子裡溜達，見一位老人安靜地坐在小菜園旁邊，目定神閒，一身淡然輕鬆的樣子。很巧，離他不遠便是幾株藿香，那嫩綠的葉子正是剛才吃到的。我走近才發現，他身邊臥有一條狗。那狗被我驚擾，起身欲吠，被老人輕撫幾下後安靜地臥了下去。那幾株藿香被狗碰得搖擺，老人用手輕撫那枝葉幾下，它們便不動了。

下午聽人們說，那老人的兒子出去放牧，到了該回來的時候，卻不見他和羊群的影子。兒子走的時候對父親說過，他回來要好好吃一頓胡爾達克，父親在那幾天一次又一次做胡爾達克，兒子卻一直沒有回來。他一直坐在那兒望著遠處的山岡，如果兒子回來，必先出現在那裡，他一眼便可以看見。

我問知道詳情的人，那老人的兒子如果正常回來，應該在幾天前？答曰，十天前。我的心一下子沉了。當晚的飯桌上又有胡爾達克，但我卻無法把筷子伸向盤子。想必老人做晚飯時，又做了一盤胡爾達克，但最終仍是兩眼茫然，任由那一盤胡爾達克被漸濃的夜色淹沒。

一個月後，我托人打聽了一下，得到的消息是，那老人的兒子還沒有回來。老人每天早上起得更早，在院子外面走來走去，不時抬頭向那個山岡張望。院子外面有草，草上有露水，很快就把他的鞋子和褲角打濕，但他一直望著那個山岡，直至太陽升起才默默返回。到了傍晚他復又出來望著那個山岡，但最終只能嘆息幾聲，拖著沉重的身軀向屋內走去。

幾年過去了，老人望著山岡的那一幕，一直印刻在我的腦海中，常常浮現，揮之不去。

包爾薩克

包爾薩克是哈薩克族的油炸餅類麵食。

包爾薩克很容易做，把酥油、牛奶、蜂蜜和發酵粉摻在一起和麵，等麵發好後搓揉，擀成菱形或方形的薄片，放入燒沸的油中，用筷子翻動炸成金黃即可出鍋。

其做法與油香相同，但在形狀上卻不一樣，油香是圓的，包爾薩克是方的，亦有三角形的，看上去更小一些。哈薩克族人做好包爾薩克後，常常會成堆放在茶几或餐桌上，人們隨吃隨取，方便愜意。如果在牧區的霍斯中，客人們坐定後，主人會在霍斯的正中央鋪一塊餐布，在端上奶茶的同時，將包爾薩克倒在餐布上，讓客人一邊吃包爾薩克，一邊喝奶茶。

說到吃包爾薩克時配奶茶，在新疆，尤其在哈薩克族人中，是永不更改的習俗。有一次，與一位朋友說起包爾薩克，他說包爾薩克是奶茶的丈夫，奶茶是包爾薩克的妻子。他的比喻很形象，哈薩克族人吃包爾薩克，必然會喝奶茶，喝奶茶必然會吃包爾薩克。就像漢族人吃包子，必然會有一碗稀飯，搭配起來吃才合適。

自此後便留意起包爾薩克，慢慢知道，這是哈薩克族人最常見的待客食物。你一腳邁進他們家的霍斯，馬上便有一盤包爾薩克端了上來，當然還有一碗奶茶會緊跟著遞到你面前。熟知這一習俗的人說，只要你有一雙能邁進霍斯的腳，就一定有包爾薩克和奶茶在等待著你。

在哈薩克族中，人們常說，有霍斯的地方就有阿吾勒，「阿吾勒」是部落的意思。哈薩克族人都能夠說出自己的祖先是哪個阿吾勒的，強調牢記血緣宗脈的光榮，並以「不知道七代祖先的人，是孤兒」的說法時刻警醒自己。哈薩克族另有一個說法：有阿吾勒的地方，就有包爾薩克。有包爾薩的地方，就有奶茶。可見在哈薩克族人的生活中，包爾薩克和奶茶有多麼重要。後來去哈薩克族牧民的霍斯裡多了，便知道包爾薩克除了方形以外，還有一種大而圓的叫「托蓋包爾薩克」。「托蓋」是駱駝的意思，說的是大包爾薩克。

居住在帕米爾高原的塔吉克族人，也做包爾薩克，其製作方法和做成的形狀，均與哈薩克族的包爾薩克不同。塔吉克族青年人結婚時，由長輩中的婦女在屋中揉做包爾薩克，但炸包爾薩克的油鍋卻在屋外，揉好後，由年輕婦女裝入盤中端出。塔吉克族人做包爾薩克時，會放入酥油和糖，於是麵越揉越硬，所以要在揉的過程中不停地加入牛奶。揉到一定的時候，便揪成小塊，繼而又揉成小窩球狀，在網狀的篩子上滾動幾下，在表面拓下花紋，便可入油鍋炸了。塔吉克族人的包爾薩克比起哈薩克族人的包爾薩克更加酥脆香甜，酥油泛出的香味也更獨特，吃起來口感更佳。但塔吉克族人遠在帕米爾高原，所以他們的包爾薩克鮮有人知，不到帕米爾高原是吃不到的。

新疆人經常說的包爾薩克，一定是指哈薩克族人的包爾薩克，在新疆待上三五年，便一定能吃到。一次，一位牧民問我：如果把你放在阿勒泰，你吃什麼，穿什麼，住什麼？這三問讓我不知該如何回答。後來在阿勒泰的山水間走動得多了，便有了答案：如果我一人生存於阿勒泰的山野間，我只需像牧民一樣放羊，興致來了便大塊吃肉，大碗喝酒，不想吃肉、喝酒了，便去吃包爾薩克，喝奶茶。閑了像過節一樣穿上色彩鮮豔的衣服，忙了穿上羊皮襖迎風踏雪去放牧。居住在從外面看上去頗為簡單，但裡面鋪滿氈毯的霍斯。

這樣一想，便覺得那一定是下輩子的事情，只能想想而已。但是且慢，既然是想像那就想得更美好一些——如果我在牧區是一個女人，那一定是天生的藝術家，使用各種氈毯藝術品打發日常歲月。如果我是一個男人，那一定是天生的演唱者，拿起鑲嵌獸骨或金屬的冬不拉，開口就能唱三天三夜的史詩。呵呵，下輩子的情景可以想像得更多更好，但此生還得把這沉重無奈的日子挨到盡頭。

一次去喀納斯湖，半路遇到哈薩克族人舉行「恰秀」活動。恰秀是一種祝福形式，男女老少在草地上圍成一堆，一塊彩色毯子上成堆放著包爾薩克、奶疙瘩和糖果，四位少女各持毯子一角，抬到一位年長婦女面前，她抓起包爾薩克等拋向空中，待落下後人們便去搶一個吃，氣氛頗為熱鬧歡快。多搶多吃便多福，那情景在草原上已持續多年。

後來，在喀納斯湖附近的一戶人家，聽到一個發生在那仁牧場有關包爾薩克的故事。說是有一年，牧民因為大雪提前降下，不得不匆忙轉場。走了兩天，吃光了包爾薩克，腳下的路卻遙遙無期。走到一戶人家跟前，那家主人一看牧民愁苦的表情便知道發生了什麼。他讓他們停下休息一晚，保證第二天早上讓他們高高興興上路。那一夜他們一家人忙了一個通宵，炸出了成堆的包爾薩克，幫助牧民渡過了難關。

哈薩克族有不少真誠待人的諺語，如：「祖先留下的遺產，一半是給客人的」「只要沿途有哈薩克氈房，你走一年也餓不著」「如果在太陽落山的時候放走了客人，那就是跳進大河也洗不清的恥辱」這些諺語形成了這個民族的文化，深刻影響著人們的生活。那家人遵循的也是古老的遊牧民族的生存法則，所以，後來有人與他說起那件事，男主人不好意思地說，只要走在草原上，你的事情就是我的事情，我的溫暖就是你的溫暖。說完轉身而去。

幾年後，我為寫長篇小說《狼蒼穹》去了納仁牧場，待了幾天後決定把小說故事的發生地放在這裡。當時，我尚不知自己會寫一個怎樣的故事，但那裡的牧場、河流、山坡、樹林，以及雪山和天空都是令人迷戀，我一一記住了它們的形狀，並為我的決定而暗自欣喜。

當時在牧場上碰到一個小夥子，他每天在包裡裝一些包爾薩克，騎著摩托車去放牧，看上去與騎馬的牧民格格不入。一問才知道，他正處於猶豫和艱難的抉擇中。他本想去哈巴河縣城掙錢，但又擔心在城裡創業不易，而在納仁牧場只能放牧，只能天天吃包爾薩克，遠遠不如城裡的東西豐富。

他想去求「巴克斯」（薩滿）占卜，看能否通過火燒羊骨和分布四十一粒羊糞來測算自己的命運。但他又覺得那是古老的方式，未必在當今管用。

他陷於苦悶無力自拔，有一天甚至把希望寄託在包爾薩克上。他在草地上放了幾個包爾薩克，如果羊吃了，他就留下放牧。如果牛吃了，他就下山去當城裡人，從此不再回來。但那天突降一場大雨，牛羊跑到他跟前，眼巴巴地盼望他把它們趕回圈中去。他對著天喊了一聲，喊完後臉上濕濕的，不知是雨水還是淚水。

雜克爾

一次與朋友聊天，聽他提到「雜克爾」三個字，一時覺得熟悉，卻想不起在哪裡見過。等弄清楚雜克爾就是玉米麵饢後，便想起我二十多年前在和田吃過。

雜克爾為和田獨有，出了和田便吃不到。做雜克爾的主材，是和田人用石磨緩慢磨出的玉米麵。他們喜歡用涼水和麵，並且把切好的皮芽子絲、南瓜條、肥羊肉丁等揉進麵中。這樣做出的雜克爾，有一股玉米麵的天然香味。如果一出爐就就著核桃仁吃，則口感會更加酥脆，味道則更加甜蜜。人們在早上下地前吃一個雜克爾，很能頂饑耐餓。如果吃雜克爾時再喝一碗優酪乳，或者一碗羊肉湯，再或者一碗沙棗湯，便渾身有勁，幹一天活也不累。

和田是新疆最遙遠的地方。外人初到和田，便聽到一個嚇人的說法：和田人民很辛苦，一天要吃二兩土，白天不夠晚上補。乾旱、赤野和風沙，幾乎是和田的代名詞。但和田的歷史卻豐富厚重。它背倚喀喇昆侖山，喀喇昆侖山背倚印度，佛教翻山越嶺進入西域的第一站就是古代和田。其時的和田稱「於闐」，是歷史上延續時間較長的王國。

于闐因舉國信佛，曾被譽為「佛國」。於是求經傳教者，西去天竺，南下中原，必經於闐。于闐曾有一寺，名龍興，僅一位僧人。一人一寺，卻每日功課有序，恍若一人是眾生，眾生又僅為他一人。唐開元間，慧超赴印度求法，歸國後寫成《往五天竺傳》。書中記有這位奇僧，但那僧人姓甚名誰，卻未提及，後人於是稱他龍興僧。某一年，有兩國軍隊交戰于闐，龍興僧被一方軍隊抓住，押離於闐兩千里，已無望返回。龍興僧沉默無聲，默默而行。一日，他自停念經，軍人見他目空一切，便斷他雙足，他亦不停。

另有一事。于闐城東南有一大河，灌溉於闐所有田地，可謂福河。忽一日，那河絕流，人們為之惶恐。于闐國王召見僧人，問大河絕流原因。僧人答曰：有龍不悅，作怪所致。國王於是祭龍，卻見一女子淩波而來，對國王一拜說，我丈夫死了，如有國臣願為我夫，大河可恢復。

此消息傳出，有一大臣願往，于闐舉國相送。大臣騎白馬，隨那女子入河，居然不溺。後來，那白馬從河中浮出，背上馱一旃檀鼓，另有一封書信。人們將書信打開，見上面寫有：將旃檀鼓懸掛於城東南。為何要那樣，信中未表一字。後一日，有強盜欲攻於闐，那鼓及時自鳴。

我喜歡把和田和喀什做比較。喀什像學者，和田像壯漢，前者文質彬彬，後者熱情奔放。於是便覺得風沙頗符合和田的氣質，從中可看出一個地方不羈的性格。

第一次吃雜克爾，正是在和田。一天，和田軍分區的一位領導請客，我們乘車穿過一片白楊林，又穿過一片紅柳林，最後又在一大塊玫瑰花地邊穿行。那玫瑰花非常漂亮，大家看得正高興，那位領導卻說到了，下車吧。那頓飯是在一個鄉村幹部家吃的，席間有鐵盒燜羊肉、紅柳烤羊肉串、河水燉魚湯、清燉羊肉、放了葡萄和紅棗的抓飯等，大家吃得頗為高興。吃到最後，女主人端上來一盤黃燦燦的餅子，鄭重其事地說，請大家吃個雜克爾，回去的時候有力氣走路。我掰下一塊嚐了一口，表皮脆，裡面甜而酥軟，有一種越嚼越香的味道。主人說，雜克爾是用玉米麵做的，他父親在饢坑跟前忙了一下午，才烤出了這一盤雜克爾。原來，雜克爾就是玉米麵饢，其烤製流程與別的饢別無二致。吃完要走了，我快要邁出門時一猶豫，本想拿上幾塊雜克爾，但耽於麵子還是打消了念頭。

幾天後，在墨玉縣見到了人們在饢坑前打雜克爾。他們用的是很細的玉米麵，摻和剁碎的皮芽子、南瓜和肥羊肉，既起到調味作用，又不影響玉米麵的天然香味。做雜克爾用涼水和麵，先揉搓，然後用巴掌拍成餅狀，便可入饢坑炙烤。我和饢坑邊忙碌的農民說起雜克爾，他接連說了四個「最」：雜克爾最頂饑耐餓，最受下地幹活的人歡迎，就著優酪乳、羊肉湯和沙棗湯邊吃邊喝最好，剛出饢坑後就著核桃仁吃，口感最獨特。

離打雜克爾人家不遠，有一個舊時巴依（地主）的大院子，至今仍保持原貌。尤其是院子裡的梨樹，沒有幾十年恐怕長不成那麼粗壯。更讓人吃驚的是，它們結出的梨子比拳頭還大，朋友搖晃梨樹便落下幾個，用手捧著卻不知如何下口。留下最深印象的，是分布於大院兩側的房間裡，依次可看出是主人會客、起居、用餐、看書和洗澡的地方。在另一房間的牆上掛有皮鞭和繩索，是懲罰勞作不力的長工和犯錯下人的專用刑房。看皮鞭和繩索那麼粗硬，渾身便不由得一顫。聽人說，那巴依的家業大得很，僅長工就有近百人，每天打雜克爾的人就有五六個，而且要從早到晚不停地打，才能供得上長工吃飽。問巴依吃雜克爾嗎？答曰也吃，但巴依讓長工們吃飽是為了多幹活，他自己倒是捨不得吃呢。

說話間出了大院，見附近有一水磨，名曰「二十八盤」。朋友介紹說，先前此處有二十八個水磨，時過境遷只剩下眼前這一盤還在使用，但人們仍用「二十八盤」稱之。這是目前不多見的水磨了，利用水的作用推動木輪，再讓木輪帶動兩片石盤轉動，玉米便被磨成細細的麵粉。我抓了一把細看，感覺在昏暗的磨坊中，玉米麵泛出了金黃色澤。問正在磨麵的人，現在用水磨的人多嗎？他答曰不多，也就是打雜克爾的人來這裡磨麵。噢，只要雜克爾存在，這水磨便不會消失。新疆人提及和田時經常會說，和田是離北京最遠的地方。我想，由此亦可說，和田是最偏遠之地，唯有如此才能保存最古老的傳統。

聽說有一人專門負責看管水磨，那天他去了別處，我們沒有見到他。晚上吃飯時，聽到他的一件事，說是他有一天去山中放羊，天氣突變下起大雪，他擔心羊群在大雪中迷路走散，便將羊群趕入一個山窪避雪。眼看那雪越下越大，他不免有些恐懼，擔心自己和羊群無法挨過大雪之夜。後來他無意間想起打雜克爾的饢坑，便撿來柴火，把地上的沙子燒熱，然後在上面又蓋一層沙子，便和衣躺了下去。聰明的他利用了恆溫原理，抵禦了寒風大雪。

說來有意思，他的羊群似乎看懂了他的意圖，遂在他身邊圍成一圈，給他擋了一夜飄雪。事後，他每提及那次經歷，便說他在那天晚上當了一夜的「雜克爾」。

巴哈里

巴哈里，也就是新疆人經常說的黑蛋糕。

在新疆，逢年過節除了肉食之外，每家餐桌或茶几上必不缺糕點，如饊子、包爾薩克、巴哈里等。於是便有了一個說法，無肉不算過年，無糕點不算過節。

巴哈里和饊子、包爾薩克一樣，都是節日的傳統食品。它原是俄羅斯的一種點心，傳入新疆後受到了廣泛的喜愛，久而久之，竟融入了當地人的文化和生活。巴哈里之所以是黑色，與俄羅斯的傳統有關。我在莫斯科和聖彼德堡吃過大列巴和麵包，都不像中國糕點那樣潔白糯軟，看著粗糙，調動不起胃口，但一旦吃一口在嘴裡，倒也回味綿長。尤其是配上蘇甫湯之後，頗有一番異域風味。

我第一次在一位戰友家吃巴哈里時，便見到了其製作過程。他妻子把幾個雞蛋打碎放入盆中，依次加入糖、蜂蜜、清油、可哥粉、紅糖、牛奶、蘇打粉等，用筷子攪拌均勻，然後放入麵粉，攪拌成蛋糊狀後，放入核桃仁和杏仁，在表面撒一層葡萄乾，入烤箱半小時後取出。巴哈里一出爐，一股香甜便彌散開來。看她那麼熟練地操作，而且製作器具一應俱全，似乎明白了，巴哈裡之所以受人們喜歡，是因為多在家庭中就可以完成，是人人都能做的一道食品。

那天，有一人帶了孩子來做客。那小孩聞到巴哈里的味道，對他爸爸說，這個巴哈里多少錢，咱們買一個嚐一下吧？在小孩子的意識中，凡是好吃的東西皆可由父母買來，於是便說出那般可愛的話語。大家都笑了，小孩卻一臉茫然，一副擔心吃不上的樣子。他想吃，但他有限的判斷能力限制了他，不知道那巴哈里就是專門用於招待客人的，自然少不了他的。那戰友趕緊將巴哈里切開，先滿足了那小孩，然後遞給每人一塊。

他說，我們今天先吃巴哈里，讓嘴甜一下，然後吃手抓羊肉，讓肚子飽一下，再然後喝酒，讓全身熱一下，最後吃個揪片子，讓酒醒一下，整個人就舒服了。在新疆吃飯喝酒，經常會碰到這樣的說辭。有的人勸酒時會說，飯嘛是力氣，肉嘛是膘，酒嘛是水，人嘛是鬼，吃吃喝喝嘛是日子。說完覺得把人說成是鬼不合適，馬上又改口說，人嘛能吃就能幹，能喝就能玩。大家一笑放過，不再計較。那天，我發現巴哈里剛取出時，外形酷似北京的棗糕，但一嚐才知道，它有自己獨特的味道。除了糯膩酥軟、香甜可口外，裡面的核桃仁、杏仁和外面的葡萄乾也豐富了它的層次和口感，增加了更多的味道。

那小孩吃完一塊巴哈里，用舌頭舔了一下指頭，眼巴巴地往主人臉上看，主人明白他的意思，又給他一塊，他接住一邊吃一邊笑。他高興，大家也高興。等手抓羊肉上來，他卻一口也不吃，笑著說出他的理由：巴哈里太甜了，他要讓那甜味兒在嘴裡多留一會兒。大家被他逗樂，便任由他去玩。

上了手抓羊肉，自然就要喝酒。新疆人雖然經常吃手抓羊肉，但是卻吃不了多少，最多吃兩塊就只看不動了。主人這時就會把酒倒滿說，這肉吃得瓷實得很，現在需要喝酒灌縫縫，說著就把酒遞到了你跟前。那天，我們記得吃了幾塊手抓羊肉，但卻不記得喝了多少杯酒。最後，還是女主人發了慈心，勸她丈夫說，揪片子已經做好，要不先把揪片子吃了，再接著喝。她丈夫已喝得上了頭，手一揮說，揪片子做好了為啥不端上來？趕緊上趕緊上！大家吃了湯水酸爽的揪片子，便忘了再提喝酒的事情。也可能有人意識清醒，但已經不能再喝了，所以也隻字不提。大家聊了一會兒，便一一告退。那戰友的妻子給每人備了一份巴哈里，最高興的是那小孩，他催他爸爸快帶他回家，他急著要吃巴哈里。

我那時尚未成家，帶回的那份巴哈里，被同宿舍的戰友當晚吃了個精光，第二天問我哪裡有賣，他們還想買些回來吃。我說，那份巴哈裡出自一位家庭主婦之手，他們才打消了念頭。

之後便經常吃巴哈里，亦慢慢知道巴哈裡的別稱可謂不少，有巴哈利、巴哈力、帕哈力、帕哈里、帕哈利等。逢年過節，新疆人必做巴哈里，切成小塊放入盤中，早早地擺到餐桌上。人們取用巴哈裡時，每次一小塊，那是吃巴哈里的正確方式。

後來又吃到了放羊油的巴哈里，亦聽到此做法的來歷：有一人宰了羊後，不願讓剩下的羊油浪費，在做巴哈里時便嘗試放入一些。沒想到，這樣做出的巴哈里香而不膩，頗為好吃。但放羊油的巴哈里不多見，想必是人們吃慣了甜糯的口味，對於油膩的便不易接受。

現如今，巴哈里基本上都是甜糯型的，亦為新疆人的常備糕點。新疆人善於做蛋糕，先後做出了麥趣爾、葡萄樹、愛里等數十種，所用均為新疆本地的麵粉。新疆人的胃被新疆的食物養育，到了別處不論是什麼水土，都能在短時間內適應，但對新疆食物的迷戀卻很難被改變。我曾聽說二十餘個新疆人在大連學習期間，想吃新疆的羊肉，便托人空運過去，燉熟後卻吃不出新疆的味道，才知道是水不對。於是又從新疆空運了水，再做一次，終於吃到了熟悉的味道。

二十年前，有一位朋友的女兒在北京讀大學。朋友要去北京出差，問女兒想吃什麼，女兒說想吃巴哈里，而且必須是西北路那家的。她爸爸怕蛋糕被顛壞，在飛機上用雙手把巴哈里盒捧到了北京。

還有一個很多新疆人都知道的故事，說現如今的新疆某集團的董事長，當年在家鄉無法生存，便扒火車進新疆謀生。在半路餓得頭昏眼花，一位乘務員給他五元錢，讓他吃了一頓飯。他進入新疆後經多年努力，最終是風味麵點成就了他。他始終以平常心做事，事業越做越大。有時候他想起當年用那五元錢吃上的一頓飯，便覺得此生的命運與食物密不可分。他想找到給過他五元錢的那位乘務員，但費盡周折卻徒勞無功。如今他身價過億，但那五元錢在他心中的光芒，卻高過一切。

我吃過他們店中很多的產品，但特別鍾愛他們的巴哈里。我喜歡巴哈里的甜，總覺得那甜意味深長。

後記

年初的一天，烏魯木齊下了一場大雪，我在家中閒坐，想起二十餘年前在南疆吃烤羊肉串時，滿十串可獎勵一串，謂之「烤肉獎金」的事情。那時為了烤肉獎金，戰友們湊在一起去，每次都能多吃幾串。如今吃烤羊肉串，沒有了烤肉獎金一說，但這件事卻讓人感到溫暖。興之所至，當天寫下〈烤羊肉串〉一文，才發現雖然談的是飲食之道，但對自己經歷的認知，卻已經變得清晰。

數日後興致漸濃，遂嘗試寫了〈烤包子〉、〈拌麵〉、〈抓飯〉等，發現打開了我在新疆近三十年的記憶，尤其是與美食有關的往事，逐漸變得厚重而悠遠了起來。冷靜思量，覺得能從記憶中淘出不少東西，遂產生寫一本新疆美食書的想法。

說來有意思，我老家亦有不少美食，且餵養我長大成人，但我卻覺得它們遙遠而模糊，唯獨新疆美食讓我覺得親切，瞭若指掌。細想，是因為我到新疆後，先適應了新疆美食，然後又適應了這塊土地的緣故。另有一個原因，新疆美食交匯多種文化，遊牧和農耕文明、東方和西方文明、漢族和少數民族文明融合後，呈現出濃郁的歷史文化特色。新疆的美食文化註定要吸引我，以至於每吃到一種，便為其文化背景和附帶的趣事著迷。

新疆美食多保持原始古老的傳統，且不依靠餐具製作。多少年前，人們在沙漠戈壁生火烤肉，如今的烤羊肉串、饢、烤包子等，依然保持著這一製作特點。食材出自大地，製作依然依賴大地，這樣的美食往往味道醇美，形式獨特，食之讓人情趣怡然。

新疆美食亦有悠久的歷史，仔細梳理，便可發現遊牧民族在逐水草而居，隨季節遷徙的過程中，創造出了諸多延續至今的美食。絲綢之路自東向西延伸，而這些食物卻自西向東而下，傳入了中原，然後被中原巨大的農耕文明一一攬入了懷抱。

美食文章似乎已有固定格局，從袁枚到梁實秋、汪曾祺等人，走的都是小品文的路子，其文字乾淨俐落，氣脈暗湧，且能夠將自己不動聲色地藏於文字當中。而擺在我面前的新疆闊大雄渾，其美食深受遊牧文化影響。譬如羊，我寫完書稿後數了數，涉及羊肉的有十餘種，可謂是一羊孕育無窮美食，亦讓人感覺有寫不盡的文章。

袁枚先生說過，「學問之道，先知而後行」，飲食亦然。享用新疆美食近三十載，其味道與形式已爛熟於心，此次寫下文章，是交代，亦是總結。

從新疆大雪紛飛的年初寫到酷夏，有困惑亦有沉迷。美食好吃，美食文章難寫，寫作中總是充滿疑惑，覺得輕易接近一件事，只有瘋狂和幸運兩種可能。其瘋狂大概是熱情無以控制，遂噴薄而出。而幸運則如博爾赫斯所說：是被神選中的勞動者。我在新疆的時間，際遇，記憶和思考，在回頭張望時都變得透明，似乎在等待我把它們一一寫出。

百種美食有百味，我將其視為人生在世的百福。但我還沒有寫夠一百種，所以我想，未來還會有很大的美食探索空間，可供我去發掘吧？

是為後記。

王族

2019.6.25

天山腳下的孜味

從烤全羊、手抓飯、大盤雞到饢坑肉，來一趟新疆饗食宴！

作　　者　王　族

發 行 人　林敬彬
主　　編　楊安瑜
編　　輯　高雅婷
內頁設計　方皓承
封面設計　吳郁嫻
繪　　者　蔡致傑
行銷經理　林子揚
行銷企劃　戴詠蕙、趙佑瑀
編輯協力　陳于雯、高家宏
出　　版　大旗出版社
發　　行　大都會文化事業有限公司
11051 台北市信義區基隆路一段 432 號 4 樓之 9
讀者服務專線：（02）27235216
讀者服務傳真：（02）27235220
電子郵件信箱：metro@ms21.hinet.net
網　　　址：www.metrobook.com.tw

郵政劃撥　14050529 大都會文化事業有限公司
出版日期　2023 年 08 月初版一刷
定　　價　420 元
ＩＳＢＮ　978-626-7284-19-3
書　　號　B230801

Banner Publishing, a division of Metropolitan Culture Enterprise Co., Ltd.
4F-9, Double Hero Bldg., 432, Keelung Rd., Sec. 1,Taipei 11051, Taiwan
Tel:+886-2-2723-5216　Fax:+886-2-2723-5220
E-mail:metro@ms21.hinet.net
Web-site:www.metrobook.com.tw
◎本書如有缺頁、破損、裝訂錯誤，請寄回本公司更換。

國家圖書館出版品預行編目（CIP）資料

天山腳下的孜味：從烤全羊、手抓飯、大盤雞到饢坑肉，來一趟新疆饗食宴！/ 王族　著 . -- 初版 -- 臺北市：大旗出版：大都會文化發行 ,2023.08；352 面；17×23 公分 .
-- (B230801)
ISBN 978-626-7284-19-3（平裝）

1. 飲食風俗　2. 民族文化　3. 歷史　4. 新疆維吾爾自治區

538.782　　112011231